PHILISTINE

AND GENIUS

全球家庭教育经典

俗物与天才全书

【美】鲍里斯·塞德兹 著

商务印书馆国际有限公司

图书在版编目（CIP）数据

俗物与天才全书：插图珍藏版 /（美）塞德兹著；
乔晶译 . — 北京：商务印书馆国际有限公司，2012.1
（全球家庭教育经典）
ISBN 978-7-80103-825-8
Ⅰ. ①俗… Ⅱ. ①塞… ②乔… Ⅲ. ①家庭教育 Ⅳ. ① G78
中国版本图书馆 CIP 数据核字 (2011) 第 260681 号

俗物与天才全书（插图珍藏版）

著　　者　【美】鲍里斯·塞德兹
译　　者　乔晶
出版发行　商务印书馆国际有限公司
地　　址　北京市东城区史家胡同甲 24 号（100010）
电　　话　010 — 65592876（总编室）　010 — 65227580（编辑部）
　　　　　010 — 65598498（市场营销部）
网　　址　www.cpi1993.com
经　　销　全国新华书店
印　　刷　北京佳信达欣艺术印刷有限公司
开　　本　710mm × 1000mm　1/16
字　　数　250 千字
印　　张　19.5
版　　次　2012 年 6 月第 1 版第 1 次印刷
书　　号　ISBN 978-7-80103-825-8
定　　价　35.00 元

出版说明

家庭教育、学校教育、社会教育是教育的三大支柱，其中家庭教育对孩子的影响最大。良好的家庭教育成就孩子的一生。

没有坏孩子、笨孩子，只有不懂教育的父母。任何一个孩子，只要教育得法，都能成为优秀的人。本着这个出发点，我们为中国广大父母出版了这套“全球家庭教育经典”丛书。该丛书本次共出版六种，分别为《卡尔·威特的教育全书》《蒙台梭利育儿全书》《斯宾塞的快乐教育全书》《斯托夫人的自然教育全书》《洛克的全面教育全书》《俗物与天才全书》。上述每种图书都是按照下列标准选取出来的：

权威性。丛书集结了全球最有影响力的教育著作。几百年来，这些作品在各国获得了盛誉，被历代父母奉为最科学的教育名著。

实践性。丛书为父母们提供了家庭教育的具体方法，通过大量案例告诉父母怎么做才能成功地培养出优秀的孩子，是父母们案头必备的教子宝典。

通俗性。丛书内容深入浅出，语言通俗易懂，既没有高深的教育理论，也没有生僻的学术名词，适合绝大多数孩子的父母阅读。

在编辑过程中，我们在各章结尾增加了“家教延伸阅读”版块，整理了近几十年来家庭教育领域的研究成果和实践方案，使这些家教名著实现了与时俱进。另外，还邀请画家创作了大量多格漫画，形象直观地展现了书中核心的教育观念和方法，让读者通过读图学习家教技巧。

愿这套丛书的出版，为中国父母提供解决家教难题的科学方案，让孩子们的脸上多些欢乐和笑容。

自序

在进入正题之前，请给我点儿时间允许我来谈谈自己的儿子——威廉·詹姆斯·塞德兹，他1914年从哈佛大学毕业的时候只有15岁。

我这么做绝对不是在自卖自夸——这是我最讨厌的品行了——而只是因为儿子是这本书的起源。如果没有他，我恐怕至今还在孜孜不倦地写《暗示的心理》《双重人格》《精神病理学研究》等类似的精神病学领域的大部头，而绝对不会写一本教育学方面的书。我承认我不是育儿方面的专家，但儿子的成就为我写这本书增添了莫大的勇气。

和大多数孩子相比，小塞德兹的经历是近乎传奇的。他1岁半就开始接受教育，3岁时已经可以自如地用母语进行阅读和写字了，这是个很了不起的成绩。5岁时，他看到家中的骨骼标本后就对人体产生了兴趣，于是开始学习生理学。不得不说，小塞德兹的学习能力非常出色，不久后，他就参加了行医开诊考核的初试。当他走进考场时，主考官勃然大怒，认为他在拿考试开玩笑，旁人看到他也都非常诧异。但是，他仍然顺利通过了初试，并取得了合格成绩。

6岁那年的春天，小塞德兹像别的孩子一样，开始了自己的小学生活。入学那天的情形我直到今天仍然记忆犹新。早上9点，我送他去学校，我们父子俩一同进了校园，小塞德兹被编入一年级，但是到了中午12点他母亲去学校接他时，他已经是个三年级的学生了！我上学的时候成绩就相当出色，可是也没有他这么神速，和他相比我差得太远了。在此后的一年时间里，小塞德兹完成了全部的小学课程。

第二年，小塞德兹7岁了，他渴望升入中学，去学一些更高深的知识，但没能如愿。因为他年龄太小了，很多学校拒绝了他的请求。无奈之下，我只好让他在家自学。他学习的主要科目是数学，因为语言学等知识他早已学过了。

8岁时，终于有一家中学肯接收他了。学校很快就为这一决定感到欣慰，因为年仅8岁的小塞德兹每门功课都非常优秀，数学尤为出众，以至于学校批准他免学的同时，还让他帮助老师批改其他同学的数学作业。在这期间，由于功课轻松，小塞德兹不仅应付自如，还抽空尝试编写了天文学、英语语法和拉丁语法的教科书，教师们对他编写的这些教科书评价相当不错。小塞德兹很喜欢中学生活，但是因为中学的知识他很快就全部掌握了，为了不浪费时间，我再一次让他退学了。

从此，小塞德兹出名了。社会各界人士都慕名而来，要考考这个“神童”。考完后，每个人都无不感到惊讶，纷纷赞叹不已。例如，其中有一位马萨诸塞工学院的教授给小塞德兹出了一道他自己在德国参加博士考试时遇到的难题，结果小塞德兹即席完成，那年他才9岁。

9~10岁的两年里，小塞德兹都在家中自学，直到11岁进入哈佛大学，重新过上了他喜爱的校园生活。入学后不久，他进行了一次有关第四象限数学难题的讲演，使得教授们大吃一惊。大学二年级时，小塞德兹只有12岁，但却非常喜欢研究那些连硕士研究生们都备感头痛的高等数学和天文学，还能用希腊语背诵《伊利亚特》和《奥德赛》等原著作品。他原本就很擅长古典文学，他阅读埃斯克鲁斯、索福克莱斯、欧里彼得斯、阿里斯托芬、罗西昂等人的作品就像别的孩子读《鲁滨逊漂流记》那样容易和有趣；他还爱好比较语言学和神学，对伦理学、古代史、美国史等也有浓厚的兴趣；他还通晓国家的政治和宪法。他兴趣的广泛与知识的宽博，让我这个做父亲的也感到惊讶。

就这样，15 岁那年，小塞德兹作为哈佛大学的优等生毕业了。现在，他正在为取得博士学位在研究生院努力学习。

我这样夸耀自己的儿子，看起来太不谦虚了，而我的本意绝不是要向大家炫耀我的儿子是个空前绝后的大天才。不！我绝无此意！只要您耐心读完这本书，就会发现我的真实意图真的不是来炫耀的。

1914 年，小塞德兹大学毕业。这一年，对于哈佛大学来说似乎是十分神奇的一年，因为类似小塞德兹这样的毕业生不止一个。

阿道夫·巴尔，是塔夫脱大学神学教授巴尔博士的儿子。他比小塞德兹入学稍晚一点儿，他 13 岁半进入大学，一般的大学生上四年，他提前一年就毕业了，现在正在研究生院专修法学。

另一位奇才是诺波特·维纳，哈佛大学斯拉夫语教授维纳博士的儿子。他比小塞德兹上大学还早，10 岁就上了塔夫脱大学，14 岁毕业，18 岁进入哈佛大学研究生院，并顺利获得了哲学博士学位。

看了以上的介绍，相信很多人都会惊叹："他们应该就是传说中的神童吧！"当然也有一些似乎很有见识的人士则说："古语说'十岁神童，十五才子，二十后皆为凡人'，所以，这些所谓的神童的黄金时期也只是在这一时期，等着瞧吧，过了二十岁以后，大家就会发现这些孩子也不过是些俗人罢了。"

针对这两种说法，我认为：小塞德兹等人并不是上帝心情愉快时偶然创造出的神童，而是在后天的正确教育下必然形成的天才。这就是我写这本书的目的，我将告诉人们，那种看法是有误的。

让我们来看看下面这些事实：就在大家正惊叹三个神童奇迹般的同时集中于一所大学时，又一批"神童"相继登场了，他们就是巴尔和维纳的兄弟姐妹。他们都在同一个家庭接受同样的教育，而且每一个人都取得了惊人的成绩。在阿道夫·巴尔进入哈佛大学的同一年，他15岁的姐姐莉娜也进入了拉德克利夫女子大学，并且在同年与巴尔一起从大学毕业；他俩的妹妹玛丽安和弟弟德洛夫，也在14岁和12岁时上了大学。诺波特·维纳的大妹妹康斯坦斯，在14岁时上了拉德克利夫女子大学，二妹妹贝鲁特在12岁时也进入这所学校。

摆在眼前的这些事实，足以击碎一些家长心中的所谓“神童论”，因为世上根本不可能有这么多的偶然现象，无论是从神学还是概率学上讲都解释不通。结论只有一个，这些世人所谓的天才，都是教育的结果。作为父亲，我对此是十分清楚的，我那创造超凡脱俗成绩的天才儿子，也是一种先进、正确的教育方法的必然结果。

这种教育方法来自《卡尔·威特的教育》。这本书由德国法学家卡尔·威特的父亲所著。这本书详尽地记叙了这位19世纪著名的天才卡尔·威特在14岁前所受的教育，第一次提出了要对儿童进行早期教育的理论。《卡尔·威特的教育》写于1818年，应该算是世界上最早的论述早期教育的著作。

遗憾的是，这本在教育学发展史上如此重要的书在当时并未引起人们的重视，到现在几乎绝版了。这一方面是由于当时人们因循守旧、排斥新思想；另一方面不得不归罪于老威特，他写得不够好。老威特是一个教育学上的先知，这是毫无疑问的；但他的真知灼见全被他杂乱无章的行文与无关紧要的枯燥议论所淹没，这实在是太可惜了。

好在这世上还有很多慧眼识珠的人，他们在使人类最有价值的东西不致湮灭方面做出了卓越的成绩。我的恩师、美国心理学之父詹姆斯博士就是这样一个人。他在哈佛图书馆的贵重物品室里看到了《卡尔·威特的教育》的德文原本，并且敏锐地发现了这本书的价值。

詹姆斯博士提取了这本书的精华，又加上了自己的观点，形成了一套全新的教育理论。他费尽心思将这套先进的教育观念推荐给人们，以期改善教育界的落后现状。很多人对他的这一努力不予理会，但我却从中获益匪浅，明白了天才与俗物是如何产生的。

在我的生命中，恩师詹姆斯博士就像一盏明灯，我从他那里学到了令我受益终生的东西。他的故去是人类的损失。为纪念这位对我的人生有深刻影响的老师，我给儿子取名为威廉·詹姆斯·塞德兹。这些虽然都是些题外话，但是如果没有这些题外话，相信也不会有我的这本书的诞生。

CONTENTS | 目录

CHAPTER 1 天才与俗物是如何产生的

CHAPTER 2 早期教育决定孩子一生

CHAPTER 6 给孩子一个好性格

CHAPTER 7 打开智慧的天窗

CHAPTER 8 天才都是热爱学习的人

CHAPTER 9 树立自信

CHAPTER 10 鼓励造就天才，打击制造俗物

CHAPTER 11 快乐的孩子

CHAPTER 1 天才与俗物是如何产生的

在教育孩子之前，首先要心里清楚，

你想将孩子培养成一个什么样的人。

天才是由正确先进的教育方法培养出来的，而不是天生的！

庸才、俗物则是错误落后的教育方式导致的结果。

小塞德兹等人并不是上帝心情愉快时偶然创造出的神童，

而是在后天的正确教育下精心培育的天才。

教育方式决定孩子成为什么样的人

在欧洲，孩子们很小就知道，他们要经常说“是的，父亲。”当时的教育在遏制孩子的个人要求上是很极端的，我们现在的人对此很难想象。相比较而言，美国的教育则是完全不同的，它倡导公民应该进行自我约束，而不是被动地服从。

在教育孩子之前，首先要心里清楚，你想将孩子培养成一个什么样的人。比如我，我对小塞德兹的教育，不仅有着很强的理论储备，而且也抱有将他培养成才的坚定信念。将儿子培养成有用的近乎完美的人，这就是我教育他的目的。

有些人认为我这样精心地培养儿子，是想造就一个神童，以一鸣惊人来满足我自己的虚荣心。对于这种看法，我懒得辩解。我爱自己的儿子，希望他拥有完满美好的人生，所以才费尽心思地想把他培养成身心智力等各方面都发展完备的人。我理想中的完美的人是这样的：胸怀宽广、智慧出众、富于献身精神，为全人类的幸福努力奋斗；能看到人类社会的种种矛盾和缺陷，并立志为彻底解决这些矛盾和缺陷而努力。可能这个目标过于高，但我认为教育就应该朝着这个方向去培养孩子。当前的很多教育都在教孩子如何顺从，如何见钱眼开，这样的教育方式应该有所改变。

我二十多年前从俄罗斯那块古老的土地来到这块新大陆，亲身经历了两种教育。对我而言，这应该算是幸运的。我从两种教育制度的比较中，知道了各自的长处和不足。

先来看一下欧洲的教育。在上两个世纪，欧洲在各方面都取得了长足的发展和进步，但在某些方面却误入歧途，非常令人痛心。对于这一点，德国大诗人席勒在他的《美育书简》中曾做过详尽的论述。他认为，现代国家的巨大进步是以牺牲人的灵魂发展为代价的，尽管成就巨大，但对个人而言，却比不上黄金时代多才多艺、全面发展的雅典人。这种观点是非常犀利的，直指欧洲教育的要害。

在欧洲，孩子们很小就知道，他们要经常说“是的，父亲”。当时的教育在遏制孩子的个人要求上是很极端的，我们现在的人对此很难想象。

路易·道芬（即从 1610 年开始执政的法国国王路易十三）的医生赫罗尔德在他的日记中描绘了令人瞠目结舌的情况：道芬想吃的东西人们不给他吃，而他不想吃的却拼命让他吃。而且他还要服侍他父亲用餐，这是为了让他对自己的无助有更多的感受。从两岁起，他就经常挨打。开始是保姆打，后来是卫兵。当他对他父母的爱表现得不够时也会挨打，甚至到他 9 岁当国王后，依然挨过打。

我父亲对我的管教也在我心里留下了难以磨灭的印象。那时，我们住在圣彼得堡以南三十英里的奥列杰日河边的庄园里，一座英式宅邸将我们的府邸和农场隔开。我的父亲冯·考尔夫斯基男爵非常严厉，他的话对我来说就是命令。他不让我们到农场里去玩，我们就只能在庄园里活动。我们都觉得这一点道理都没有，但谁也不敢违抗，命令就是命令。

一个冬天的下午，父亲外出了，在经历了一堂枯燥乏味的拉丁语课后，我决定违反他的禁令，并把计划告诉了弟弟，煽动起了他的贪玩之心。我俩偷偷溜出家门，趁所有人都没注意到的时候，穿越英式庄园到了通往农场的道路，但我们还没走到农场就被抓了回来。

我父亲对此事的震怒程度几乎超越了所有人的想象，因为他没有想到竟然有人敢挑战他的权威。我和弟弟被吊起来毒打了一顿。弟弟立即向父亲求饶，放声大哭，得到了父亲的宽恕和一顿丰盛的晚餐。而我，由于不肯认错，被罚不准吃晚饭。虽然又冷又饿，但我依然固执地不肯认错。父亲大发雷霆，扇了我好几个耳光，并把我推到了门外，还说没有我这样的儿子。我站在门外，面对漫漫长夜和凛冽的寒风，大雪一会儿就落满了我的肩膀。我终于扛不住了，哭着说："爸爸，我错了，以后再也不敢了，请你原谅我。"接下来的好几天，父亲都没有搭理我，直到我重新变得服服帖帖，恭恭敬敬，他才原谅了我，重新承认我是他的儿子。

不管未来会成为什么样的人，不论国王还是佣人，孩子总是怀着一颗敬畏之心小心翼翼地面对父母，就像父母对上帝一样。这就是欧洲教育的核心。

相比较而言，美国的教育则是完全不同的。美国是一个年轻的民主国家，它倡导公民应该进行自我约束，而不是被动地服从。所以，美国的父母不但宽容地看待孩子的自我，而且重视并塑造孩子的自我。

最显著的不同就是管教孩子的方法。我小时候，孩子们一旦犯了错，经常被大人们绑在苹果树上用桦木条鞭打。而美国的父母认为这种做法是不对的，只能在迫不得已的情况下使用，他们认为应该给孩子讲道理，而不是采取暴力惩罚。父母关注孩子的感觉，对他们爱玩的天性进行宽容地对待，让他们自在地玩耍，自由地梦想。

在这种教育方式下，美国孩子和父母之间是更加平等的关系，彼此之间就像是朋友和伙伴。杰弗逊认为，他们要成为对权力更"警戒"的人。著名诗人惠特曼的一位访客曾经质疑这种教育方式，认为这么做孩子对父母就显得不够尊重，惠特曼反驳说，"得了吧，朋友，你的旧世界已经被世俗的礼仪所埋没，而我们美国正在为新时代打地基"。

美国的新一代儿童曾经备受赞赏。英国改革家哈里特·马蒂诺1834~1836年周游美国，他在游记中这样写道：

我非常喜欢美国孩子，他们没有受到宗教教育的重压。当然，和其他地方一样，美国也有一些被宠坏了的、冒失的、自私的孩子，他们伤透了父母的心。但美国的孩子独立和无畏，这种精神使得他们很有魅力。他们有自己的思维方式，想什么就会把什么说出来。我观察这些孩子怎样推理，感到其乐无穷。

在巴尔的摩的少年之家，我认识了一些积极主动的孩子，还了解了他们的想法。在英国，即使和 100 名 8 岁到 16 岁的孩子在一起，听到的永远是诸如“对，夫人”“不是，夫人”之类的话。但在这里，十几个孩子围在我旁边，问这问那，进行推理、辩论，展现他们活泼的个性，这些孩子让我着迷。

诚然，美国孩子有着欧洲孩子不具备的一些优良素质，但他们的缺点也是显而易见的。他们往往任性自大，以自我为中心，丝毫不顾及别人的感受。这么自私的人，怎么能算做完美的人呢？

我刚到美国时，也对这里的教育方法折服不已，打算用这种方法教育儿子，但是后来发生的一些事情使我开始反思这种教育模式。

那大概是在小塞德兹两岁多的时候，有一天，家里来了一位客人——德国海军上尉弗里德里克·梅因，他是我的老同学。由于我和妻子都在忙着招呼客人，没顾得上小塞德兹，他趁我们不注意的时候溜到屋外玩耍。那时候正值隆冬季节，地面的积雪厚到了膝盖。他竟然没有穿外套就跑出去了，结果冻感冒了。他的母亲非常担心，因为三个月前他的肺炎才痊愈，于是大声地叫他进屋。

“不。”他喊道。

“进来吧，宝贝儿，这儿有你最爱吃的草莓布丁。”他妈妈劝道。

“可我现在不想吃。”他依然坚持。

“快过来吧，你看看这是什么，圣诞老人送了你一件礼物，很好玩啊。”他妈妈试图哄他进屋。

“我偏不进去！”他似乎看穿了他妈妈的心计，还冲我们做了个鬼脸。

他妈妈用尽各种招数也没能把他劝进屋里来，最后只好让我去叫他回来。我也没有那么大的耐心，直接命令小塞德兹进屋，可他就是不听，还大声叫嚷起来“就不进就不进！”

这时，我也顾不上和他讲道理了，出去就把这任性淘气的家伙拎了回来。

当着客人的面，小塞德兹或许是认为他的自尊心受到了伤害，便开始大哭大闹，还在地上打滚，看我们依旧不理他，更是使出其他招数来吸引我们的注意力。

吃饭时，他端着咖啡，故意将咖啡洒在梅因上尉崭新的军装上。看着我们手忙脚乱地收拾，对梅因上尉满怀愧疚的样子，小塞德兹显得很得意，仿佛找回了他刚才失去的自尊。

美国孩子就是这样，当他觉得自己受了伤害时，就不会顾及别人的感受。

我们邻居有个孩子叫薇拉，16岁了，在一个暴风雪的天气里，硬要跟几个朋友一起去看戏，他父母当然是极力反对的，但她也毫不客气："美国崇尚自由，你们无权干涉我的行动自由。"

看到这种种情况，我不想让我的儿子也变得这么自私和无礼，因此我试图找出一种更好的教育方法。

正确的教育培养人才 错误的教育制造庸才

凡是一些动脑子想想就可以明白的问题，父亲从不教我，而是说“你自己想想看”。天才是由正确的、先进的教育方法培养出来的，而不是天生的！庸才、俗物，则是错误、落后的教育方式导致的结果。

任何人面对古希腊的历史都会惊诧不已，不仅因为他们在艺术、文学、天文学、数学和哲学上的卓越成就，更因为雅典的天才就像满天繁星一样让人数不胜数。而雅典的人口却非常少，在全盛时期也只有 50 万人左右，其中五分之四还是奴隶，这一比例着实令人吃惊。

公元前 490 年，波斯的达理阿一世率兵 12 万，乘战舰 600 艘要摧毁雅典。在这生死存亡的关头，为了抵御这支大军，雅典只派出 1 万人的军队就把他们赶跑了。再比如说，著名的马拉敦战役，我们都认为那是一场浩大的血腥混战，但实际上，雅典的战死者据说只有 192 人。由此可见，雅典虽然只是一座人口不多的城市，但却拥有数目众多的具有卓越指挥和战斗力的天才。这是什么原因呢？

对此，人种改良论的倡导者——弗兰西斯·高尔顿先生认为，希腊的人种优秀，天生就不一样。这一说法或许不无道理，但人类学家的研究结果告诉我们：地球上各个人种之间在智力上的差异并不大。那么，为什么其他人种不像希腊人那样表现突出呢？如果高尔顿的说法正确，那么现在的希腊人为什么没有古代的希腊人那么优秀了呢？尽管他们仍属同一人种。所以我认为，主要是因为古希腊人重视教育，根据史料和相关记载，古希腊人有着早期教育的习惯。

在古希腊，男孩子们不会受到丝毫娇宠，从婴幼儿时期他们就开始接受各方面的训练。古希腊一位哲学家在文献中提到，儿子出生才几个月，还是细皮嫩肉的，他就经常带儿子去海边散步，吹海风。如果天气好的话，要先给他洗海水澡，再沐日光浴，把儿子的皮肤晒得通红，使孩子从小就有健壮的身体。等儿子再长大一点儿，就给他朗诵荷马的诗歌，还带什么都不懂的他去看戏剧。古希腊人的早期教育取得了非凡的成就，这从各个方面都能看出来。

可以说，一百多年前卡尔·威特所受的教育和现在小塞德兹、巴尔、维纳等所接受的所谓的先进教育其实就是早期教育。用卡尔·威特父亲的话说，就是教育要与儿童的智力曙光同时开始。我和他一样，一直坚信早期教育能够造就天才。通过雅典人的经验，我更加确信：现代人如果实施正确的早期教育，也可以成为非凡的人。

我举一个尽人皆知的例子。凯尔文男爵威廉·汤姆森，他是继牛顿之后最伟大的物理学家之一，他就是一个接受过早期教育的人。

凯尔文男爵的父亲是苏格兰迁到爱尔兰的农民。农民总是很清贫，日子过得很艰辛。凯尔文男爵的父亲从小就决心摆脱这样的生活，于是利用劳动空暇自学文化知识。但由于家境贫寒，凯尔文男爵的祖父压根就没打算让儿子上学，后来在儿子的不断苦苦央求下，才将他送去了邻村的学校。

在学校，凯尔文男爵的父亲爱好数学，也喜欢钻研神学，并一心想上大学。经过自己的刻苦努力，他终于如愿以偿，不仅考上了格拉斯哥大学，还通过艰苦的半工半读从大学毕业。毕业后，他成为贝尔法斯特一所专科学校的数学教授。他给自己的两个儿子分别取名为詹姆斯和威廉。

与凯尔文男爵的祖父不同，他的父亲非常重视教育，尤其是早期教育。他认为，必须尽早对孩子进行教育，否则孩子在上学前没有一点基础，以后学起来就会感到吃力，也难以学好。于是，他在孩子刚能开口说话时便教他们读书写字，接着教他们数学、历史、地理、生物等。

后来，他父亲被任命为格拉斯哥大学的数学教授，为了加强对孩子们

教育理念不同，培养出的孩子也不同

旧式的教育制度要求孩子绝对服从。

新式教育主张平等，尊重孩子的想法。

旧式的教育制度只会教出刻板的孩子。

新式教育对于孩子的顽皮会适当宽容。

的教育，他为两个儿子争取到了在该校旁听的机会。校方允许詹姆斯和威廉旁听他们父亲的和另外两三名教授的课。这时，詹姆斯才10岁，而威廉只有8岁。由于成绩十分突出，两年后，他们便被正式录取入学。

尽管他们年龄尚小，但他们的成绩十分优异，始终排在班级第一和第二。尤其是威廉，成绩更为出类拔萃，他12岁时便利用圣诞节假期翻译了罗西昂的《神的对话》等名著，并因此获得了学校的奖励。由于父亲教育得当，他们兄弟成为了天才，詹姆斯成了大工艺学家，威廉成了大物理学家。

历史上，这样的例子不胜枚举。大文豪歌德，8岁时就能用德语、法语、意大利语、拉丁语和希腊语阅读、书写，22岁写出了成名作《铁手骑士葛兹·冯·伯里欣根》，25岁写成名垂青史的《少年维特之烦恼》，这些都得益于父亲对他进行的卓有成效的早期教育。

此外，对哲学、经济学、政治学、伦理学、逻辑学无所不通的博学家约翰·斯图尔特·密尔，也是从早期教育中受益匪浅的人物之一。他父亲詹姆斯·密尔在当时非常有名，既是一位赫赫有名的哲学家、经济学家和历史学家，又是一名很权威的心理学家。他从心理学的研究中认识到了早期教育的必要性。

约翰·密尔在自传中专门有一章讲述了他幼年时期所受的教育：

我在很小的时候就学完了所谓的高等知识。但事实上，我生下来所具有的才能，还不如普通人呢。我敢肯定，任何一个具有普通体质和一般能力的人都可以做到我能做到的事情。如果说我取得了一点成就的话，那完全是得益于我父亲的早期教育。很多青少年从小就开始接受填鸭式的教育，在这种教育模式下，他们的才能受到了压制，没有被充分发挥出来。我父亲是反对这种教育方法的。他不是拉着我的手让我跟在他的身后，而是让我跟他并排走，甚至尽可能地让我走在他的前面。凡是一些动脑子想想就可以明白的问题，他从不教我，而是说“你自己想想看”。

还有23岁当财政大臣、24岁就任总理大臣，在国家多事之秋肩负起重任的皮特，也是很小的时候就开始接受教育。他父亲还教他雄辩术，常常让年幼的皮特站在椅子上，面对众人演讲。经过这样长期有效的教育，终于有了皮特那令人钦佩的善辩之才。

后来成为大法官的法学家韦斯特·贝里伯爵，14 岁就被父亲送到牛津大学。当时的院长以“我们的大学不收儿童”为由拒绝了他，但他父亲说：“我儿子虽然还是个小孩，但他的智力远超出同龄人很多，不信你考考他。如果让他进入大学，肯定会成为优等生并享受奖学金。”韦斯特·贝里入学后，果然像他父亲所说的，年年都得奖学金。

上面说到的这些了不起的人，都是经由恰当的早期教育培养出来的天才。从他们的事例中，我们很容易得出这样的结论：天才是由正确的、先进的教育方法培养出来的，而不是天生的！庸才、俗物们，则是错误、落后的教育方式导致的结果。

父母希望孩子乖和顺从，这将扼杀孩子的天性

孩子们就是长期在压抑天性的生活中渐渐走向平庸的。而那些改变世界的天才人物，他们表面上各有特色，但都有一个共同点——他们在幼年时期都是自由的，他们的天性没有被压抑，他们充分施展着自己的个性和才能。

按照一定的条条框框，处处限制他，时不时提醒他要循规蹈矩，使其从小在一种压抑的氛围下成长，在这样的培养方式下成长起来的孩子多半会成为庸才。庸才都很相似，他们听话，唯命是从，从来不反抗家长和老师，为了避免被老师批评，他们能很好地控制自己，不做那些所谓的“坏孩子”们热衷的出格事；对于别人给他们的东西，他们一味地接受，丝毫不怀疑，没有一丁点儿自己的想法。这样的庸才在我们的身边俯首皆是。

格兰特尔·哈塞，小塞德兹最要好的朋友，他就“不自由”。哈塞医生是他的父亲，也是我的朋友，我们经常在一起喝茶聊天，他们一家的情况我了如指掌。

格兰特尔一生下来便备受束缚。他被层层衣服裹得严严实实，腿都直不起来；他饿了，可如果还不到喂奶时间，就只能饿着，于是他被迫养成了吸吮拇指的坏习惯，接着家庭医生劝告说，不要让他养成这个习惯，医生叫他妈妈把他的手臂绑进袖筒里，或者把什么难闻的东西涂在他的指尖上；当他开始在地板上玩耍时，“淘气”“肮脏”之类的话语满屋子都能听得到。殊不知，孩子冷酷的性情就是这样一步一步在大人们教他怎么变得守规矩的过程中滋生出来的。

家庭中的一些小事经常引得格兰特尔的父母大声争吵，这些吵闹声刺痛了格兰特尔脆弱的神经，他很害怕，并不停地哭泣，而这种没来由的哭泣又常常会招惹来父母的打骂。

在父母的“培训”下，格兰特尔从小就表现得很有教养，当亲戚邻居送给他一块巧克力时，他肯定会说“谢谢”；在有人让他离开的时候，他也会毕恭毕敬地说声“是的，先生”；他还必须留心自己在饭桌上的举止，即使快要饿晕了，也不能狼吞虎咽，发出声音；而当大人谈话时，他也不能插嘴，即便有些话题他很感兴趣。

从智力上看，格兰特尔无疑是正常的，而且是个很聪明的孩子。他成绩优异，总能很轻松地完成学习任务，以至于那些愚蠢的老师们没有机会对他进行嘲弄和责罚。但是，他的学校生活没有任何乐趣可言。因为学校不希望学生有丝毫反抗，只想把孩子们都培养成循规蹈矩、言听计从的学生。在学校里，高年级的学生可以任意欺负、捉弄低年级的学生，这似乎已成了一种惯例，格兰特尔虽然对这一惯例充满憎恨，但他也不敢提出什么异议，只盼着自己早点长大能成为高年级学生。

格兰特尔今年 17 岁了，将来他会成为什么样的人呢？这很容易想象，因为我们周围到处都是这样的人。可以想象，他也会像其他人一样上大学，但是他们在大学毕业时学到的那些肤浅、毫无实用的知识和学问，或许只能帮他看看报纸、无聊的电影和流行的侦探小说。而且就算读完了大学，格兰特尔也不会知道自己到底想从事什么样的事业。他虽然在小时侯也曾有过梦想，希望成为一名探险家、飞行员或是画家，但他的这些理想不但没有得到鼓励，相反却招来人们的惊呼：“别傻了，你以为靠这种职业能够在社会中立足吗？你能赚到足够的钱养活你的妻子和儿女吗？”最后，他的梦想就这样被扼杀在了摇篮中，理想成了无足轻重的幻想，在一些重要的选择上，最终还是遵从了父亲的意愿。

格兰特尔做学生时很憎恨学校，但离开学校后，他又常常说：“尽管我在学校经常挨打，但也给我带来了很多好处。”后来，他让自己的儿子也上了同样的学校。于是，父亲的权威也就像传统一样一代又一代地传承着。

事实上，很多孩子都跟格兰特尔一样，他们的成长路线都大同小异。小塞德兹的表哥马戈·奥贝立克斯生于一个很富有的家庭，从小在昂贵的私立学校念书，但是他的发展与可怜的格兰特尔没什么两样。马戈也同样过着平庸乏味的生活，终日为现实所奴役，感受不到任何自由和快乐。

大家一定会认为我是在挖苦和嘲弄别人。这个看法是完全错误的，我这样概括介绍格兰特尔和马戈这样的孩子，只是为了更直观地说明，不自由的教育会培养出什么样的问题儿童，他们又会成为什么样的人。对此，我一点都没有夸张，在生活中随时随地都能遇见在这种教育中成长起来的问题儿童。

几天前，我在花园里目睹了隔壁的3岁男孩吉姆被他母亲责骂的情景。吉姆跑出来玩时穿着一身新衣服，一副兴高采烈的样子。很快，他就不在意新衣服了，蹲在地上，玩起了泥巴，结果可想而知，他那身干净的新衣服不久就脏兮兮的了。这件事对于一个3岁的小孩子来说其实是很正常的，但吉姆的母亲见状立刻满腔怒火，就好像是世界末日到了一样，严厉地呵斥了吉姆，还打了他一巴掌，吉姆号啕大哭起来。过了一会儿，吉姆换了件新衣服又出去玩了，10分钟以后，这个可怜的孩子又把衣服弄脏了，接着，又是一顿训斥……

看到这情景我十分难过，我很想告诉吉姆的母亲，她儿子将会为此而恨她，更糟糕的是，他会恨生活。但我知道，她根本不会听我的。我每天傍晚外出散步的时候都会看到一个四五岁的孩子，他总在不停地跑来跑去，爬上爬下，好像有用不完的精力，这样玩本身就很容易摔倒。再加上每当他母亲因为这件事情打骂他的时候，我就一直提心吊胆。

几乎每次坐火车旅行，我都能听到大人们这样的声音：“威利，你再跑到过道上去，列车员就会来抓住你并揍你一顿。”你们看，大多数家长都是用这种编造的谎言和愚蠢的禁令来教育孩子的。

孩子们就是长期在这种压抑天性的生活中渐渐走向平庸的。家长们则认为，应当让孩子学会为大人们着想，让大人省点心。因此，大人们都认为，把孩子培养成为服从、礼貌和恭顺的人十分重要。孩子们的自由天性就是被这种愚蠢的力量扼杀的。他们还在摇篮里时，就被“折磨”得毫无生气，一切教育都在教他们拒绝生活。他们从小到大经历的全部是“否定”——不要吵闹、不要顽皮、不要说谎、不要不守规矩……

在这种糟糕的教育下，孩子们最终只能成长为与他们的家长一样的人——狭隘、唯唯诺诺、唯命是从、恃强凌弱……

而那些改变世界的天才人物，他们又是怎样的呢？他们表面上各有特色，但都有一个共同点——他们在幼年时期都是自由的儿童，他们的天性没有被压抑，他们充分施展着自己的个性和才能。

对于小塞德兹，我的朋友们是这样评价他的：“一个举止优雅、情绪稳定和快乐的孩子,处事平和,不怀敌意,这的确是个让人不可思议的孩子。”

与他的朋友格兰特尔相比，小塞德兹小时候是一个反应灵敏、行动自由的顽皮孩子。如果你举起他，你会发现，他的身子像小猫一样轻盈而放松；但可怜的格兰特尔举起来像一袋笨重的马铃薯，他不会放松自己，他的反应完全是防御性和反抗性的。

小塞德兹之所以会成为这样的孩子，完全是因为他从一生下来就很少受到束缚和压抑。在婴儿时期，他就不像别的孩子一样被捆绑在襁褓里，他可以自由地活动身体，饿了就吃饭，只有到必须时才养成整洁的习惯；他很少受到大声指责，更很少挨打，总是被我爱着并保护着；他大部分时间都在玩耍，因为他只用两年多一点的时间就学完了别的儿童用八年才能学完的功课。

我不敢保证小塞德兹将来肯定会成为天才或者很完美的人，但我敢肯定他会成为心智自由、有自己的信念和追求的人。

单凭学习成绩不能衡量出孩子能力的高低

学校应该培养有创造力的人，从而产生各种新的观点和思想。只有这样，才能推动社会不断向前发展。单凭学习成绩绝对不可能衡量出一个孩子能力的高低。仅仅为了考试而学习，只能把小孩变成“高分低能”的人。

培养天才必须依靠先进的教育方法，但是指望我们现在的学校实施这种教育是绝对不可能的，因为它们早已成了庸人汇集的场所。难道不是吗？它们用陈旧的教育方式培养出一大批俗物，这些俗物又充斥了学校，把学校变成了一个个兜售学问的零售店，而教员仅仅是其中的一个店员，尽管他们大多数都在尽职尽责地“销售”知识产品，但你从他们的授课中丝毫感受不到创造力，感受不到追求知识的乐趣。

我曾经与一位中学物理老师谈到现代物理的发展，其中谈到爱因斯坦的相对论。他对相对论完全不愿意进行深入地了解和探讨，而认为这是荒谬的，完全不可能的。我反驳道：“也许是有可能的，虽然我们现在对爱因斯坦的学说不太了解，但可以研究一下它里面蕴涵的思想，不能因为自己的喜好而否定它……”他毫不客气地打断了我，“我认为没有必要，爱因斯坦是个疯子，他的学说不过是些疯话，只有白痴才认真地对待疯子的话。”我很不服气他的说法，而且也认为他说得很武断，所以虽然我也不甚理解爱因斯坦的理论，但我仍然想跟他论战一番，可是他不容我说话，就否定了相对论，“你难道没有发现爱因斯坦的所谓的相对论违反了牛顿三大定理吗？那可是现代物理学的基础。反正不是爱因斯坦错了，就是牛顿错了，不会有第三种可能。”由此可见，这些俗物们就是这样想当然，他们不加思考就否定一切新事物及科学上的新创见。

再看看学校的管理者，他们只管制定出严格的规则，并以此为准则培养了一大批中规中矩的人来。所以，从现在的学校很难发现有鲜明特点的人。我认为，学校应该培养有创造力的人，从而产生各种新的观点和思想。只有这样，才能推动社会不断向前发展。清一色的庸人，数量再多也没用。但是在现在的学校，那些行为不合规范或者不符合如今评判好坏学生标准的孩子，不是被喝斥，就是被挖苦，更有甚者，被开除学籍。

对于这一点，我和小塞德兹都深有体会。小塞德兹 7 岁读完小学后去申请上中学。那天我带他去见巴尔摩中学的校长，这位校长在听完我们的申请后，说简直是天方夜谭，还露出了不以为然的神情。那时，我很清楚他心里在想什么，他肯定在想这父子俩肯定是疯子。说实话，就他这样的老师，我还不放心把孩子交给他呢。

但是小塞德兹非常想上中学，他很认真地对校长说：“我真的已经小学毕业了，不信您可以考考我。”“我想没这个必要了。”校长转过头来跟我说，“我相信您教过他一些东西，他能解答一些难题。但是我还是希望您把他送到小学去，接受完整的基础教育，这对他今后身心健康的发展都有好处。”听了这话，我气得一下子说不出话来，孩子也感到委屈，说：“先生，可是小学的课程我已经学完了，我不但会解难题，我还学习了生理学、天文学、语言学、高等数学，而且我还懂希腊语和拉丁语……”“行了，行了。”校长毫不客气地打断了他，“就算这些全是真的，但你的年龄实在太小了，根据相关规定，要年满 8 岁才能上中学。”“为什么啊？”小塞德兹不解地问。“因为这样便于管理。我们不是小学，不是替家长管教一些什么事情都不懂的孩子的。”这时，我实在是忍不住了，儿子也一副无辜和着急的样子，说“先生，您大可放心，我并不打算让儿子住校，我妻子每天会接送他上学和放学，并且孩子自己也可以管理好自己的生活”。尽管这样，这位校长还是不愿意接受小塞德兹入学，只是一味强调必须依照规定满 8 岁后方可上中学。

我觉得有这样的人当校长，学校根本不可能培养出优秀的人才来，不去这个学校是明智的选择。但小塞德兹很喜欢学校生活，他喜欢和小朋友们一起玩耍、学习，这件事让他郁闷了很长一段时间。

学校教育还有一个弊端就是应试教育，学习就是为了考试，因为人们普遍认为考试制度能够促进教育的发展。因此学校便以分数的高低来判断一个孩子的能力。但是人们心里其实应该都明白，单凭学习成绩绝对不可能衡量出一个孩子能力的高低。从小塞德兹和格兰特尔身上就可以看出这一点。

格兰特尔比小塞德兹大几岁，在中学里早已学习了地理学、动物学和植物学等课程，而且成绩非常好，这也是哈塞先生一直引以为自豪的一件事情。而小塞德兹由于不能上中学，只好在家自学。对于这些实用性的科目，我总是先培养他的学习兴趣，让他边玩边学，而不是像在学校那样，先背熟一些人名地名。我经常带他到野外去散步，解剖一朵野花，或者教给他有关昆虫的知识，或者让他观察地貌绘制地图。通过这种生动直观的教育方式，小塞德兹在这些方面的知识远远超过了其他孩子。

有一次，格兰特尔地理考了满分，他高兴地把试卷拿给我们看。哈塞先生当然也很高兴了，非常得意地说："威廉的地理不是也学得挺好吗？不如也来做做题，检验一下他学到的知识。"结果小塞德兹的成绩并不太好。哈塞先生于是劝我说："我认为之前你那种在玩中学习的方式是行不通的，你还不如教威廉一些实实在在的知识。"

但不久后发生的一件事证明了他的错误。那年夏天，我们和哈塞先生两家人准备一起去海边度假。小塞德兹和格兰特尔在临行前一天不知从哪里听说距波士顿十几公里的勒沃夫镇来了一个俄罗斯的马戏团，据说这个马戏团的节目非常精彩。两个孩子非要吵着去看表演，但是我们船票已经都买好了，这么多人也不可能为了他们看这个而推迟行程。

我和哈塞先生分别斥责了两个孩子，让他俩别任性。他们俩都很不服

俗物是怎样养成的

借口太脏了，剥夺孩子玩的乐趣，只能造就俗物。

用成人的条条框框束缚孩子，只会培养没有个性的俗物。

父母包揽一切，不给孩子尝试的机会，天才就不会萌芽。

一味批评孩子，会逐渐消磨掉孩子的积极性，最终让孩子沦为俗物。

气，格兰特尔还嘟囔了两句，小塞德兹鼓动他说，“干脆我们悄悄地跑去看吧。”格兰特尔惊诧地说：“这怎么行啊？”小塞德兹继续鼓动说，“怎么不行啊，我们如果搭便车的话很快就去了，就算是走路去，也不远。”“不认识路啊！”“这多简单啊，我把我爸爸的地图册从书房拿出来，不就能找到路了吗？”格兰特尔犹豫地说：“可是，我不太会看地图啊。”这下轮到小塞德兹吃惊了：“别逗了，你的地理不是总考满分吗？不要再给自己不去找借口了，你去不去吧？你要是不去我就自己去了。人们都说那个马戏团还要表演老虎吞活人呢，我可不想错过这么精彩的表演。”

在小塞德兹的煽动下，格兰特尔终于答应一起去了。他们从我的书房里偷出需要的地图册，又带了几个汉堡，趁着大家忙乱着收拾行李之际，偷偷溜出去勒沃夫镇的路。走了不远，小塞德兹就发现格兰特尔确实不会认地图。每当他们遇到岔路口，需要在地图上找出该走哪条路时，格兰特尔总是束手无策。而小塞德兹由于从小就学着画地图，对地理有着直接而感性的认识，走起路来一点问题都没有。

一路上，格兰特尔总在抱怨又累又无聊，小塞德兹却玩得兴致盎然，还时不时地捉住一只鸟，告诉格兰特尔这叫什么，它们的习性是什么，属于哪个科（他可以说得出大部分草木虫鸟的名称）。而考试成绩不错的格兰特尔总在惊讶地说，原来这个就是书上说的三叶草，那个就是甲壳虫啊。他俩就这样玩着走着，后来幸运地搭上便车到了勒沃夫镇。当我和哈塞先生找到他们的时候，两个小孩正在津津有味地观看小丑变魔术呢。

由此不难看出，仅仅为了考试而学习，只能把小孩变成“高分低能”的人。

学校教育培养不出天才

教育的理想在于发展先天的个性，培养独特见解和首创精神。从小就要培养幼儿的分析判断能力、激发他们的求知欲以及对美术、文学的欣赏能力，使他们成为有造诣的多方面发展的人。

如今的学校教育培养不出完美的人才：很多天才上学时，成绩都很不好，有的甚至被老师和同学认为是“笨蛋”。为什么有才华的学生在现行的教育制度下不能发挥出自己的才华？主要是因为学校的老师和校长全都是些庸人。学校的规章也都是由这帮庸人以自己为标准制定的清规戒律，所以我们的教育变成盆景式的盆栽，清规戒律繁多，容不下才华出众的学生就学。即使允许入学，也要受到条条框框的限制，使其不能自由发展。那些天才人物之所以成绩不好，大多数是由于他们热衷于某种专业，达到了入迷程度而无暇顾及其他的缘故。

从前在某小学的一个班里，有两个孩子，他们的成绩都很差，总是排在全班倒数第一二名。多年后他们见面了。一个是威尔姆•罗林克，维也纳国立歌剧团的团长；另一个是利比希，著名的化学家。据说利比希在大学预科学习期间，有一天校长到他所在的班里看到他不爱学习，就谆谆教诲：“你要努力加把劲，做一个有出息的人，如果总是像现在这样，老师对你也没办法，父母也会觉得你不孝。”接着又问他：“你今后打算干什么呢？”他理直气壮地说：“我要当一个化学家。”听到这里，全班同学都哈哈大笑。后来，他父亲让他退学了，在一个药剂师手下当学徒，据说也只干了 10 个月，就因为“没有用”被解雇了。

文豪斯科特成名后，去访问他小时候上学的学校，学校特意准备了一堂课让他观摩，但他并不满意，问："哪位学生在你们学校学习最差？"老师们感到很难为情，但还是不得不把一个学生拉到他面前说："他是全校最差的一个。"那个学生面红耳赤，不敢抬头。斯科特抚摸着他的头，和蔼地说："你是个好孩子。"说完斯科特从口袋里取出一枚金币给了他。因为斯科特过去在这里学习时，学习成绩总是倒数第一，也被人认为是劣等生。

东方学者克莱弗劳德在柏林大学时，考试时什么都不会，考官问他："你什么也不会吗？"他出人意料地回答："不，我会中文。"

林耐，被称为是植物学先祖，在某大学预科学习时，成绩非常差，校长曾给他父亲写信说："您的孩子不适合学习，不如早点退学，学门手艺，今后好有个谋生之道。"

而发明家和政治思想家中，也有不少人是由于终日沉思才学不好功课的。

休谟在孩童时期就善于思考问题，所以往往显出一副发呆的样子；牛顿由于热衷于思考数学问题，常常忘记别人的命令和委托，他在学校的学习成绩总是倒数第一名，但他很会制造机器玩具。

达尔文从小热衷于观察动植物等，曾遭到校长的训斥："你光搞这些东西，简直是在浪费时间，不好好学习功课，学习这么差。"

通过这些事例我们知道，有着过人才华的学生不光在入学前遭到非难，甚至在他们跨进校门后，也会因为他们的与众不同而遭排斥。希望大家记住，教育的理想在于发展先天的个性，培养独特见解和首创精神。有才华的学生在现在的教育制度下潜力发挥不出来。自由教育造就了雅典时代希腊文明的很多伟人；相反，繁琐的不合理的教育使得拜占庭时代希腊文明极度贫乏。因此从小就要培养幼儿的分析判断能力、激发他们的求知欲以及对美术、文学的欣赏能力，使他们成为有造诣的多方面发展的人。

家教延伸阅读

·恰当的教育是培育天才的沃土·

1973 年的诺贝尔经济学奖得主赫伯特·西蒙和威廉·蔡斯在研究国际象棋大师的成长时总结出来了一个“十年规则”，即“要想在大脑中建立复杂的知识结构，就需要后天不断努力，没有天生的大师，只有炼就的专家”。天才不是天生的，而是后天培养的，关键在于怎么培养，因材施教很重要。

19 世纪美国著名哲学家、心理学的先驱威廉·詹姆士说：“和我们应该成为的人相比，我们只是半醒着的。我们内心的火焰被泼上了一盆冷水，我们的努力被抑制。我们只利用了我们心智中很小的一部分潜力……只有非常优异的人才会把自己所拥有的资源利用到极限。”这些常人不可超越的天才，真正的本钱是他们的童子功。他们并不比我们聪明，但他们练得要多得多。

恰当的教育是天才成长的沃土。要想早日把孩子培养成天才，成为出众的人。首先要找准孩子的天赋方向，孩子的天赋有时并不是随便就能判断得出来的，尤其是一些潜在的智能，我们需要一套科学的测试方法。然而这套方法不同于市面上流传着的各种智能测试，但测试孩子的天赋并非简单的答题，除了成熟完好的测试系统，科学分析测试结果，为孩子量身打造发展方向和方法才是更重要的。

找准孩子的天赋方向后，发挥优势，用优势补足劣势，全面发展。培养特长倒不最难，最难的是全面发展。现代社会竞争残酷，多面手适应日益变化的形势更强，竞争力更强。很多孩子都有自己的盲区和缺陷，现在很多父母不是发挥孩子的长处，而是想尽办法补孩子的短处，结果适得其反。孩子之所以不爱学习，是因为没有找到能让他喜欢的学习方法。偏科现象很普遍，天生就什么都爱的人毕竟是少数，但是我们必须直面孩子的盲区，有效利用他的优势和兴趣点。

所谓兴趣是最好的老师，不单单兴趣，孩子内在的潜能和天赋也急需父母去挖掘。然而并不是说，只鼓励孩子做喜欢做的事，他不喜欢做的事就不做。

从孩子的兴趣爱好入手，以他感兴趣的事物为方式，同时引导他开发自己不感兴趣或者弱势方面的潜能。让孩子在愉快的学习中，实现全面发展。

充分挖掘孩子的潜能，尊重孩子，让孩子快乐学习。现在的孩子都是独生子女，在家备受宠爱，到了学校就不再是独一无二了，要引起老师的注意比在家里难多了。其实每一个孩子都希望受到关注，都愿意交流和互动。孩子们的主动性不单单取决于性格，父母和老师的启发和鼓励是很重要的因素。

父母是孩子的第一任老师，现代的孩子接触到了很多前人所没有接触过的新鲜事物，他们很容易接受这些新鲜事物，因此父母也要不断更新观念，不断学习进步，跟上孩子的脚步，避免产生代沟，陪伴孩子一块成长。现代父母不是要发号施令，或者整天围绕着“小皇帝”“小公主”转，而是跟孩子站在同一起跑线上，倾听孩子的心声，成为他最信任的朋友，引导他健康成长。

要想让孩子优秀，父母和孩子应站在同一视角上沟通，作为孩子的朋友，面临问题的时候一起来解决，而不是命令。在教育的过程中，不仅全面发现孩子的潜在优势，学会赏识他们，还要以他们为中心组织学习内容，让孩子们乐于学习。

CHAPTER 2

早期教育决定孩子一生

大量的事实表明，人的求知欲在幼儿时期，

也就是在两三岁的时候就已经表现出来了。

“这是什么？”“那是什么？”“为什么这样？”“为什么那样？”

这一连串的问号不停地出现在孩子的脑海中。

这意味着什么呢？

这意味着孩子的求知欲望已经开始产生了。

早期教育决定着孩子能否成才

虽然说小塞德兹从一岁半就开始接受教育，但是从更广泛的意义上来说，他的教育从出生那一天就已经开始了。他之所以表现得与众不同，是因为他在生命之初就得到了别的孩子没有得到的训练。

孩子几岁开始接受教育为好？这个问题不能笼统定论，因为孩子发育的时间有早有晚。一般来说，一两岁就开始早期教育为好。教育家们对此不以为然，他们总一相情愿地认为这么早对幼儿进行教育是有害的，但他们的这一说法并没有科学依据。

我的儿子威廉·詹姆斯·塞德兹就是从一岁半开始接受教育的，他那时便已经开始了语言、书写、数学、音乐等科目的学习，并取得了很好的成绩。有人或许会认为，这种教育一定像在温室里栽培花草一样，人为地促使其早熟，是人工神童。所以这样的孩子将来的发展会是一种病态现象，最终的结果是“二十岁后是凡人”。我并不想对这种论调作任何的辩驳。事实上，很多实例已经证明了他们的看法是纯粹的无稽之谈。

虽然说我的儿子小塞德兹从一岁半就开始接受教育，但是从更广泛的意义上来说，他的教育从出生那一天就已经开始了。

据我所知，人类在婴幼儿时期的接受能力极强，很多成年人都忽略了这一点。在我和妻子共同养育儿子的过程中，我惊奇地发现：即使是刚出生三四天的婴儿，他已经本能地从环境中开始吸收一切。

事实上，只要细心观察过孩子的父母，都会与我有相同的感受。即便是在教养方式不充分的情况下，婴儿们为了发挥这种与生俱来的能力，也做出了令人诧异的努力。他们的吸收能力是超强的，他们能很快且毫不费力地学到很多东西。

就像前面说过的，我儿子小塞德兹 3 岁时就能自如地阅读和书写了。人们对此议论纷纷，很多人根本不相信这是真的，也有人认为这一切都要归功于小塞德兹与生俱来的天赋。

然而，我可以发誓，小塞德兹的这种能力并非来自他们所谓的“天赋”，而是得之于教育。

哈塞先生，这位我的老朋友也和其他人一样，对我的观点表示怀疑，尽管他受过良好的高等教育。

在一个令人惬意的下午，哈塞先生一边品茶一边对我说：“塞德兹博士，现在大家都在说你儿子是个天才，大家都很羡慕你。”

“是吗？对于威廉是不是天才这个问题，我不想做过多的解释。我始终认为只要教育得当，人人都可以成为天才。”

“我不同意你的说法。像威廉这样的孩子，三岁就能够读书写字，不可能是后天教育的结果，一定是他在这方面有不同寻常的天赋。”哈塞先生对我的说法表示怀疑。

“哈塞先生，事实并不是你想的那样。我儿子有这样的能力并不奇怪，因为在他一岁的时候我就开始教他读书识字了。”

“什么？一岁多？”哈塞先生吃惊地问。

“怎么，难道你不知道吗？我还以为你早就发现了呢。实际上，我对他这些能力的培养可能还要更早一些。”

看着哈塞先生目瞪口呆的样子，我只想发笑。他怎么也和其他人一样对我所说的情况如此吃惊呢。当然，这也不能怪他，他本就和其他人没什么区别。

从儿子刚睁眼开始，我就对他进行训练了。我认为这种最早的训练就是教育的开始。

和天下所有父亲一样，我也以充满欢欣的心情第一次去接触儿子的目光。然而，我并没有像别的父亲那样仅仅局限于享受初为人父的快乐，而是从那一刻开始对他着手进行教育。

儿子的眼睛是明亮的，无时无刻都在透露着对这个世界的好奇，我想他一定记住了我。既然他能记住我，应该也能记住别的东西，于是，我将我能拿到的东西都递到了他的眼前。我想他一定是乐意接受的。我完全能够想到，他是多么急切地想认识一下这个他刚刚来到的世界啊。

事实证明，我这么做，对训练儿子的视觉很有好处。由于他一出生就认识了各种不同颜色、不同形状的东西，这使他对形象和色彩有了最初的认识，而这种认识是许多孩子没有的。在小塞德兹长到一岁多的时候，这一做法就渐渐发挥了作用。我认为，他在开始学习认字时能毫不费力地把他们记住，完全得益于这种最初的视觉训练。

对于孩子的听觉训练，我也采取了同样的方法。我不停地跟他说话，并要求他的母亲也这么做。我不仅对他说完整的句子和单词，还特意将每个字母用标准的发音念给他听。这种看似不经意的做法对刚出生的婴儿是非常重要的，这也是他后来能快速掌握语言的根本原因。

遗憾的是，很多望子成龙盼女成凤的父母们并没有这么做，他们只对孩子不停地念同一个单词“宝贝、宝贝”，这样做，给孩子留下的只是有限的印象，对孩子来说这是远远不够的。

小塞德兹被人们称为天才，他表现得如此与众不同，我想最根本的原因就在此吧。他在生命之初就得到了别的孩子没有得到的训练。在人生的起点上，他要比别人学到的多得多。这么做，使得他在接受正规教育的时候，一切就变得容易很多。虽然年龄只有一岁半，但他的感知能力和接受能力已经远远超过了其他同龄孩子。随着这种能力的逐步增强，他的求知欲望也一天天增长起来。与其说我在一岁半时对儿子进行教育，不如说在那时我是不得不开始对他进行教育的，因为在那时，我感觉到了他对知识的渴求。

求知欲始于两三岁

"这是什么？""那是什么？""为什么这样？""为什么那样？"这一连串的问号不停地出现在孩子的脑海中。这意味着孩子的求知欲已经开始产生了。应该怎样去面对孩子这种求知欲的萌发呢？最好的办法就是及时地对孩子进行合理的教育。

我之所以很注重孩子的早期训练和教育，有一个重要的原因就是：由于我的工作是从事心理学研究的，所以在儿子出生之前我就对人的心理以及生理进行过各方面的研究。

大量的事实表明，人的求知欲在幼儿时期，也就是在两三岁的时候就已经表现出来了。

可以这样说，我对儿子所做的训练，在某种意义上正是为他这种求知欲的萌发做准备。

两三岁的孩子是最可爱的。他的头脑已经不像之前那样一片空白，而是在两三年之中以惊人的速度吸收了大量的信息。他对这个世界似懂非懂，他虽然了解了一些，但还想了解得更多更多……

"这是什么？""那是什么？""为什么这样？""为什么那样？"这一连串的问号不停地出现在孩子的脑海中。这意味着什么呢？这意味着孩子的求知欲望已经开始产生了。

由于小塞德兹早在一岁半时就已经接受了教育，所以他的求知欲望萌发得似乎更要早些。他不仅在语言和文字上有许多问题要问，还想弄明白其他的许多事情。

他常常问我："那些大山是怎样来的，它们也是妈妈生的吗？""树林为什么总是成片成片的，为什么总是在春天发芽而冬天落叶？”“人为什么要穿衣服而动物却不需要？”“为什么冬天会下雪？”“钢琴的琴键为什么有黑白之分？”

这些问题常常让我感到头疼。有时候我真想大声训斥他，让他闭嘴。但我并没有这样做，因为我知道，如果那样做的话会扼杀儿子宝贵的求知欲。

那么应该怎样去面对孩子这种求知欲的萌发呢？很显然，最好的办法就是及时地对孩子进行合理的教育。

这里有一个例子足以证明我的观点。

我大学的同学、现在的同事米盖尔博士和我一样幸运，上帝也赐给他一个健康而聪明的儿子。

米盖尔是个建筑学专家，是一位令人尊敬的大学教授。他的宝贝儿子里特与小塞德兹同岁。

不幸的是，在我儿子小塞德兹已经能阅读那些似乎只有成年人才能读懂的书籍时，里特却仍然一字不识。

为什么呢？

显而易见，正是由于我的这位朋友忽视了对里特的教育，致使这个聪明的孩子的求知欲望在它刚刚萌发之时便枯死了。

米盖尔博士和大多数人一样，既没有在孩子的婴儿期给他任何训练，也没能有意识地对他进行教育。非但如此，他几乎从不回答孩子提出的任何问题。

当我和他谈到这件事时，米盖尔博士不以为然地说道：“你所说的那些训练，我认为是多余的。你刻意地让孩子看那些乱七八糟的东西，对他来说有什么意义呢？至于你说的孩子在两三岁就有了求知欲望，我当然同意。但这是很正常的事，没有必要再去给他强加什么过多的教育。孩子嘛，让他尽情玩耍就够了，那些多余的东西只会损害他的大脑。”

听了米盖尔博士的话，我大为吃惊。像他这么一位受过高等教育的人

激发孩子的求知欲

孩子喜欢问千奇百怪的问题，这是求知欲的开始。

尊重孩子的创意，有助于激发孩子的求知欲。

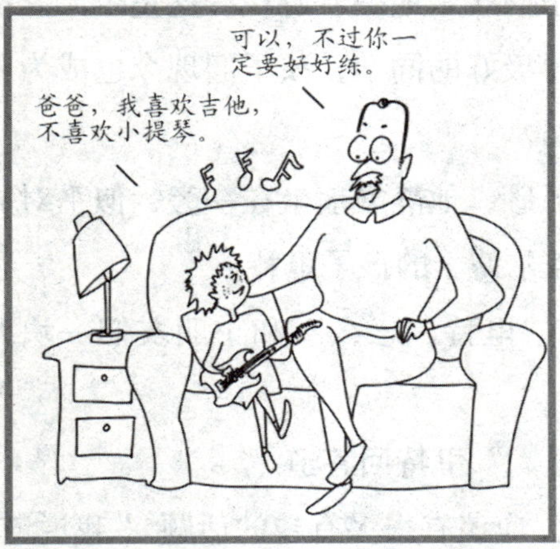

尊重孩子的选择，能够激起孩子的求知欲。

用新奇玩意激发孩子寻根究底的求知欲。

也持这样一种愚昧的观点，那么其他的人更是可想而知了。

米盖尔博士继续对我说：“他的那种所谓的究理精神已经使我够头疼的了，我还敢再给他什么多余的教育吗？他的问题就像河水一样滔滔不绝，我回答他一个，他又会产生数个。你说，如果总这样下去，我还能做其他的事吗？”

“什么？！”我不解地问他，“你对孩子的问题感到厌烦？”

米盖尔博士没有回答。

“那么，你不关心你儿子的教育吗？”我问。

“当然关心，我只是想在他长大一些之后再开始。那时，他的理想已渐渐形成，教育会变得有效而合理。”米盖尔博士振振有词地说道。

事实上，米盖尔博士的观点错误至极，这一点在他儿子里特四五岁时就表现了出来。在一次拜访中，我见到了里特。

记得那一次，米盖尔家中有很多人，都是我们大学时的同学。当然，也有各自的孩子们。当大家都在感叹时光飞逝，都在回忆大学时代的美好之时，我发现了一件奇怪的事。

我儿子小塞德兹正在与其他的孩子们欢乐地做着游戏。这是令大家都感到愉快的事，因为大人们曾是相处得极好的同学，孩子们现今也成为朋友，我们这些做父母的当然为之欣慰。

然而，只有一个孩子犹如单飞的孤雁，他静静地坐在一旁，似乎对周围的事物毫无兴趣。这个孩子正是米盖尔博士的孩子里特。

我走到里特的身边，对他说道：“里特，怎么不和小朋友们一块儿玩呢？”

“我不想去玩，只想单独呆在这里。”里特回答道。

“这可不好，你们年龄都差不多大，应该有很多有趣的话题。”我说道。

“可是，他们说的那些我都不懂，我找不到什么想说的话。”里特难过地说。

里特的话使我备感惊讶。那些孩子会有什么高深莫测的事能使这个孩子感到为难？据我所知，那些孩子都是很正常、很普通的。既然这样，问题一定是出在里特身上而不是其他的孩子。

米盖尔博士告诉我，里特一直性格内向，不爱与别人交往。当我问起他其中的原因时，他告诉我这是天生的。

其实，米盖尔博士并没有真正找到原因，也不了解自己的儿子。在我看来，里特之所以那么孤僻、内向，并非天生性格所致，真正的原因是他缺乏充分的教育，缺乏足够的知识。这使他找不到与别人交流的话题，从而产生一种心理上的障碍。久而久之，他便形成了不愿同别人交往的性格，甚至对周围的事物漠不关心。

这样的结果导致什么呢？那就是孩子最为宝贵的求知欲望的丧失。

作为建筑学家，米盖尔博士要求自己的学生一定要打好建筑的根基。然而，他却忽略了自己儿子人生基础的建立。

这真是一件令人遗憾的事。

父母要重视孩子的成长环境

我发现了这样一个事实：只要是有所成就的孩子，他们的父母都极为重视孩子的成长环境。事实上，很多天才，在他们的幼年时期几乎都成长在丰富而有趣的环境中。

虽然我不知道其他孩子的父母是怎样看待这个问题的，但我发现了这样一个事实：只要是有所成就的孩子，他们的父母都极为重视孩子的成长环境。

另外，就我的经验来看，父母的受教育程度在孩子天赋发展过程中起着非常重要的作用。因为这些父母本身都受过良好教育，他们非常清楚生长环境在一个人成长过程中的作用，因此他们也很乐意为孩子创造良好的环境。

事实上，很多天才，在他们的幼年时期几乎都成长在丰富而有趣的环境中，这都是有理可据的，我们可以从任何一位天才或伟人的传记中对此有所了解。

在小塞德兹出生前后，我和妻子就为他精心布置了属于他的生活空间。我们尽量让他的房间活泼有趣、富于变化。

我们在他的屋子里摆满了各种书，并用颜色好看的饰物装饰房间。这么做就是尽力让他每一次从睡梦中睁开眼时都能看到美好的东西。

为了使儿子能够获得尽可能充足和良好的教育，可以说，我简直是用心良苦。我竭尽全力为儿子提供连续不断且丰富多变的刺激，目的就是为了使他尽可能地获得更多的信息。因此，小塞德兹还在婴儿时就已经接触到了各种各样鲜亮的色彩、丰富而有趣的形状、美妙的声音的刺激。我不停地观察他在各种刺激下的反应，并且随时根据他的反应作适当的调整。

在儿子稍大一些，差不多他一岁半的时候，对于他的生长环境，我为他提供了更多、更有意义的东西，而不再仅仅局限于房间或饰物的安排了。

记得我第一次把那些颜料和绘画用具交到儿子的手中时，他乐坏了，并且对这些陌生的东西表现出了极大的兴趣。在这里，我想声明一下，我并没有非要让孩子将来能成为一名艺术家，我只是觉得这种艺术方面的教育一定会让他终生受益。我们周围有很多父母，他们要求孩子这样，要求孩子那样，并把自己的想法强加在孩子身上。他们为孩子买钢琴就是希望孩子有一天成名而为自己带来名望；他们让孩子学画画就是希望有朝一日能卖个好价钱。然而，这种非常功利性的想法是愚蠢的，也是极不负责任的。

起初，我为儿子买绘画用具并没有想到他会对此有那么大的热情，仅仅是为了让他能够接触到更多的东西。可是当他接触到这些有趣的用具和鲜艳的颜料之后，我才发现他对这些是多么感兴趣。按照常理，很多家长会专门请人教儿子绘画，但我并没有这么做。我既没有要求儿子画画，也没有专门为他请教师，只是任其自然地让他摆弄那些绘画用具。

对于绘画，我曾经和一些艺术家以及精通艺术的人讨论过。他们都认为真正的艺术从来都是来自于艺术家的内心世界以及他们本能的冲动。从某种程度上来讲，艺术在本质上是不可学的，也就是说艺术本身是无法学的，很多人学到的其实只是一些技术和技巧。

对于小塞德兹这个只有一两岁的孩子来说，我觉得学习那些绘画技巧既没有意义也没有作用，他也不可能掌握那些复杂的技巧。所以，我认为根本没有必要严格地让只有两岁的儿子学习绘画，他需要的仅仅是满怀愉快地玩耍。

有人也许会问，你这样做不怕浪费那些绘画用具，浪费孩子的宝贵时间吗？我想有这种想法的人太功利了，我可以肯定地回答：我这么做并没有浪费什么，而且还收到了意想不到的效果。

一天下午，哈塞先生像往常那样来到我这里。当我们开始坐下来闲聊时，他突然要求看看小塞德兹。

“今天怎么没有看见你的儿子？”哈塞先生问道。

“哦，他现在一定是在房间中画画。”我对哈塞先生说道，“自从我给他买了那些颜料，他每天都在兴致勃勃地摆弄那些玩意儿。”

“什么？他还不到两岁啊，这么小的孩子就能画画吗？”哈塞先生显得很吃惊，“这不可能吧！”

“他只是喜欢那些颜料和用具罢了，并不是严格意义上的画画。”我解释道。

“哦，是这样啊。这可真有意思，我能见见这位可爱的小画家吗？”哈塞先生问道。

“当然可以了。”

于是，我把哈塞先生带到了小塞德兹的房间。

哈塞先生惊呆了。他看到了一个五彩缤纷的世界。

我并不是说小塞德兹画了多么优秀的作品，而是想说明儿子的生活空间是多么有趣。在他的房间里，除了那些我专门为他买来挂在墙壁上的图画之外，剩下的就是他自己的“大作”了。

儿子的这些画可以说是真正的涂鸦，既无技巧也无特定的主题，虽然没有什么章法，却非常有趣，而且种类也很多。比如，他画的人头就像一只泄了气的皮球，他画的苹果看起来都发育不良，他画的房子好像快要倒塌了。尽管这样，他仍然兴致盎然地画完一张又画一张。

“小威廉，你这画的是什么啊？”哈塞先生指着一团红红的颜色问儿子。

“这是一只红色的大鸟。”儿子回答道。

“那么，这只鸟的头在哪儿呢？”哈塞先生笑着问道。

“这儿，这儿。”儿子指着那块颜色略为凸起的地方说道。

“哦，这儿啊，我怎么没有看出来？”哈塞先生问。

“我来教你。”儿子认真地向哈塞先生解说起来，“这是鸟儿的头部，这儿是它的眼睛，这儿是腿，这儿是它的翅膀。”

“这个就是翅膀吗？”哈塞先生指着小塞德兹刚才向他解说的一处说，“如果这是翅膀，恐怕也太小了一点吧。这么小的翅膀，鸟儿能飞起来吗？”

“它当然能飞起来了。”儿子认真地说，“它现在不就正在飞吗？待会儿我还要画天空和云彩呢。”

看着儿子那副认真的模样，我和哈塞先生都哈哈大笑起来。

“你们笑什么啊？难道我画得不对吗？”儿子问道。

“对，对，你画得完全对。”我对儿子说。

“塞德兹博士，你觉得孩子做这些有意义吗？”我们回到客厅后，哈塞先生满脸狐疑地问我。

“当然有意义了，否则我也不会让他那么做。”我很肯定地回答。

“可我觉得这种做法意义不大，如果你真想让儿子成为画家，就应该专门给他请一位教师好让他进行正规的训练。”哈塞先生说道。

“不，我并没有想过一定要让他成为画家，何况将来的事，也不是我能够决定的。”

“那你为什么给他买颜料和一些画画用具，这样做是为了什么？对孩子有什么意义吗？”哈塞先生不解地问。

“孩子喜欢并能全心投入其中，就是这件事的全部意义。”

听我这样说，哈塞先生陷入了长时间的沉思。

正如在前面所说的那样，我之所以这样做，完全是为了给孩子提供良好的生长条件和环境，并非有什么特别的意图。事实上，小塞德兹的这种热情并没有维持很久，他很快就对这种随意的涂鸦失去了兴趣，将热情又投入到了其他方面。

在他稍微长大之后又重新拿起了画笔。那一次，我不仅给他买回来许多绘画知识的书，还专门为他请了一位教师。这都是后来的事了。

音乐是开发孩子智力的有效手段

凡是被称为“天才”的人，大多数都极为喜爱音乐，并都有接受音乐教育的经历。对于一个孩子来说，音乐对他的影响最为明显。孩子对音乐的敏感远远超过了视觉。在我看来，学习音乐正是开发孩子智力的有效手段。

至今，小塞德兹一直是个酷爱音乐的人。他曾说，只有音乐才能使他宁静下来，使他具有良好的心态面对生活中的一切。他说音乐之中蕴涵着许多琢磨不透的东西，正是这些给了他智慧和勇气。

可以这样说，音乐已经成了小塞德兹生命中的一部分，并将会陪伴他的一生。我们能够从大量的文献之中看到，凡是被称为“天才”的人，大多数都极为喜爱音乐，并都有接受音乐教育的经历。

--位哲学家曾经说过：“音乐往往能够造就出天才。”当然，我们都明白，他所说的天才已经超出了音乐范畴。孩子接受音乐教育不仅为他成为音乐家提供可能，也为他在其他方面的发展创造了极佳的条件。

我想，只要是真正接触过音乐的人，只要是在孩子幼小时对他们进行过音乐教育的人，都会对此有深刻的体会。

就我的经验来说，音乐的确是个绝妙的东西。因为它不需要做过多的解释便能使人感受到其中的奥妙之处。你可以是一个没有受过高等教育的人，甚至可以是目不识丁的人，但只要你有听力，那么你就能直接而毫不费力地感受到音乐传达给你的东西。

这样说来，对于一个什么都不懂的孩子，对于一个无论在知识和学问方面都极其有限的孩子，音乐不正是最好的东西吗？当孩子不能理解成年人的思想时，音乐不正是一个向他们表达这种思想的最佳方式吗？

事实上，对于一个孩子来说，音乐对他的影响最为明显，孩子对音乐的敏感远远超出了视觉。我在儿子出生后不久就发现了这一点，所以在他的成长过程中，我始终把对他的音乐教育放在很重要的位置上。

当然，我并非是想刻意地将他培养成一个音乐家。

由于我妻子曾受过极好的教育，她对音乐极为了解。可以这样说，她是一个非常出色的钢琴演奏者，同时她还会演奏一种极为迷人的乐器——吉他。

每当妻子在客厅中演奏钢琴时，小塞德兹总会有不同的反应，这种反应在他还是个摇篮中的婴儿时就已经开始了。当他哭闹时，一听到悦耳的琴声他就会立刻停止哭闹，甚至有时会流露出愉快的微笑。

我们周围的大多数父母，在孩子哭闹时便立刻给他递上吃的，这其实是一种不正确的做法。因为这样做不但对孩子的健康有害，也会使孩子养成一种恶习。他们会在幼小的头脑中形成一种概念，即哭哭啼啼便能换来吃喝，吃喝是世界上最美好的事。形成了这种概念的孩子必定会变成一个俗物。

在这一点上，我为自己有这么一位优秀的妻子而感到骄傲。她并没有像其他的母亲那样，而是常常用音乐来慰藉哭闹的儿子。

但由于钢琴的声音过大，妻子便时常弹吉他给儿子听。每当此时，儿子的脸上都会露出幸福的笑容。

妻子的吉他弹奏水平很不错，她会演奏索尔、朱利亚尼及泰勒加的作品。她时常对我说这些大师的音乐极具魅力，她还告诉我，吉他是一种很棒的乐器，如果儿子将来打算学音乐的话，她一定首先教他弹奏吉他。

事实上，在以后的日子里，妻子的确是这样做的。直到小塞德兹在哈佛念大学的时候，他都一直将那把心爱的吉他带在身边，他的演奏也得到了人们的好评。

但是，在儿子初学吉他之时却遭到了人们的非议，就连我的朋友哈塞先生也是这样。

“小威廉，你喜欢音乐是件好事，可是你为什么选择吉他？”哈塞先生看见儿子正在练琴时说道，“你应该学习钢琴，那才是真正的乐器。”

“我认为它很美，它的声音很好听。”儿子虽然还不能用其他的词汇来和哈塞先生争论一番，但他说出了自己的感受。

“塞德兹博士，我认为你是不正确的。既然你教孩子音乐，就应该教他正统的东西，像吉他这样的乐器是不能用来进行真正的音乐教育的。”哈塞先生对我说。

“不。你没听见吗？小威廉觉得它很美，我想这是最重要的。”我向哈塞先生解释道，“小威廉学习的是音乐，至于选择什么乐器并不重要，主要是看他对什么有兴趣。假如他对钢琴的兴趣不大，强迫他去学只会破坏他对音乐的感觉。”

“这个也有道理，可是吉他并不是一件正规的乐器呀！”

“不，哈塞先生，你的这一认识是错误的。”这时，我的妻子插进话来，“吉他现在没有进入正规的音乐学院，原因是由于这种乐器的历史没有小提琴和钢琴那么久远，并且由于种种原因一直流传在民间。但是，它有独特的音色和无穷的魅力，这是不可否认的。实际上，从吉他的特性来说，它决不亚于其他的任何乐器。贝多芬就曾经说过，‘一把吉他发出的声音相当于一个小小的交响乐团’。当然，他说的不是音量，而是音乐的丰富性。”

事实证明，妻子说的是对的，在今天，吉他这件乐器已经以它独特的魅力进入了音乐学院，并被称作乐器之中的“王子”，与钢琴和小提琴齐名。

在此我并非是想强调我妻子的话有何等的预见性，只是想向那些决心对孩子进行音乐教育的父母们说一句话：对待孩子的教育不要像女人爱时装那样赶时髦，而要真正地把握住孩子的兴趣所在。

有许多原本很有天赋的孩子被父母们强行拉到钢琴前，使他们的兴趣及才华一天天地耗尽。当然，钢琴是美好的东西，然而父母们那种附庸风雅的心态足以使它在孩子们的心中变得丑恶起来。

如果我的小塞德兹能称得上“天才”的话，那么从某种意义上讲，音乐便是他成为天才的潜在因素。或许有人会说：“你这样下定论未免太夸张了吧？”我可以肯定地回答，我的说法千真万确。

通常，人们总以为让孩子学习音乐仅仅是为了使他们多一种爱好，或者陶冶性情，或者消磨时光。其实，在我看来，学习音乐正是开发孩子智力的有效手段。小塞德兹之所以那么小就能读书写字，并对词汇的意义有准确的理解，在某种程度上来说都要归功于音乐。

我不想在此做更多的解释，只想用一个真实的例子说明这个问题。

有一天，妻子正在教小塞德兹学习一些形容词。当她讲到“快乐、兴奋、幸福”这些词时，小塞德兹流露出了不理解的表情。他觉得这几个词都差不多，在多次讲解之后仍然不能领会它们之间的区别。

这时，妻子拿起了那把可爱的吉他。

她轻松地弹奏了一连串音符，并且主要是在吉他的一弦（E）上演奏的。

“你明白了吗？这就是快乐的感觉。快乐是一个形容词，快乐就像在一弦上演奏出来的音符。”妻子演奏完后对小塞德兹说道。

“哇，原来是这样。”小塞德兹似乎明白了一些，“那么兴奋和幸福又是什么样的呢？”

于是，妻子又以极快的速度演奏了几段和弦，又在吉他的二弦（B）和三弦（G）上演奏了一小段乐曲。

“这个和声就是兴奋的感觉，而二弦和三弦上的这几个音就是幸福。”妻子一边演奏一边对小塞德兹说道。

这时，小塞德兹的眼中充满兴奋，“妈妈，我明白这几个词的意思了。”说着，他从母亲的手中抢过了吉他，并有力地弹奏了几个和声，“我现在很兴奋”。

从此以后，小塞德兹在对词汇意义的把握上显得轻松起来。他不仅能够准确地掌握形容词的意义，还能够用音乐把它们表现出来。

有一次，调皮的小塞德兹在玩耍中不小心将我的一本书撕破了。那是一本很珍贵的书，我一直非常爱惜。当时我气极了，真想狠狠地训斥他一番。可是，小塞德兹却抱起了吉他并弹奏了一段乐曲，我注意到他是在低音弦上演奏的。

“爸爸，我很难过，就像它一样。”小塞德兹一边弹一边对我说。

我仔细听了听，儿子演奏的那段音乐既低沉又忧伤，当时，我简直被他那种准确把握音乐情绪的能力惊呆了。

面对这样聪明可爱的孩子，我有什么怒气不能消呢？

让孩子在近似于玩耍中接受教育

小塞德兹的教育始终在一种轻松愉快的氛围中进行。无论是数学、生理学还是物理学，他都是在那种近似于玩耍的状态中慢慢掌握的。正是这种看似闲谈般的讨论，使他轻松地学到了那些在书本上显得极为晦涩的知识。

“塞德兹博士，你不觉得你给孩子的压力太大了吗？他还只是个三岁的孩子啊。”当哈塞先生听说我准备教小塞德兹物理知识时，有些不满地对我说。

“是吗？你觉得是我在向他施加压力吗？”我问哈塞先生。

“当然。我觉得小威廉学习的东西太多了，这是他这个年龄的孩子所无法承受的。”哈塞先生说，“他已经在学语言、数学，还有音乐、绘画，这些都是需要花很大精力的。他能够把它们一一学好吗？”

“是的，我教会他许多东西。但我认为，这些对他是远远不够的。”我说道。

“为什么？我儿子格兰特尔只学一样就已经觉得吃力了。”哈塞先生好心地劝告我，“你可千万别累着孩子，这对他的将来会有不好的影响。”

“我不知道你是怎样教育格兰特尔的，但对于小威廉，我对他没有丝毫的强迫，这一切都是他自愿的。”

“自愿？”哈塞先生不解地问。

“是的，如果他不想学，我肯定不会强求他。”我说，“况且，每学一样知识，小威廉总会觉得很快乐，并主动要求学更多的知识。面对孩子的求知欲，我能拒绝吗？”

“是呀！格兰特尔以前也是这样，随时都在给我提要求，他也想学这学那。”哈塞先生说。

“那么你是怎样对待他的要求的呢？”我问。

“我当然不会一切都依着他，要知道，一个孩子能够做好分内的事就已经不错了，学得太多只能使他的心思变得越来越滑，到头来一事无成。”哈塞先生说道。

“格兰特尔现在的情况怎么样？他还是像以前那样爱学新东西吗？”我问哈塞先生。

“不，他现在一心一意地学语言。他能这样我很高兴。”哈塞先生回答道。

“什么？你竟然为此而高兴？”

“是的。我认为对于孩子来说，快乐的童年最重要，我可不想让他变成没有生气的小学者。”

“快乐的童年？你认为还有比获得知识更快乐的事吗？”我问哈塞先生。

“这个……”哈塞先生无法回答我的问题。

像哈塞先生这样的人在我们的周围有许多许多，像格兰特尔那样成长起来的孩子同样也有许多许多。当然，这样的人并没有什么不好之处，因为大多数人都是这样的。

然而，为什么有的人能取得过人的成就，而有的人只能碌碌无为地度过一生？我想，差别就在于此。

一些人有效地利用了自己的生命而被人称为“天才”，而大多数人白白浪费了宝贵的时间而一事无成。

我在此并非是要求人人都成为天才，只是为格兰特尔这样的孩子而感到可惜，为他们没有有效地利用自己的生命而可惜。

当然，生活之中还有另外一种人，他们的童年在忙碌中度过，也没有丝毫快乐可言，正如哈塞先生所说的那样。

我曾认识这样一个孩子，由于父母对他的期望过高，使他丧失了学习的热情。

为了使他成才，他的父亲给他安排了许多学习内容。据我所知，这个孩子每天除了吃饭和睡觉之外，几乎天天都被关在房间里啃那些无趣的书本。他的父亲不许他和别的孩子接触，也很少带他到外面玩。读书、学习，几乎是他唯一能做的事。这位愚蠢的父亲以为这样便能培养出一个天才，然而他忽略了一件重要的事，就是有兴趣的学习才会有良好的效果。

这样的教育方式，不扼杀孩子的学习热情才怪呢！

可能有人会问，你不也是这样的吗？其实，这是对我教育方法的一种误解。虽然小塞德兹同样在学许多不同的知识，但这些知识都是令他非常感兴趣的。我不但不把儿子关在房间里，还时常带他到大自然中去。

可以这样说，小塞德兹的教育始终在一种轻松愉快的氛围中进行。无论是数学、生理学还是物理学，他都是在那种近似于玩耍的状态中慢慢掌握的。

比如，在一次旅行中，小塞德兹就曾毫不费力地掌握了一个物理学原理。

“爸爸，我觉得那些树木在飞快地向后面跑。”坐在火车上的小塞德兹指着窗外说道。

“不，那不是树木在向后跑，而是我们坐在火车里向前跑。”我笑着对儿子说。

“不，不是这样的。我认为我们坐的火车并没有动，而是窗外的树木、房屋都在向后跑。”儿子天真地说。

“为什么呀！”我问。

“因为我都在这儿坐了很久了，但并没有发现火车有什么变化，反而发现外面的东西都变了。这不是说明窗外的东西在动吗？”小塞德兹若有所思地说。

天才是怎样养成的

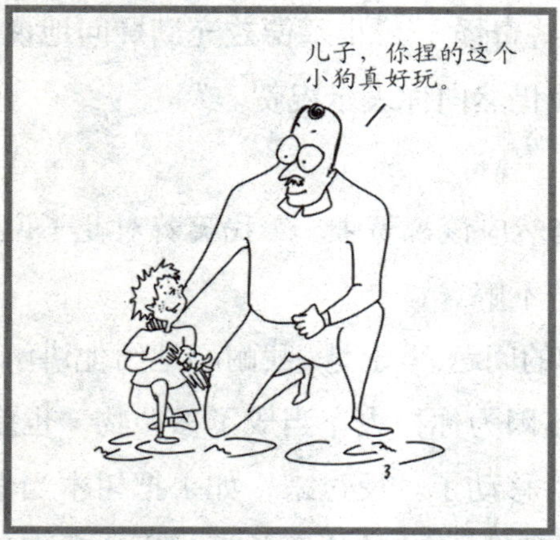

尊重孩子玩的天性，是培养天才的第一步。

孩子小时候，规矩不宜定的太多太死板，不然会扼杀他的天性。

让孩子参与劳动，多体验并增加信心，有助于天才的养成。

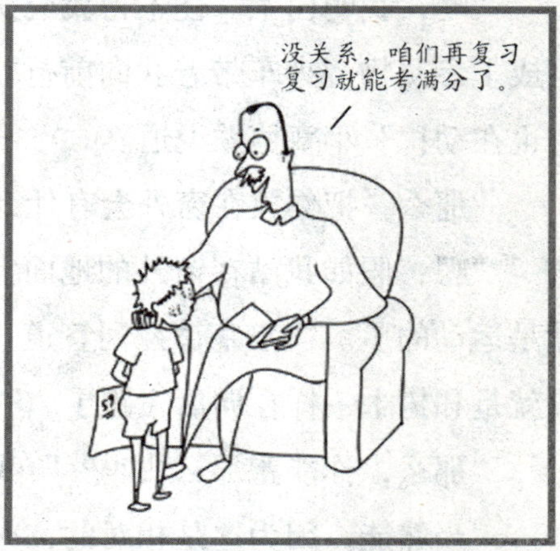

允许孩子失败，是天才成长的一个条件。

“那么，假如现在你不在火车上而是在窗外的话，你会怎么想呢？”

“这个嘛……”小塞德兹想了想说，“一定是我也会向后跑，就像那些树木一样。”

“你能够跑那么快吗？”我问。

“是呀，我能跑那么快吗？这可有些奇怪了。”小塞德兹充满疑问地说。

“虽然你不能回答这个问题，但我仍然向你表示祝贺。”

“什么？祝贺我什么？”

“你今天发现了一个物理现象，当然应该祝贺啦。”我笑着对儿子说。

“我发现了一个物理现象？”儿子不解。

“你刚才发现的，正是一个参照物的问题。”于是，我耐心地给他讲解，“你之所以说窗外的树木在向后跑，是因为你把火车当成了参照物，也就是说相对于火车来说，树木的确是向后移动了。反过来，如果把树木当做参照物，火车就是向前跑了。这就跟太阳与地球的位置关系一样。我们每天看见太阳从东方升起又从西方落下去，便以为太阳是在围绕地球旋转，这就是把地球作为参照物的缘故。”

“噢，我明白了。怪不得我会认为火车没有动呢！这是因为我把自己当成了参照物。火车带着我向前行驶，我们一起在运动，当然就不会感到它也在动！”小塞德兹说道。

“那么，把你放在窗外会有什么效果呢？”我问道。

“嗯，假如我站在窗外的地面上，并以我自己作为参照物的话，火车就是运动的了。”小塞德兹回答道，“假如仍然以火车作为参照物的话，我就是和树木一样在向后飞跑了。”

“那么，你能跑那么快吗？”我又一次问道。

“当然能，因为这是相对的，火车能跑多快我就会有多快。”

事实上，类似的讨论在我和小塞德兹之间发生过许多许多次。也正是这种看似闲谈般的讨论，使他轻松地学到了那些在书本上显得极为晦涩的知识。

哈塞先生认为学习太多门类的知识会使孩子承受太大的压力，其实这种顾虑是多余的。在我看来，只要采用妥当的方法使孩子带着兴趣去学知识就不会让他们感到压力了。只有这样，才能有效地利用孩子们宝贵的求知欲；也只有这样，才可能培养出天才。

以合理的方式激发出孩子的潜能

真正有意义的教育，应该着力于对孩子本身的培养，应该以合理的方式激发出他们潜在的能力。那种为了使孩子一鸣惊人的做法，只能使孩子的成长走入畸形轨道。片面或着眼于一处的教育只能使孩子成为俗物，甚至比一般的俗物还要糟糕许多。

哈塞先生曾说他只让格兰特尔学习一门知识，他认为学得太多就达不到良好的效果。然而，他的这种想法是不对的。显而易见，哈塞先生并没有理解知识的真正含义。

我认为，各种知识都是有联系的，它们之间是相互影响的。仅学一门，只能使孩子的视野局限在狭小的范围之中。

“过了二十是凡人”的说法在某种程度上是有它的道理的。但这种结局并不是教育造成的，而是由于对他施行了片面的教育所致。不错，在我们的生活中的确有一些“过了二十是凡人”的神童。比如，在孩提时代就一鸣惊人的神童，他们拼命地学一样东西，将宝贵童年都一门心思地集中在一方面，这么做当然是能够在某一领域取得突出成绩的。由于他们在某一方面的突出表现，他们被称为“神童”或者“天才”。但是我们也应该看到，由于这样的孩子在一个领域耗费了整个童年的时光和精力，使得他们在其他方面犹如白痴。

难道这样的孩子配称为“天才”吗？如果是这样，那只能说明人们对“天才”这个词产生了误解。实际上，这种所谓的“天才”在本质上是俗物，是父母为了哗众取宠培养出来的俗物，是一种伪装成天才的俗物。

十几年前，报纸上报道了一个“神童”的事迹，据说这个名叫里斯米尔的小男孩在绘画方面具有过人的天赋，报纸上称他有可能成为本世纪最伟大的艺术家。这个只有六岁的孩子能准确地描绘人体，并对人体结构以及光影也有极准确的把握。然而，里斯米尔在其他方面表现得极为平庸，只有在绘画方面有如此突出的表现。这足以证明他是一个天才，他的绘画才能来自于天赋，而不是得之于后天的训练。一时间，人们都在沸沸扬扬地谈论着这个伟大的天才。人们几乎都异口同声地断定这个孩子将会是一名艺术大师。

这件事引起了我的注意，因为果真如报纸上所说的话，我的教育思想将会面临一次挫折和挑战。众所周知，我教育思想的核心就是后天的培养，如果这个孩子的才能真是来源于所谓的天赋的话，那么这将会是我教育思想的一个反证。鉴于此，我特意以心理学家的身份访问了这个孩子以及他的父亲。

我的到来使他们高兴极了，那位“天才”的父亲非常谦恭地带我来到他儿子里斯米尔的“画室”里，并一再诚恳地要求我对他的孩子进行指导。

里斯米尔的“画室”搞得像模像样，墙壁上挂满了各种画作和装饰品，房间的地板上摆着各种各样的石膏模型，一副巨大的人体解剖图高高挂在最主要的一面墙上。在高大的画架前坐着一个身材矮小的小男孩，他便是里斯米尔。

“塞德兹博士，您的到来真令人兴奋。”这位父亲一边说着一边拿出了许多花花绿绿的小本子，“这些都是里斯米尔的参展证书以及获奖证书。”

“是吗？真不错啊。”我看了看那些证书，全是些儿童美术大赛的参展证明，有区域性的，也有全国性的。

我在夸奖这个“天才”儿童的同时，注意到里斯米尔始终坐在那儿一动不动，似乎根本没有注意到我的到来，并且两眼无神而茫然地盯着前面的石膏像，这一奇怪的现象引起了我的注意。

“他在干什么？”我问这位父亲。

“哦，他一定是在思考。”这位父亲向我解释道。

“思考？为什么一定要以这种方式思考？”

“塞德兹博士，您是心理学专家，又精通教育。恕我直言，报纸上的那些报道并不完全真实。他们说我儿子的才能来自于天赋，我可不这样认为。正如您所说的那样，孩子的才能来源于后天的教育，我对此是深信不疑的。所以，我为了让儿子成为一名伟大的画家，一直对他要求很严格。你也看见了，他无时无刻不在想着绘画的事情。可以这么说，他的那些成绩完全来自于他的不懈努力和勤奋。”他向我解释道。

“除了绘画之外，里斯米尔还学什么？”

“绘画已经占用了他所有的时间，已经没有精力再学别的什么东西了。”他向我解释道，“而且，我认为只有专一才能有所成就。要想成为画家，就应该在其他方面有所牺牲。”

对他的这种说法，我感到非常震惊。这时，我明白了里斯米尔为什么会有那样一种古怪的表情，那种漠然的白痴的表情。这个孩子已经在他父亲的教育下成了绘画的机器，除此之外，他对别的事情一窍不通。他不会识字书写，更谈不上什么别的爱好。

先不说将来孩子能否成为完美的人，仅就艺术来说，在那种方式下，里斯米尔根本就不可能学到真正的艺术。真正的艺术家，都是些博学、有丰富知识的人。他们不仅多才多艺，而且充满智慧；他们有思想也有生活的乐趣。至于那些创作手法只是他们表现自己的一种手段罢了。

里斯米尔所受到的教育完全是舍本逐末。我敢断言，他不可能成为一个真正的艺术家。事实证明，我一点儿也没有说错。几年后里斯米尔的“天才”便不复存在了，人们也没有见到他们所期望的这位“天才”有任何的成就。据我所知，里斯米尔后来真成了一个白痴，一个大脑发育不良的白痴。

真正有意义的教育，应该着力于对孩子本身的培养，应该以合理的方式激发出他们潜在的能力。那种为了使孩子一鸣惊人的做法只能使孩子的成长落入畸形轨道。片面或着眼于一处的教育只能使孩子成为俗物，甚至比一般的俗物还要糟糕许多。

家教延伸阅读

·早教主要是开发孩子的潜能·

早期的社交和情感经验是孩子潜能发展的关键。在孩子的成长期，鼓励和支持孩子多多接触周围的事物是开发潜能的金钥匙。早期教育的鼻祖卡尔·威特说，早教应该从孩子出生起，就开始进行教育。早期主要是开发孩子的潜能，多增加对大脑的刺激，刺激由高到低，不断加强。

低度刺激，诸如让孩子观赏花草、听音乐等，开启孩子的心智。中度刺激，诸如观看电视大赛、智力比赛等，培养孩子的观察、欣赏、鉴别及语言表达能力。高度刺激，诸如插花、下棋、饲养小动物等，磨砺孩子的耐心和鼓励开动脑筋。更高程度的刺激，诸如吟诗、作画、木刻、石雕、泥塑、演奏乐器、练武术、踢足球、搞小发明及航模等，可培养孩子的求知欲、应急能力和创造力等。

分年龄段的对大脑的不同刺激，具体来说 1 岁之前，训练孩子学习辨别声音。孩子出生 1 周后，就能辨别出妈妈的声音，4 周后就具有对不同声音的辨别力。具体训练方法有：孩子睡醒后，精神好时，朗读诗歌给他听；经常唱歌或放音乐给孩子听；经常对孩子说话，教他人物或物品的名称等；经常带孩子到户外聆听周围环境中的各种声音，如喇叭声、铃铛声、门铃声等，向孩子解释；鼓励孩子模仿声音，辨别从各个不同方向传来的声音；多与周围的人接触，让孩子感受不同的声音特点。

两岁之前，训练孩子学习动作协调。具体训练方法有：孩子 3 个月时，在他小床的上空悬挂一些玩具，让孩子伸出小手就能抓到，锻炼他的手眼协调性。6 个月以后，让孩子学爬，多爬动，尝试着去抓取远处的玩具，发展动作。

3 岁之前训练孩子学习语言。引导孩子看大人说话的声音、嘴形，模仿大人的声音和动作。训练孩子的发音，对孩子说的一些含糊不清的语言要耐心纠正。引导孩子把语言与具体的事物、具体的人联系起来，比如孩子在说“爸爸”、“妈妈”时，自然就会把头转向爸爸妈妈。利用生活中遇到的一些简单事物向孩子提问，提高他的语言表达能力。鼓励孩子多说话，耐心纠正孩子表达不完整或不准确的地方。

2~4岁，训练孩子学习计数。利用日常生活的各种机会，在诸如给孩子糖果时、上下楼梯时数数给孩子听。借助如手指、积木等物品，和孩子一起数，增加孩子对数字的感性认识。利用生动的形象，如1像筷子，2像鸭子，3像耳朵等，教孩子认识数字符号。给孩子设计一些有趣的游戏，用现成的实物如水果等演示和例子教孩子加减法，用实物材料如积木、橡皮泥等，让孩子自己动手游戏。

在早期教育开发阶段，父母要做的几点：首先是保证营养，保证孩子身体健康，让孩子的大脑和身体各部分健康发展。其次多用游戏和玩具，通过科学的训练方法，最大限度地开发孩子的潜能。最后和孩子多交流，耐心诱导孩子在游戏当中学习和成长，给孩子一个健康、快乐的成长氛围。

CHAPTER 3 挖掘孩子的潜能

我认为，教育的目的不在于形成习惯，
而是要经常防止习惯的固定化，这才是教育最重要的课题。
人潜在能力的开发取决于后天所受的教育。
教育孩子最忌讳的就是因循守旧，
用一成不变的习惯束缚孩子的手脚，
用自己的思维定势去限制孩子的发展。

孩子的潜能开发取决于后天所受的教育

人只要充分发挥自己的潜在能力，便能做出不平凡的事业来。既然这种能力是人人都有的，那为什么绝大多数的人最后还是只能成为庸庸碌碌的俗人呢？原因就在于后天教育不得法，使这种潜在能力大都未能发挥出来。这就是俗物极多而天才极少的原因所在。

根据生物学、生理学、心理学和精神病理学等方面的研究，人类生来就具备一种特殊的能力。就像猫天生会捉老鼠、狗天生就具备忠诚的品性一样，这种能力可以说是上帝赐予的不学即会的本领。不过，人类的情况有所不同。

人类的这种能力是秘密地隐藏着的，表面上完全看不出来，我称之为潜在能力。天才之所以成为天才，就是因为他的这种潜在能力发挥得比较好。从这个角度上来说，天才所具备的能力并不是我们平常认为的那样只有少数人才有，而是人人皆有。

大家可能会对我这种说法表示怀疑，可能会说“我没发现我有什么潜能啊！”或是说“我要真有天才般的潜能，就不是现在这个样子了”。我知道大家会反对我，可是我仍要坚持我的观点。同时我还要提醒大家，这是科学研究的成果，有科学上的事实为证，我们应该避免那种意气用事的看法。

很多人可能没注意到，孩子们在幼小时期个个都表现得像天才。难道不是吗？幼儿园孩子的画作，连绘画大师看了都惊叹不已，孩子学习音乐的能力让人瞠目结舌，他们在学习最难学的语言时也表现得超凡脱俗……

关于幼儿的这种天才表现，俄国优秀的儿童文学家及教育家艾尔内伊·斯基在《两岁到五岁》这本书中是这样论述的：“只要一想到这么幼小的脑海中能够浮现这么多、这么困难的文法形态，就令人非常吃惊。然而孩子们却能够在混沌中，很快就找到方向，并且记住各项语言要素，并井井有条地将其分类。或许很多人都没有意识到这是一项多么复杂的工作。”确实如此，如果让成人在这么短时间内学习幼儿两三岁学习的这么多的文法，估计都要疯了。

所以，人类只要充分发挥自己的潜在能力，就能做出不平凡的事业来。那么，既然这种能力是人人都有的，那为什么绝大多数的人最后还是只能成为庸庸碌碌的俗人呢？原因就在于后天教育不得法，使这种潜在能力大都未能发挥出来。这就是俗物极多而天才极少的原因所在。

因为潜在能力是借由潜在性而获得的能力，具有一种神秘性，愈接近零岁时，其能力愈高，但随着年岁的增长，这种能力就会急速地流失掉。大多数人在潜能发展的高峰时期都受不到有效的教育，或受到错误的教育，致使自己的潜在能力白白枯死，所以最后只能成为庸碌之辈。

对于我的这一看法，哈塞先生和他的朋友们都认为荒谬至极。有一次哈塞先生举行茶会，款待从纽约远道而来看望他的两位朋友，也邀请我参加。我在茶会上发表了自己的见解，立刻遭到了他们的强烈反对。

哈塞先生首先发难：“塞德兹博士，我承认你是个很有见地的人，你的许多观点都十分正确，但这一次，你可能大错特错了。真的，是太荒谬了。”

哈塞先生的一位当老师的朋友激动地说：“人人都是天才，你不是开玩笑吧，这怎么可能？塞德兹博士，我是一名小学老师，对这个我最有发言权了。在我教过的学生中，有一些非常聪明，反应快，接受能力也强，学起来毫不费劲；但总有那么一些孩子有点笨，反应迟钝，一学习就感到头痛。请相信，我对这些孩子是很有耐心的，但是不管我怎么教他们，他们就是学不会。这样的学生，您觉得能说他们有天才的潜能吗？”

“我同意你们的说法”，哈塞先生的另一位朋友说。接着，他转向我，“请恕我直言，塞德兹博士，您那么说，是非常主观的。您说，要通过恰当的教育才能把孩子的天才般的潜能发挥出来，那么以我儿子为例，他小时候并没有受过您说的那样的早期教育，可是他现在在高中学习非常好，还出版过一本诗集，是纽约学生联谊会的主席。按照您的观点，他小时候我们让他尽情玩耍而不施以各种训练，他的这些才能应该没有才对。”

我微笑着说：“先生们，别这么激动呀！这是科学的论断，我还是以一项科研成果来佐证它吧。”

接着，我就给他们讲述了汉堡大学和艾尔弗雷德大学的两位教授新近发表的一项重大发现，这项研究成果为我的观点提供了佐证，那就是在印度发现了两个被狼养大的孩子。在她们重返人类社会的 9 年间，科学家细心地养育她们，并记录了她们由狼孩变回人的过程。这是两个小女孩，小的阿玛拉还不到两岁，大的卡玛拉 7 岁。

在印度，一些地方的土著有这样的陋习，如果生下的孩子是女孩儿就要把她们统统仍掉。这两个女孩就是被妈妈抛弃后，让狼叼回去抚养的。在野外生活的 2~7 年时间里，她们被狼抚养着，完全融入了狼群这个大家庭，婴儿时期她们喝狼乳，长大一点的时候就吃狼捉回来的野兽或者鸟肉，就这样她们逐渐长大了。

在狼窝里，她们学习用四肢来行走和奔跑，因此她们速度非常快，人根本追不上；肩膀非常宽阔和强大，四肢则长成了弯曲的，无法伸直；她们的眼睛也像狼一样，已经习惯了黑暗，鼻子也非常敏锐；她们吃东西时不用手，用嘴直接吃，给她们食物和水后，她们的吃法和动物完全一样；她们的胸部、肩膀和头部长着非常浓密的毛，从外观来看，根本看不出是人。

这两个女孩后来被送到当地辛格牧师开办的米多那普尔孤儿院，开始与人类一起生活，但她们还是长期保有狼的习性。

年长的卡玛拉，发育得完全和狼一样，不但喜欢吃生肉，而且特别喜欢腐坏的肉；她已经习惯了外界气温的变化，不会出汗，热的时候就像狼一样吐舌头；她的皮肤非常光滑，而且手能够很平坦地贴在地上走路；走路时头发不断地垂下来，头看起来异常的大；听到声音时，耳壳就会呈现出紧张的样子；如果有谁惹她生气了，她也会像狼一样扩大鼻翼；如果她吃东西时受到打扰，就会气得磨牙；像狼一样，卡玛拉喜欢黑暗，害怕火和太阳。

卡玛拉和阿玛拉在白天都躺在地上发呆或睡觉，到了天黑才开始活动。那地方的狼群有一个习惯，就是每天晚上三次，而且都是非常准确的时间，即晚上十点、凌晨一点和三点，会聚集在一起咆哮。而在这三个时间卡玛拉和阿玛拉也会和狼一起咆哮。除此之外，两个人不会任何语言。这种在夜里咆哮的习惯，是她们两人在没有人类影响的情况下保留的无法更改的习惯。卡玛拉的声音非常独特，分不清是人还是野兽的声音。

在孤儿院里，辛格牧师尽量让其他孩子和她们一起玩，力图使她们和人亲近些，但是很长时间来依然没有任何效果。只要有人靠近，她们就会表现出非常愤怒的样子，而且是咬牙切齿般的。孤儿院的孩子也大都比较小，也是用四肢在地上爬，因此卡玛拉和阿玛拉多少会对这些孩子表现出友善的一面。但是一旦这些幼儿靠近她们，她们就又抓又咬，因此小孩们都害怕被她们抓咬，所以都不敢接近她们。

她们的性格也表现出孤独和多疑。不管让她们看什么或给她们任何东西，她们都会独自面向墙壁呜呜，而且时时都流露出警戒的眼神。

回到人的世界两年后，卡玛拉还是用嘴直接吃地上或盘子里的东西。这种状况一直持续到她能够站立起来，才第一次用手抓米饭往嘴里送。这可以说是从狼的样子改变回人类的最初特征。辛格夫人从此以后就让她养成在桌上吃东西的习惯，但是喝水时她还是像狼一样用舌头舔，这一点始终改不过来。

一段时期，卡玛拉发现院子里有一只鸡死掉了，她立刻把那只鸡叼到森林里，生吃完了才回来。此外，她有时候也会追逐鸡，咬死后生吃。辛格夫妇花了五年的时间才让她不再吃生肉。

阿玛拉因为被狼养育的时间较短，所以她身为人的本能没有完全丧失，因此到孤儿院仅两个月，她就能说出“水”这个字；但是过了三个月，她还是很讨厌和人类接近。然而对于被狼养育了七年的卡玛拉，其具有人的本能的可能性几乎完全丧失了，因此她的语言发育极端迟缓，到孤儿院的第二年才能说出“水”这个字。

辛格夫人尝试着用饼干当诱饵让她们习惯人的做法，但是过了10个月，她们仍然拒绝从辛格夫人手中拿饼干吃。让她们喝牛奶，她们会一边用舌头舔一边靠近。至于水果蔬菜之类的，她们完全不吃。

她们对于来到孤儿院的猫狗显然比对其他孩子要感兴趣得多，总是表现出要和它们玩耍的样子。

回到人类世界一年后，阿玛拉病死了，卡玛拉发出撕心裂肺的哀嚎声，这是她第一次流眼泪。接连好几天她都不吃东西，只是发狂似的跑来跑去，大声咆哮着，好像又回到了以前如狼一般凶猛的样子。

辛格夫妇为了使卡玛拉平静下来，更加专心地照顾她。他们努力让卡玛拉的下肢关节伸直，不仅为她按摩，还努力为她驱除寄生虫。虽然他们尽量让许多孩子和她一起玩，但是卡玛拉还是比较喜欢和小山羊在一起。

后来，卡玛拉逐渐习惯了辛格夫人，她开始从夫人的手中接取食物。刚开始，她对孩子们玩的游戏一点都不感兴趣，但是到后来渐渐就留意了，而且对荡秋千特别感兴趣。当卡玛拉开始对外界事物感兴趣之后，她开始慢慢变得温驯，变得好相处了。终于，牧师一家能够带着卡玛拉和孩子们到处去散步。不过在需要跑步时，卡玛拉仍然会像以前那样用四肢来奔跑。

她学习语言非常迟缓，进入人类世界的第二年，她才能对辛格牧师说出她饿或者渴；到了第四年，她才会说六句话，也能大概了解人们说话的意思；慢慢地，她会说颜色的名称了；到了第五年，她吃东西的习惯已经改变了不少，会用杯子喝水，也能够处理大小便，并已经开始沐浴；第六年，即卡玛拉13岁时，她才用双脚走路，表情也比较像人了；到了第七年，她已经能够说出四五十个单词了，能够了解别人说话的意思，并且可以加入人的会话中了。以前她喜欢和狗玩耍，但是有时候也会害怕狗，会避开狗经过的地方；进入鸡笼子也不会再杀死鸡了，而是把鸡蛋取出来交给牧师；当她被表扬时，她会感到兴奋，如果没有做好交代给她的事情，她也会悲伤地哭泣。这时，她显然已经具有了人性。

然而遗憾的是，回到人类世界第七年的秋天，卡玛拉也因病去世了。

以上就是出生之后被狼养育的人的记录。从这个记录中可以看出，阿玛拉因为被狼养育的时间较短，所以她身为人的本能的可能性才没有完全丧失，因此到孤儿院仅两个月的时间，她就能说出水这个字；然而对于被狼养育了七年的卡玛拉，其具有人的本能的可能性几乎完全丧失了，因此她语言的发育极端迟缓，到孤儿院的第二年才能说出“水”这个字。从她记住语言的能力来看，她到十四岁去世时也只不过达到一般婴儿出生后一年零两个月就能达到的程度。

“所以”，叙述完整件事我总结道，“我们从中得到的启示是，人潜在能力的开发取决于后天所受的教育。比如，大家都认为人不具备动物的某种能力，但卡玛拉和阿玛拉都是出生后被狼带去抚养，所以狼的本能很显著地在他们身上发育着；相应地，她们因此而得到的坏习惯或能力，也很难通过往后的教育矫正过来。对于普通人来说，如果在出生后父母或周围的人不尽量给予适当的教育，那么他了不起的潜在能力也许从此就丧失了。据我所知，后来成为天才的人物，都是在很小的时候就接受了某种教育。”

听完了我的这番长篇大论，他们几个人都沉默了。最后那位教师朋友说：“或许你说的有些道理吧，但是我还得再想想。”

通过游戏挖掘并激发孩子的潜能

我设计了各式各样的游戏，来开发小塞德兹的想象力和创造力。就是这样，通过不断的游戏和动手玩耍，小塞德兹的潜在能力得到了最好的开发。周围的人们都称赞他是个天分极高的孩子，殊不知，他的天才都是“玩”出来的啊！

经过那次争论以后，哈塞先生似有所悟，经常与我讨论到底用什么样的教育方法才能培养出天才的问题。我认为，正确的教育就是不要胡乱地给孩子灌输成人世界的条条框框和一些莫名其妙的规则，而要诱导他们自由地发挥潜在的能力。那么，最佳的诱导方式是什么呢？对于孩子来说，当然是做游戏了。

孩子在游戏中到底能学多少知识、发挥什么样的能力，是成人无法想象的。我的老师詹姆斯博士就非常推崇用游戏的方式对孩子进行早期教育。游戏是所有动物的本能，在游戏当中，孩子的各种潜藏的天才会被一一激发出来。

对于这一点，我有深刻体会。我对儿子的教育都是采取游戏的方式进行的。针对孩子的各种潜能，我为儿子设计了五花八门的游戏，如绘画游戏、音乐游戏、造型游戏等，尽最大可能地挖掘儿子的潜能。

记得在小塞德兹五岁时，他因为感冒正躺在床上休息，这时他的叔叔从洛杉矶来看望我们。小塞德兹的这位叔叔是一位探险爱好者，曾去过非洲、印度等地方探险。他看到小塞德兹病病歪歪的样子，笑着说：“小伙子，你这样可不行啊。来，振作精神，看我给你带来个什么礼物！”

他说着从口袋里掏出一个圆形的、像钟一样的东西。

小塞德兹接过那件礼物看了看，惊奇地说：“咦，这个钟怎么只有一根针呢？”

叔叔说：“傻孩子，这可不是钟，是罗盘，又叫指南针。”

“罗盘？是做什么用的？”

“指方向用的。我们在野外要靠它来指引方向，不然就会迷路的。”

“啊，原来是指方向的。我有一次和爸爸走散了就找不到回家的路了，在街上哭了很久，如果那时候我也有这个罗盘就好了。”

因为对罗盘发生了兴趣，小塞德兹来了精神，从床上坐了起来不停地转动着罗盘。

玩了一会儿，他抬起头来问：“为什么罗盘转动时，针跟着不停地颤动；罗盘一停下来，针也就不动了，总是指着同一个方向呢？”

“因为罗盘的指针是磁石做的，箭头所指的方向是北方。你看，罗盘上刻着东南西北的记号。只要把罗盘放平，轻轻地转动，当指针停下来的时候它所指的方向就是北方。在大海上航行的水手就是靠着罗盘的这一原理来辨别方向的。”

小塞德兹饶有兴趣地一边听，一边继续玩着罗盘，突然他又问：“箭头为什么总能指着北方，是有什么东西在拉它吗？”

叔叔耐心地给他解释：“这是因为我们的地球是一个大磁石，磁力总是吸引着罗盘上的小磁针，所以磁针的方向始终指着正南正北。”

“磁力？那我们这个屋子里也有磁力吗？”

“当然有，磁力不光能够进到屋子里，还能穿过石头、木头、玻璃和水，磁力可以穿过一切东西。”

小塞德兹的问题源源不断地来了：“那如果没有空气，磁力就传不过来了吧？”

“还是可以传过来，即使在真空地带，磁力也能传过来。”

“那磁力是怎么产生的呢？”

虽然叔叔是一位工程师，懂得不少这方面的知识，但他对小塞德兹提出的这些问题还是有点招架不住。渐渐地，叔叔的额头上冒出汗来了。他含糊地说："呃……这也许与空间有关系吧！"

"空间又是什么呢？"小塞德兹穷究不舍地追问。

"哎呀，这个问题可不好回答，叔叔也不太清楚……"

叔叔回答不了，小塞德兹感到有些失望，只好继续玩罗盘。看到这种情景，我觉得这是培养儿子的想象力和究理精神的极好机会。于是趁热打铁，给小塞德兹买来了磁石和各种工具，鼓励他和叔叔一起动手自己做一个简易的指南针。在这个过程中，儿子慢慢地了解了诸如"什么是磁力"、"磁力是怎么产生的"、"磁力有什么样的特性"、"地球磁场是怎么回事"等对他的年龄来说还显得很高深的问题。

后来，我又给他买来一些磁铁块，这些磁铁很快成了儿子最喜欢的玩具，经常被用来做各种游戏。磁铁"同性相斥、异性相吸"的特性就是他从游戏中发现的。

他叔叔认为小塞德兹的体质不大好，建议我应该多带他做一些体育游戏。所以，小塞德兹的简易指南针做好后，我和他叔叔就组织一群孩子去很远的树林里做了一次"寻宝藏"的游戏。

我们把孩子们分成两组，小塞德兹那一组用他做的简易指南针，另一组用叔叔送的罗盘，比赛看哪组抢先穿过树林找到宝藏。

孩子们都非常喜欢这个游戏，玩得十分投入。两个小组各自用指南针确定方向，寻找走出树林的道路，尽快地搜索"宝藏"。比赛的结果是小塞德兹这一组输了，因为小塞德兹制作的简易指南针有偏差，将他们带到偏西北一点的方向上去了。

小塞德兹对此懊恼不已，但却从中认识到：科学需要精确和精细，并决心再做一个更标准的指南针。

总之，我设计了各式各样的游戏，来开发小塞德兹的想象力和创造力。例如，我曾经送给小塞德兹一个竹蜻蜓，它通过用拧足了劲儿的橡皮筋作动力，可以在空中飞。小塞德兹非常喜欢，马上就联想到它与飞机的相似之处。他照着这个玩具仿制了几个，都能成功地飞起来。小塞德兹正是在这个玩具的启发下，明白了飞机飞上天的原理，从而开始制作航空模型。

一天，我给小塞德兹带回了几块眼镜片，有近视镜镜片，也有老花镜镜片。小塞德兹把镜片架在自己的眼睛上玩，没过一会儿就大叫眼花，我任由他淘气，不去管他。当他一只手拿着近视镜片，一只手拿着老花镜片，一前一后地向远处看时，他看到了什么呢？远处教堂的尖塔突然来到了他眼前。他高兴地大叫："快来看啊，爸爸，礼拜堂的尖塔就在这里！"从中，他懂得了望远镜的原理，并亲手制作了他的第一架望远镜。

就是这样，通过不断的游戏和动手制作，小塞德兹的潜在能力得到了最好的开发。周围的人们都称赞他是个天分极高的孩子，殊不知，他的天才都是"玩"出来的啊。

教育孩子最忌讳用习惯束缚他的手脚

其实，孩子的思维天生是灵动跳跃，没有条条框框的，这也正是天才的思维方式。他们之所以后来多数变为俗物，只能归罪于那种因循守旧的教育对他们天性的压抑。

阻碍孩子潜在能力发挥的，正是不得法的教育。那么，什么样的教育是不得法、不合适的呢？是那种死板守旧的教育方法。

我们大多数人都是按照固定的模式去生活和做事的，这样无需动脑筋，因而行动完全是机械的。长此以往，就会形成一种思维定势。因此，习惯一经固定下来，人的潜在能力便得不到很好的发挥，天才便会枯死。所以教育孩子最忌讳的就是因循守旧，用一成不变的习惯束缚孩子的手脚，用自己的思维定势去限制孩子的发展。

这是父母在教育孩子时最常犯的错误，而且犯了也不容易察觉。不是吗？我们经常对孩子唠叨“你应该这样做”，或者“你不应该那样做，那样不符合规矩”等等。难道我们的教育不正是靠制定标准答案来束缚孩子的思维吗？

其实，孩子的思维天生是灵动跳跃，没有条条框框的，这也正是天才的思维方式。他们之所以后来多数变为俗物，只能归罪于那种因循守旧的教育对他们天性的压抑。

小塞德兹 8 岁上中学时，有一天回家后满脸不高兴，他把书包一放就准备出去玩，我立即叫住了他：“今天没有作业吗？”

让孩子在兴趣中学习

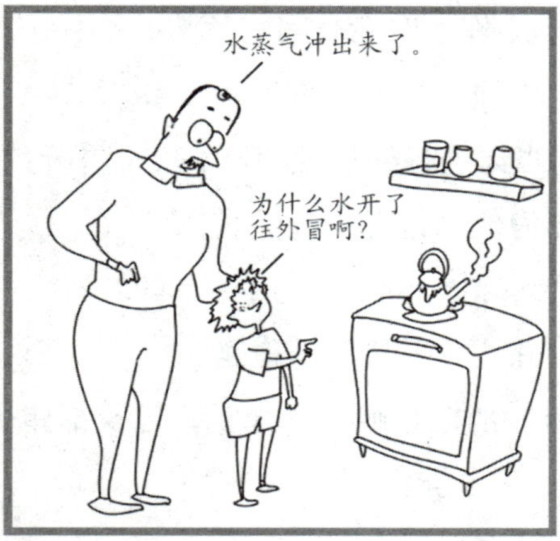

让孩子多观察生活中的现象，在兴趣中学习。

让孩子多到野外看看实物，会更激起他的兴趣。

让孩子多动手，在拆东西的过程中培养探索的兴趣。

讲故事启发孩子多动脑筋，培养他学习的兴趣。

他撇了撇嘴说："物理有作业，可是我不想做。"

我觉得很奇怪，"为什么呀？"

"因为没劲！物理老师没劲，物理也没劲。"

我更奇怪了，追问道："那又是为什么呢？"

小塞德兹学着大人的口吻说："爸爸，你不要老是问为什么，好不好？"

"好吧"，我笑了起来，"可是你必须告诉我发生了什么事。"

小塞德兹拿出了一张试卷，是他们当天进行的物理测试。我一看分数，只有九十五分。这可有点不同寻常，因为他总是考满分的。

"你是因为考得不好吗？"我问。

"当然不是。"小塞德兹摇摇头，并让我看最后一道题。

那道题很难，但是小塞德兹非常巧妙地把它解答出来了，连我都佩服他的想象力。

我不禁赞叹道："你这道题做得很棒啊。"

"可是这道题没得满分。"小塞德兹悻悻地说。

"这是为什么啊？"

"老师说，我虽然答出来了，但是和标准答案不一样，所以只能给一半的分数。你说是不是很郁闷？"

我虽然没有回答儿子的问话，但心里觉得那个老师确实挺没劲的。对于学生的创新思维，他不但不鼓励，还用所谓的标准答案进行打击，这真是扼杀天才的行为。像这个老师的例子当然是极端的，不过，在日常生活中同类的事例却随处可见。虽然没这么恶劣，但是后果却差不多。

格兰特尔四岁的一天，我到他家与哈塞先生共饮下午茶。我们坐在回廊上喝茶谈天，格兰特尔就在院子里独自玩耍。

他开始还只是拍拍皮球，后来不知从哪儿弄来一根树枝。他把它想象成一匹马，骑在胯下，手中挥舞着烂布条当马鞭，嘴里还发出驭马的种种声音，骑着"马"满院子乱跑。

格兰特尔玩得开心极了，但这时哈塞太太从厨房里冲出来，大叫道：

“我的上帝，你这孩子可真够调皮的！快把树枝扔了，那东西多脏啊！”

格兰特尔正玩得兴起，丝毫不理会母亲的叫嚷。

哈塞太太的音量立即提高了：“听到了没有？我叫你扔掉！”

格兰特尔不情愿地嘟囔着：“可是，妈妈……”

“可是什么？没什么可是！”哈塞太太打断他说，“你看你把自己的手弄得多脏，早就跟你说过要养成良好的卫生习惯，不讲卫生的人没有人会喜欢。”

见母亲发火了，格兰特尔只好放下了手中的树枝，到厨房去洗手，然后到我们的桌子旁规规矩矩地坐着。

说实话，当时我看到这种情况感到非常丧气：只为了遵守卫生习惯，却丧失了激发孩子潜能的大好时机。我认为哈塞太太的行为是错误的，而哈塞先生的态度也是不可取的。他对整件事情听之任之，仅此而已。

如果父母重视孩子的潜能开发，父母可以不失时机地给孩子提来一个小桶，说：“马跑了半天，让它喝点水吧！”孩子自然会去喂马。还可以继续引导：“马应该喂草了吧？”孩子一定会想象用什么东西代替草料去喂马。具体情景，父母应该协助孩子尽量地去创造，这样不就在游戏中启发出了孩子的想象力了吗？

所以，做父母的千万不要入宝山不知宝，只要善于循循善诱，只需三言两语，不仅让孩子玩得更高兴，还可以开发出孩子的想象能力、思维能力、语言能力等潜在能力。

当然，习惯的力量是巨大的，甚至最无拘无束的孩子也会陷入习惯的泥潭。这种时候，父母和老师就应该鼓励他们摆脱习惯的束缚，勇敢地创新。

小塞德兹那帮孩子最爱玩的是打仗的游戏，总是百玩不腻。这天他和格兰特尔，还有他们的小伙伴们又聚在一起玩两军对攻的游戏。

他们分成两组，一组开拔到小河对面去，驻扎在那里，并沿途设防；另一组则要对他们发起进攻，夺取他们的阵地。小塞德兹和格兰特尔都被分在攻击的那一组。

和往常一样，小塞德兹仍然担当作战指挥的角色。那年他 9 岁，已经看了不少战争史和将帅传记之类的书，并从中学到了不少东西。他不再满足于乱攻一气的瞎指挥，决心建立专业而规范的作战风格。

于是，他首先派出一个孩子去探查敌情，这个侦查员不一会儿就回来了，慌慌张张地说敌军沿途守卫森严，他还没走到跟前就被打得落荒而逃。

“听到没有”，小塞德兹用非常严肃不可辩驳的语气说，“这次敌人很厉害，如果我们再像以前那样一股脑儿冲过去，必定被他们打得一个都不剩。所以，我们事先要定一个周密的作战计划。大家不要乱跑，一切按计划行事，否则格杀勿论！”

“格杀什么？”其他孩子大为不解。

“就是不听话的统统杀掉，不许玩了。”

孩子们这才意识到问题的严重性，不再打打闹闹，专心听取小塞德兹的作战计划。

其实他的计划很简单，就是派一小队人假装正面进攻，其他的人则在他的带领下绕过封锁线，冲进敌方的大本营。

为了做得更像一场真实的战斗，小塞德兹还专门制定了一条行军路线，要求手下的“战士们”不许随意乱跑，必须依照既定路线进攻。他们的路线是从格兰特尔家的后院出发，急行军至教堂，穿过教堂后面的墓园，然后翻过镇外的小山包，这样就到达了河边。再冲过河上的小桥，从身后对敌方发动攻击，一举端掉他们的老巢。

一听这个计划，孩子们就高兴地鼓起掌来，他们还非常得意地说：

“一定会把他们打得落花流水。”

“他们一定会认为我们是从天上掉下来的。”

“我现在都可以想象汤姆那副惊呆了的傻样。”

“没准我们都可以活捉他们的司令了，他们还不知道我们是从哪儿钻出来的呢。”

就这样，小塞德兹带着他的队伍雄赳赳气昂昂地出发了，一心要打对方一个措手不及。一路上他们都很顺利，可是一到河边，所有人都傻眼了：小桥断了。原来，因为前几天下大雨，河水暴涨冲垮了这座简易的小木桥，还没来得及修复。

孩子们面面相觑，你看着我，我看着你，最后把目光投向小塞德兹，问道："司令，现在我们该怎么办？"

小塞德兹也傻了。他第一次像个职业指挥官那样规划好要从后方出其不意地对敌人发起攻击，现在却遇到了这种意想不到的情况，他也有些束手无策。看着"战士们"眼巴巴地盯着他，小塞德兹把心一横，说道："原定计划不变，我们从断桥上过去。"

"什么?！"孩子们纷纷叫起来，"从断桥上怎么走？"

"不行！"格兰特尔第一个站出来反对，"威廉，你疯了吗？"

"怎么不行？"小塞德兹振振有词地说，"我们可以爬过去，中间断的部分就涉水过去。"

"不行！"格兰特尔坚持说，"那太危险了。"

"一点儿也不危险。桥只有中间那一点儿断了，我们可以抓住桥的栏杆一点一点挪过去。只要小心些，不会有什么危险。"

"威廉，这可不是闹着玩的。河水现在涨了很多，你可以去看一下，水流也非常急，万一没抓牢掉下去，会马上被水冲走的。"

几个孩子马上抓了根长树枝去探测水的深度。一个孩子大叫起来："哇，现在的水真的很深啊！"他把树枝从水里抽出来跟自己的身高比了比，"看，都到我胸口这里了。"

孩子们都跑到河边开始议论起来。

"不光深，还很急。我一下去，肯定会被冲走。"

"是啊，冲到敌人那里去，刚好被捞起来当俘虏。"

"我可不干，这太危险了。"

"我还不会游泳呢，掉下去会不会被淹死啊。"

小塞德兹也意识到河水又深又急，强行过河是非常危险的。但他好不容易才从书中学到了这一奇袭的妙招，刚找到了一点足智多谋的将军的感觉，又想到一旦过河后那神兵天降的效果，所以怎么也不肯放弃。

他大声说：“打仗本来就有危险性，你们连这一点儿困难都不能克服，吓成这个样子，还打什么仗啊！”

格兰特尔还想劝他，说：“可是……”

“你是个胆小鬼！”小塞德兹打断他，生气地说，“你一直都是个胆小鬼！”

格兰特尔也生气了，提高声音说：“我这才不是胆小呢！如果是真的打仗，比这个危险一百倍我也敢去，可我们现在是在做游戏，万一谁出了什么事，爸爸妈妈怎么办？你一点儿也不考虑大家的安全，根本就不配当指挥官！”

“那你说怎么办？”

“我们退回去，从正面进攻好了。”

“对啊”，孩子们附和道，“从正面进攻，我们一样能赢。”

“不行！”小塞德兹果断否决了这个建议，“我们既然已经制订好了作战计划，不管多困难，都应该按照计划行事。真正的战争都是这样的，不然只有失败的份儿。我们要玩就要玩得像真的一样，要不然就别玩了。”

“可是，你制订计划的时候也不知道桥断了。如果知道的话，也不会这样制定了。”

“就是，错了还不能改啊。”孩子们都说道。

小塞德兹发现自己的权威受到了挑战，马上对这一苗头进行压制：“不管怎么说，既然我已经宣布了规矩，就必须按照计划进行，否则格杀勿论。你们这是在违抗军纪，按说都是死罪。现在什么都别说了，跟着我过河。”

小塞德兹说着就身先士卒地走到木桥边准备过河，但是除了一个平时特别胆大的孩子，其他孩子都不动弹，嘴里还不满地嘟囔着，有的孩子还一边说着“不玩就不玩”，一边往回走。眼看着一场推翻长官的哗变就要发生。面对这种场面，一向能言善道的小塞德兹也没辄了，僵在了河边。

我路过河边时，孩子们正处于激烈的争吵之中，有的要回去，有的坚持过河，有的说“不玩了”，有的蹲在地上愁眉苦脸地想不出办法。

看到儿子一筹莫展的样子，我知道他一定遇到麻烦了，于是问道：“孩子们，你们在吵什么？”

一见到我，他们就像遇见了救星一样，全都围住我七嘴八舌地说起来。我听了好一阵，才总算弄明白了事情的来龙去脉。

“哦，我还以为出什么事情了呢？”我笑着说，“威廉，这就是你的不对了。”

“格兰特尔说得对，你们是在做游戏，不是真的在打仗，犯不着去冒生命危险。对于你们来说，安全才是最重要的。格兰特尔不想过河，不是他胆小，是他的头脑比你清醒。”

“那我们该怎么办啊？”

“很简单啊。你们既不必冒险过河，也不用退回去。你们可以沿着河到敌方守卫的那座桥去，从那儿过河。”

“可是，我们要奇……”

“这也是奇袭啊，他们的重兵都放在前面的防线上，根本想不到你们会从那儿冒出来，守桥的兵力肯定很少，你们可以一举攻过去，占领他们的大本营。”

“对呀！”孩子们叫起来，“这法子真妙，我们怎么就没想到呢？”

“可是……”小塞德兹还在犹豫，“我事先宣布了必须依照作战计划，这样不就违反规则了吗？”

“天哪，你平时很机灵的，今天这是怎么了？我问你，你制定作战计划是为了什么？”

“为了打败敌人呀。”

“好，只要你打了胜仗，违反规则又算什么呢？如果你什么都按照既定计划，但却打了败仗，那又有什么意义呢？”

“可是”，小塞德兹还是不服气，“我想像真的打仗那样，真的打仗都是要遵守作战计划的。”

儿子的固执让我哭笑不得，我说：“那好吧。假设你这是真的在打仗，你们面前是一条宽几十米的大河，但是桥被炸毁了，你们怎么办？当你们在这里吵个不停，或者退回去的时候，敌人早就攻破你们的大本营了。如果是真的将军，遇到这种情况，他会说，桥断了，过不了河，不过没关系，我们再想别的办法。从另外一座桥过去吧，只要能到敌人的大本营就行了。你们说，真的打仗是不是这样的？”

小塞德兹想了一会儿，终于点了点头。

我继续说：“真的战场上的情况是瞬息万变的，作战计划只不过是一个大体上的指导和框架，具体问题还要具体分析和处理。如果死抱着作战计划之类的东西不放，不被敌人打个落花流水才怪呢。”

孩子们都哄笑起来，小塞德兹羞得脸都红了。

“我给你们讲个小故事吧。当年拿破仑被困在滑铁卢，他急需后续部队的增援，但因为被围得铁桶似的，消息怎么也送不出去。这时他的后续部队就驻扎在距滑铁卢不到二十公里的地方，但部队的统帅是个只知道一味遵守规则的将军，因为没接到拿破仑的命令，他迟迟不开拔队伍去增援。而英国的威灵顿公爵率领的后续部队，驻扎在距滑铁卢五六十公里的地方。他也没接到命令，但他从各种战况中分析出战局已到了关键时刻，于是命令部队立即出发赶去增援。结果你们都知道，拿破仑战败了。所以，善于随机应变才能赢得胜利。懂了吗，威廉？”

小塞德兹重重地点了一下头，立即集合他的队伍，带领他们沿河而下奇袭敌方的大本营去了。

晚饭时，小塞德兹兴奋地向我报告他们的“辉煌”战果，以及敌方看到他们突然冲上桥时目瞪口呆的傻样。正当他还在滔滔不绝地讲时，我打断了他的话：“威廉，你知道你今天犯了什么错误吗？”

“什么错误？”儿子的声音马上低沉了。

“你犯了因循守旧的错误，被自己的习惯思维给束缚住了，不敢大胆去创新。你知道吗，威廉，天才都是最富叛逆精神、最有创造性的人物。他们从来不会人云亦云，被旧的事物限制住思维。正因为这样，他们才能做出超凡脱俗的贡献。只有俗物，像拿破仑的那位将军那样，才会跟在旧有的习惯和思维后面亦步亦趋，不敢越雷池半步，这样的人不可能做出杰出的事。你今天的表现就跟他们一样，难道你想成为一个俗物吗？”

“爸爸，我懂了”，小塞德兹坚定地说，“我一定吸取教训，绝不会成为他们那样的人。”

从此以后，小塞德兹无论做什么事都力求与众不同，有所创新。所以后来才与那位物理老师产生了矛盾。那件事发生后不久，我就让儿子退了学。我不想让儿子的潜能受到因循守旧的限制。他通过两年自学，十一岁考入哈佛大学。这一成绩再次证明我是正确的。

教育的目的是防止习惯的固化

我们每个从事教育的人，都应该扪心自问：纪律难道真有那么重要吗？难道比孩子自由的天性、多样的天才、活泼的心灵还要重要吗？难道制造听话的机器比成就许多天才更重要吗？

我在前面提到那位扼杀学生创造力的物理老师，并不是有意对他进行攻击，因为我明白这并不是他个人的问题，他也不过是现行教育制度的产物。

我认为根本原因还在如今的教育制度上。上过学的人都知道，现行的教育体制充斥着很多清规戒律，而这些条条框框其实都是不必要的。对于成年人，这或许是种管理有效的方式，但对于孩子来说，这却是十分可怕的。因为纪律的最大目的就是使人形成固定的习惯，而这些习惯往往会阻碍孩子潜能的充分发挥。其结果就是孩子的天性还没露头就被扼杀在萌芽状态了。

某些教育家常说，教育的目的就是形成习惯。这是极端错误的说法。我认为，教育的目的不在于形成习惯，而是要经常防止习惯的固定化，这才是教育最重要的课题。

然而，现行的教育是恰恰相反的，重纪律甚于重素质，把纪律看得高于一切。凡是遵守纪律的孩子，就被看成是好孩子，享受各种优待。一旦孩子违反了什么纪律，不管是有心还是无意，一律被视为大敌，非得严惩不可。

我们每个从事教育的人，不论是父母长辈还是老师，其实都应该扪自心自问：纪律难道真有那么重要吗？难道比孩子自由的天性、多样的天才、活泼的心灵还要重要吗？难道制造听话的机器比造就许多天才更重要吗？相信在这里很多人都会给出否定的答案。

然而在生活中，由于纪律意识的惯性作用，人们常常不自觉地要用纪律去约束孩子，尽力使他们合乎规范。孰不知，一个合乎规范的孩子，可能就是一个完全丧失了创造力和想象力的孩子。

小塞德兹的舅舅是个生活刻板严谨的人，每天必须在八点钟起床，十二点钟吃午饭，十点钟上床睡觉，无论发生什么事，作息时间从不改变。他每天吃完晚饭出去散步，到市政府广场时正好是七点钟，从无误差。他的时间如此准确，以至于广场两边商铺里的人都以他的到达来对钟表。但这么一个讲究纪律的人，却有一个最调皮捣蛋的儿子彼特。

彼特是个精力旺盛的孩子，成天都在不停地动，不知疲倦地摔碎器皿，弄坏东西，惹是生非。他与他的父亲是两个极端，因此父子之间的战争一天不知要爆发多少次。

有一次，听说小塞德兹的舅母病了，我们马上带着儿子赶去探望。儿子本来是不想去的，因为他受不了舅舅家里的清规戒律，这也不许，那也不行，他觉得“一点意思都没有，一点都不好玩”。

那天我们刚进院子就听见一个男人的咆哮声，接着是一个小孩哇哇的哭叫声，小塞德兹面露惧色，悄声对我说：“彼特不知又弄坏了舅舅的什么宝贝。”

原来彼特把祖母刚送给他的万花筒拆开了，想看看里面究竟藏了些什么，这自然会招致他父亲的愤怒。不过拆东西可算是彼特最大的爱好了，凡是让他感到好奇的东西，都逃不过被拆的命运，当然他也逃不过挨揍的命运。可是无论父亲打骂多少次，他的这个毛病就是改不了。

第二天，我们陪着小塞德兹的舅母去拜访一位医生，到家发现两个孩子都不见了。大家忙乱着找寻一番，最后在地窖里发现了他们。彼特和小塞德兹正头凑着头，蹲在地上不知鼓捣些什么，连我们走近了都不知道。

小塞德兹的舅舅突然大叫起来：“我的上帝！你们在做什么？天哪，

这不是我的表吗？我的表……”

原来是彼特竟然把一块金表给拆开了，要知道这块表是彼特已故的爷爷留下来的遗物。小塞德兹的舅舅一直十分珍惜，总是带在怀里，从不离身。不久前他说表出了点故障，必须拿去修理，哪知还没来得及修，就被他这个调皮儿子给翻了出来。现在这表被大卸八块，零件散落了一地。小塞德兹的舅舅立即暴跳如雷，一耳光将儿子扇得坐在地上，接着上去就是一顿拳打脚踢。嘴里还不住地咒骂：“我让你拆！我让你拆！今天不揍你，你明天把房子也拆了……”

彼特开始嘴里还辩解着：“听我说，爸爸，我没有……”后来就只剩下刺耳的哭叫声了。他父亲还没解气，顺手从地上抄起一根木条，劈头盖脸向彼特抽去，打得彼特满地直打滚。

站在一边的我实在看不下去了，上前抓住他的胳膊，高声说：“请不要打了，你这样打孩子太过分了。”

他跺着脚说：“你还护着他！你看他把我的表弄成什么样子。”

“彼特是弄坏了表，但是你认为一块表比自己的儿子更重要吗？”

这时，彼特抽抽咽咽地说：“我没弄坏表……我……我只想拆开看看它哪儿出毛病了……”

他父亲训斥道：“你只会拆东西，哪里会修东西！”

“是真的”，被舅舅的暴行吓得脸色发白的小塞德兹忽然插进来说，“彼特说你的表坏了，他要拆开看看到底哪儿出毛病了，他说他想试着修理。”

“哼，就算是，他也只能越修越坏。”

我继续对他说：“不管彼特是修表还是拆表，你都不应该打他，恐怕又一个‘爱迪生’就这样被你给‘枪毙’了。”

他愣了一下，问道：“我不懂你这话是什么意思。”

“就算孩子拆坏了金表，他也只是想知道金表里到底有什么，这是一种好奇心，这是求知欲和想象力的表现，也是一种创造。如果你是一个明智的父亲，就不应该打孩子，而应该解放孩子的双手，要给孩子提供从小就能够动手的机会。”

小塞德兹的舅舅这时也有点为自己的行为后悔，他压低声音对我说："我刚才确实有些冲动，不分青红皂白就打他，现在该怎么办呢？"

我想了想说："现在可以这样，你带着彼特把这块金表送到修表铺，让他在一旁看着师傅怎么修表。钟表铺就是课堂，修表匠就是老师，彼特就是学生，修理费就是学费。这样既修了表，又可以满足彼特的好奇心，说不定他还真的学会修表了呢！"

他认为这个主意是相当不错的，但他可能是怕一时下不了台，在儿子面前丧失威信，所以不予采纳，只是嘴里咕哝着："他本来就有拆东西的毛病，再这样宠着他怎么行，他以后不是什么都敢拆了。"

那天彼特抽抽咽咽地哭了很久。他一个人坐在门前的台阶上，后来终于不哭了，可是眼睛里却充满了9岁的孩子不该有的忧郁神情。

我走过去问道："你还好吗，彼特？"

他蔫蔫地回答："是的，我还好。谢谢你，姑父。"

看见他似乎想对我说点什么，但又把话咽回去了。我跟他说："彼特，你有什么话可以跟我说，没关系。"

他看着我，鼓起勇气说："姑父，你待我真好。你可以带我回家吗？我想和你们在一起。"

"哦，彼特"，对于他说出这样的话，我感到很惊讶，"你还在生你父亲的气吗？"

"没有，我只是不想再和他住在一起。我恨他！"

"你父亲确实太严厉了，对别人和对他自己都这样。可是他在心里是非常爱你的，毕竟他是你爸爸。如果你这么想，他肯定会伤心的。"

"是的，他是我爸爸，可是我还是恨他。"彼特非常愤怒地说道。说完，他就跑回屋子里去了。

我把彼特的想法告诉了他的父亲，并和他长谈了一下。他也承认自己的教育方法有很多错误，只顾一味地强调纪律，忽视了对儿子的培养，伤害了儿子的感情，以后应该好好改正才行。

他这样说让我感到欣慰，这父子俩之间的战争大概今后会缓解了吧。

然而第二天，当我们要离开时，彼特突然失踪了。我们到城里各处去找他，他爱去的钟表铺、木匠铺、铁铺都一一找过了，最终却一无所获。这时一个小孩告诉我们他在城外看到彼特和马戏团的人在一起，彼特还曾向他挥手道别。

我们立刻赶往城外，并在天黑前追上了马戏团，彼特果然跟他们在一起。彼特说没人诱拐他，他是自愿跟着马戏团走的。当家人让他回家的时候，他依然不肯回家，而且态度十分坚决。他说自己在家里总是不愉快，而跟马戏团的人在一起，却感到非常自由，非常快乐，他喜欢马戏团的这种自由自在的生活。

直到他母亲哭得昏死过去，彼特才不情愿地回家了。这件事对他父亲的震动非常大，他开始认真地对待儿子的天性，不再强求他非要与自己一样。这样一来，他发现自己和儿子都变得轻松愉快了。我认为彼特在机械方面非常有潜力，只要引导得法，完全有可能成为发明家或者科学家。然而在他父亲此前的压抑下，他却宁愿去过马戏团的那种自由的生活，这难道还不该引起人们的深思吗？他在给我的来信中认为我的教育方法是正确的，对他自己很有用。他还相信对别人也应该有用。

尽管这是一个极端的事例，但它同时也非常具有典型性。当孩子显露出某方面的天才时，我们的教育不但不加以引导和启发，反而首先是用纪律的条框去规整它，使它符合我们的习惯。这真是教育的悲哀。

对于教育者最重要的是要有这样的认识：用烦琐而不必要的纪律使儿童的习惯固定化，把孩子造就成一具具只会听话却不懂思考的机器，这是在教育中应该予以坚决禁止的。

家教延伸阅读

·早期教育应着重开发的方面·

早期教育并不单纯局限于“脑开发”，进行所谓识字和速算等提前或超前的专项技能培养。早教，更重要的是给孩子健康的身体素质，良好的心理素质和精神风貌。

卡尔·威特说，对孩子的早期教育，3岁之前要硬灌给孩子的东西包括两方面：一方面是反复灌输语言、音乐、文字和图形等奠定智力的大脑活动基础的模式；另一方面则是输入人生的基本准则和态度，也就是培养孩子的秉性。

首先要保证孩子的身体健康，使孩子的感官、大脑和身体各部位充分发展，运动协调。要让孩子充分感觉和探索他周围的世界，多感觉、多探索、多运动、多做游戏——用嘴、手、身体的各个部位去体验，多玩、多爬、多跑、多跳，全方位去感知事物。让孩子多运动，减少营养不良或营养过剩的状况发生。对于孩子各方面的潜能或者优势发掘，家长一定耐心等待，切勿揠苗助长。家长能做的就是为孩子提供其真正需要的环境，不要让书本、电视和抽象符号充斥在孩子的周围，为孩子营造一个安全、充满爱和温馨的氛围，而不是动不动就训斥，甚至打骂，让孩子做超出其发展阶段的事情。

孩子幼年时期，多带孩子接触绿色和大自然，有助于孩子的身体健康。大自然中的气息、光影和声响，可以使孩子长得结实、强壮，也会给孩子营造一个和谐、宁静的心灵世界。因此，家长多陪孩子去亲近自然和泥土，接触泥土中对人体有益的“细菌”，在户外活动中锻炼孩子的体格，也有助于孩子其他能力的培养。

不要给孩子太大的压力。目前许多家长对孩子的要求过高，要求孩子达到最优秀，并为孩子设计好未来的人生，要求孩子琴棋书画样样通，但却忽略了每个孩子的智力类型是不同的。有的孩子在韵律方面比较擅长，有的孩子可能在逻辑数学方面有优势。因此，家长不要逼迫孩子做自己不感兴趣的事情，少一点虚荣心，多一点理解和尊重。

早期教育开发阶段，多与孩子进行语言交流。小孩从两岁起就有些阅读能力，求知欲很强。儿童的大脑具有魔术般的吸引力，这种能力从胎儿时期就开始发育，8岁时到达顶点，决定性的学习时期是1~5岁。在孩子语言发展的最佳期，如果缺少与孩子语言上的交流，加上孩子过早接触电视、电脑语言，就会逐渐产生一些语言障碍，也不利于健康人格的形成。

通过游戏或活动、观察和体验等学习认知。让孩子在享受乐趣的过程中，掌握知识和概念，提高语言表达力，促进观察力、想象力、思考力、记忆力和表达力，体验到合作与分享的意义等。

早期教育重要的是培养孩子健全的心理，让孩子养成良好的习惯。家长要从小培养孩子活泼、专注、勇敢、自信、勤劳、善良、有独立性、有创造精神等优秀品格，建立良好的亲子关系，让孩子充分感觉到爱、安全感、尊重和自由。著名教育家叶圣陶说："什么是教育？简单一句话，就是养成良好的习惯。"英国著名哲学家约翰·洛克也说，早期教育，父母最主要的是在孩子心中树立起良好的原则和牢固的习惯，因为一切告诫与规则，无论怎样反复叮嘱，除非变成行为习惯，否则全部白费。

习惯对于孩子的未来至关重要。儿童期是形成习惯的关键期，父母要有意识地引导孩子从小养成好习惯，有意识地提高孩子对好习惯的认知，并主动强化这种良好的习惯。在这种习惯的养成中，父母应当给孩子做榜样，比如讲礼貌、举止文雅、道德高尚等，在长期的潜移默化中，给孩子最好的教养，孩子的良好习惯自然就会养成。坚决遏制孩子的坏习惯，比如孩子刚学会骂人，父母要高度重视，否则任其自然发展，后果将会不堪设想。

在孩子成长的过程中，父母要不断调整自己的心态和行为，不要让自己成为孩子成长的障碍。孩子小时非常依赖父母，等他逐渐长大，父母要一步步放开，给孩子自由。

CHAPTER 4
让孩子正视世界

在乐观的同时不盲目，学会明辨是非，
提高对生活对社会的敏锐洞察力，
这样孩子的性格就不会有缺陷。
天才总是能够很冷静和机智地对待一切发生的事情。
他们深刻地认识到失败是成功之母，
偶尔的错误对他们来说是一个必不可少的过程，
因为这将为今后的成功和完美奠定良好的基础。

教孩子提高对生活对社会的洞察力

作为父母，应该让孩子学会乐观地看待周围的人和事，但却不能盲目乐观，还应该告诉孩子这个世界上也存在各种不堪入目、惨不忍睹的坏人和坏事，让孩子在遇到这些人和事的时候能够正视。

叔本华曾说过：只要真正看看世上的痛苦和悲惨，谁都会感到寒心的。我真想带一位乐观主义者让他去看看医院、慈善机构、监狱、刑场、战场等等，看他还会不会说今天的社会是什么唯一的理想社会！

尽管叔本华的厌世主义受到了种种谴责，但我仍然认为他很伟大。他能一眼看穿社会上的各种惨不忍睹的现象背后的本质，于千百个盲人之中独自正视现实。

在当今的教育中，没有任何导师去教育人们正视社会上的坏事，反而教他们视而不见，并且也照样教育他们的后代。这种欺骗将会使孩子熏陶在虚假的幻觉之中，难道还有比这更残酷的事吗？

作为父母，应该让孩子学会乐观地看待周围的人和事，但却不能盲目乐观，还应该告诉孩子这个世界上也存在各种不堪入目、惨不忍睹的坏人和坏事，让孩子在遇到这些人和事的时候能够正视。

庆幸的是，我儿子小塞德兹在5岁的时候就已经明白了这个道理。也许有人会问我“你这么早地让孩子了解生活中坏的不好的一面，不怕孩子对这个世界失望吗？对这么小的孩子来说，是不是有点残酷啊？”我不认为这是残酷的事，相反，我认为只有了解了生活的苦难和艰辛，才不会盲

父母得法的引导成就天才的孩子

当孩子沮丧时，多开导他，让他鼓足勇气。

教孩子学会分享，有助于建立良好的人际关系。

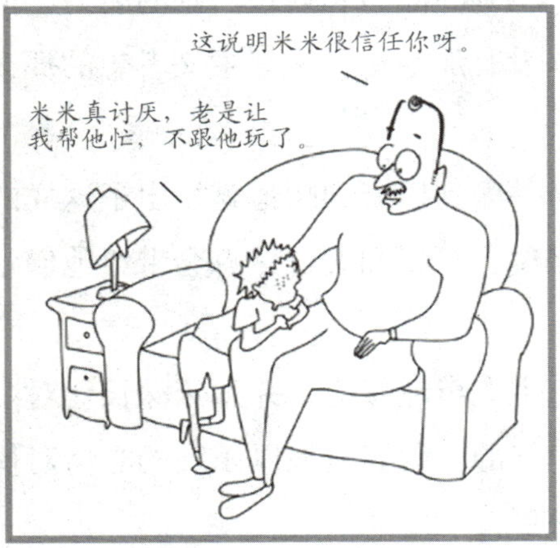

教孩子换个角度思考问题。

多关注孩子的不良情绪，并引导他排解不良情绪。

目乐观，进而勇敢地面对生活。我这么做，就是让孩子成为坚强的人，让他的性格更臻完整。

小塞德兹和格兰特尔总是形影不离，特别是在做完功课之后。每逢周末节假日，他们总要在一起度过一段美好的时光。

格兰特尔和他的父亲哈塞先生像大多数人一样老实本分地生活着，他们是非常遵守规矩的人。哈塞先生常跟他儿子说，这个世界是从未有过的理想世界，这个社会是有史以来唯一的理想社会。他们都是乐观主义者。然而，这个世界真的有那么美好吗？

真实的情况就发生在每个人的身边，然后很多人却视而不见，他们以为一切都是美好的、如梦般的，令人感到愉快。我不想指责任何人，我只是希望能用活生生的事实说明现实是什么样的。

那天是儿子的生日，除了像往常一样安排生日聚会外，我还特意给他安排了一下午自由玩耍的时间。那天下午，他和格兰特尔一起来到了郊外。此前，他并没有告诉我他们要去哪里，否则的话，我不会让他们去的。对于他们这个年龄的孩子来说，去那么远的地方玩，如果没有大人的陪伴，是很危险的。虽然我相信小塞德兹有一些判断能力和处理问题的能力，但是他毕竟只有5岁，能力是有限的，并没有那些盲目乐观主义者想的那么强大。

“郊外的风景真是太美了！”儿子一闻到田野的味道就发出了这样的感叹。我想这是真实的，对于小孩子来说，田野和大自然总会带给他们童话般的想象。

“是啊，真是这样的”，格兰特尔也大声地喊道，并意味深长地对小塞德兹说，“我爸爸说，这个世界是美好的，我们应该以乐观的心情对待整个世界。你看我们的生活是多么美好啊。”

“不，我父亲可不是这样说的”，小塞德兹对格兰特尔说，“这个世界有美好的一面，但也有很多丑陋和可怕的事。”

“怎么了？你父亲这样跟你说吗？”格兰特尔不解地问。

“是的，他是这么说的。不仅如此，他还教我怎么从那些美好的事物中分辨出丑恶，他还教我如何识别好人、坏人，好事、坏事。”小塞德兹说道。

“那他还说了些什么呢？”格兰特尔或许从来没听过这样的话，他很好奇地问。

“他还说，对任何事情不能太过于乐观，否则会容易受到伤害。”

“不可能，乐观怎么会受到伤害呢？”

“不，你理解错了。乐观是好事，但是不能盲目乐观。盲目乐观一定会带来极坏的结果。”

“那是为什么呢？”

“我父亲对我说，盲目的乐观会让人陷入自我封闭，不容易认清现实，这样的人遇到困难时，只会选择逃避。”

“不会的”，格兰特尔有点不相信，“乐观的人是积极向上的，怎么会逃避呢？我父亲说，乐观的人把一切都看成美好的，这样的人只会拥抱并热爱生活，怎么会逃避呢？”

小塞德兹正准备和格兰特尔展开辩论，却被一个人的声音打断了。

“喂，你们好”，这是一个成年男人的声音。

小塞德兹和格兰特尔好像还没有意识到他在跟他们打招呼，只是愣愣地看了他一眼。

“哦，两个可爱的孩子，你们在谈论什么呢？那么津津有味，希望我没有打扰到你们。”这个人看起来很和蔼，他那张笑嘻嘻的脸足以给任何人亲切感。

“您好，先生，见到您很高兴”，格兰特尔非常有礼貌地向他问候。

小塞德兹却没有像格兰特尔这般热情，他只是站在旁边冷静地观察这个陌生人。

“怎么了？这位小伙子好像并不欢迎我的到来啊。你见到我不高兴吗？”陌生人见小塞德兹不说话，就主动和他打招呼。

“您好，先生。”儿子简单地回答。

“不好意思，刚才你们的谈话我不小心都听到了。你说得很好，这个世界是美好的，所有的人都是好人”，陌生人笑嘻嘻地对格兰特尔说。

“是的，我也这么认为”，格兰特尔兴奋地说，“我爸爸也常常这么说，看来他说的是完全正确的。”

“对，你父亲完全正确。世界上哪有那么多的坏人，都是那些大人用来吓唬小孩子的。这是不应该的。”

陌生人说着走过来搂住了格兰特尔的肩膀，并用一种奇怪的眼光看了看小塞德兹。当时，小塞德兹敏锐地感觉到这个人有点可疑，可是格兰特尔却像遇到了知己般开心。

“孩子们，这里的风景很美。但是我还知道另外一个地方，比这里更美。”

“是吗？在哪里？”格兰特尔激动地问。

“你们想去吗？那我带你们去好吗？那里不仅风景美，还有很多你们爱吃的好东西。”陌生人说这话的时候很诡异。

“好啊，快带我们去吧。”格兰特尔急切地说。

这时，站在旁边一直没说话的小塞德兹说：“不，先生，您的好意我们心领了。我们该回家了，不能跟您去了。”

“这么早就回家啊，时间还早呢，还可以再多玩一会儿。”陌生人同时对小塞德兹和格兰特尔说。

小塞德兹没有理会陌生人，对格兰特尔说：“我们还是回去吧，不玩了。你父亲和我父亲会担心的。”

“可是，我想我父亲一定会同意让我多玩一会儿的”，格兰特尔辩解道。

“不，一定要回去。”小塞德兹很坚决地说。

“哈，看来这位小朋友不愿意去那个美丽的地方，也不愿意吃那些好吃的食物。那我们俩去吧，让他回家去吧，他肯定会后悔的。”陌生人对格兰特尔说。

陌生人一边说，一边拉着格兰特尔的手就想离开。小塞德兹这时已经感觉到这个陌生人不怀好意，于是他跑上去拼命拉住格兰特尔的胳膊不松手。陌生人一把将小塞德兹推倒在地，并想强行将格兰特尔带走。这时，这位陌生人已经失去了刚才友善和蔼的笑容，露出了狰狞的面孔。见到他突然变脸，格兰特尔也害怕了，吓得呆住了，愣在那里不知道该怎么办，任由陌生人拖着他走。

被摔倒在地的小塞德兹爬起来，大声喊："你是个坏人。快放开他！放开他！"

小塞德兹再一次冲上去想阻止他，但是由于太弱小，又一次被陌生人推倒在地。当他再爬起来的时候，看见不远处有几个农夫在耕地，于是就冲着他们大喊起来："救命啊！快来帮帮我们，这儿有坏人！"

农夫们听见了叫喊声，都向他们这边跑过来。看到有人来了，那个陌生人放开了格兰特尔，匆匆忙忙跑了。

傍晚时分，小塞德兹和格兰特尔在好心的农夫的陪伴下回到了家。

听完他们的讲述，我更加坚信自己的观点，并为儿子的表现感到自豪和骄傲。通过这件事，我想，碰到一些坏事，对孩子的成长还是有好处的，可以让他们见识这个世界的百般世态，在乐观的同时不盲目，学会明辨是非，提高对生活对社会的敏锐洞察力，这样，孩子的性格就不会有缺陷。

教孩子学会辨别坏人坏事

我不一定非要把儿子培养成天才，但我一定不会让他成为俗物，不会让他成为一个毫无主见和没有个性的庸碌无为之辈。我要让他从小就成为一个能够清醒地认识自己和周围世界而非麻木不仁的人。

詹姆斯博士曾在一次毕业大会上对他的学生们说："大学教育的目的就是为了培养人们辨别好人好事的能力。"我也说一句："教育的目的就在于培养人们能辨别出人间坏人坏事的能力。"我认为，能够具备辨别好坏是非能力的人比那些仅仅具有某种专业知识但对外界反应迟钝、漠不关心的人要优秀得多。

俗话说："与不善人居，如入鲍鱼之肆，久而不闻其臭。"我们经常自诩为文明人，实际上同野蛮人并没有什么两样，我们是意识不到自己野蛮的人。人们在这种不清醒的状态下，渐渐失去了清晰的判断力，从而变得麻木不仁。

格兰特尔的父亲哈塞先生就有些麻木不仁，在他的影响和教导下，他的儿子也有向这种不良状态发展的倾向。格兰特尔的那种所谓的乐观，其实就是一种麻木不仁的表现。我曾多次劝告哈塞先生，建议他换一种客观的方式教育孩子，让孩子也了解这个世界上除了美好的一面，其实还有一些阴暗面。否则，孩子就会成天沉浸在虚幻的美好世界中，一旦遇到紧急情况，不知道该如何应对。尽管给孩子一颗健康向上的心灵非常重要，但是作为父母有责任和义务提醒孩子对坏事有所警觉，使孩子对这个真实世界有一个全面的认识。否则孩子只会变成一个麻木不仁的俗物。

"不，塞德兹博士"，每当听到我的这些发自内心的非常真诚的劝告，他总是这样说，"我不太认同你的看法，尽管你非常值得尊敬。让孩子多看到好的一面，看到这个世界的美好，是非常重要的。事实也是如此。上次，不是有一位好心的农夫把这俩孩子都送回来了吗？这足以证明这世上还是好人多，这个世界也是美好的事物占大多数。我觉得你太过小心了，其实很多事情都只是有惊无险。我看你的儿子小塞德兹也没有受到什么人的伤害啊。”对这一番话，我无话可说，哈塞先生总是这么固执。我知道，两个孩子能安全地回来，完全是他们的幸运。然而在不可知的未来，不知道他们还能否遇到这样的事情。

我们都知道罗马人的格斗是极其野蛮的。莱基就曾经旗帜鲜明地指出：“在罗马，不仅男子，甚至年轻妇女对于格斗场面都习以为常。在我们看来很可怕的场面，他们看了竟然还能哈哈大笑。在今天，几乎难以想象他们的性情是何等残忍！”然而，我们现在难道真的比他们进步了吗？在我们的周围不是有很多不亚于罗马人格斗时的体育比赛吗？足球、拳击就是最显著的例子。拳击赛不是也常常置人于死地吗？至于受伤，那就更是家常便饭了。面对这种现实，我们又怎么能去指责罗马人的野蛮呢？在这一点上，希腊人真是伟大和明智。当如此残忍的罗马格斗要进入雅典时，哲学家译莫纳克斯第一个站出来反对。他还为此大声疾呼：“要想输入这种极其残忍的演技，请诸位先去打碎怜悯女神的祭坛。”非常遗憾，我们国家没有一个这样的人，大学教授甚至更加赞同拳击和足球。他们认为这两项运动会激发人们的斗志。因此，人们看着这种残酷的场景，却没有人出来反对。

类似这样的例子不胜枚举，而相当多的人对此却熟视无睹。据说，最初亚当和夏娃在天堂里并没有意识到自己是裸体的，在这一点上，他们与我们很相似。我们也患了精神盲目症，对这个世界麻木不仁。就因为这样，我们周围有了各种各样的俗物。

我不一定非要把儿子培养成天才，但我一定不会让他成为俗物，不会让他成为一个毫无主见和没有个性的庸碌无为之辈。因此，我要让他从小就成为一个能够清醒地认识自己和周围世界而非麻木不仁的人。

一种错误的人生态度或者说人生观，往往会将一个人引向不可救药的境地。哈塞先生的儿子格兰特尔吃了几次大亏，但仍旧不能对自己清醒地作出反思，这就是那种潜藏在内心的错误地看待事物和人生的观念在作怪。

看到这里，或许有人会觉得我太冷漠、太无情、太自私。然而事实并非如此，我也教育儿子要学会去热爱这个世界、去关心周围那些值得关心和真正需要关心的人。除此之外，我还尽我的能力让儿子能够从小就明白自己应该怎样做事，让他明白什么样的事是真正有意义的事。事实上，在我的教导下，我儿子非常乐观，当然不是盲目乐观，且富有同情心。

由于小塞德兹和格兰特尔是非常要好的朋友，他俩经常在一起玩耍，所以我和哈塞先生也经常见面，并经常带着两个孩子一起出去游玩。

在一个春光明媚的下午，微风带来阵阵香气，令人倍感惬意与舒畅。我们四个又像往常那样走在林荫道上，这种闲暇时的散步总是令人愉快的。

这时，三个衣衫褴褛的人向我们走来，他们那种卑微的模样和低三下四的神态，让我感到厌恶。其中一个人用那种常见的乞讨的语气跟我们说："先生，可怜可怜我们吧。我们非常穷，已经好多天没吃饭了，没有办法正常生活，请给我们一点施舍吧。"看到这种情形，哈塞先生立刻从口袋里掏出了一美元，递给他们，动作之快，以至于我都没来得及阻拦。

"非常感谢您，您真是个好人！可是，先生您看，我们三个人，一美元不太够，远不能解决我们的燃眉之急。"

好心的哈塞先生又将手伸进了口袋准备掏钱。

"哈塞先生！"这时我儿子小塞德兹叫了他一声，给他使了个眼色，示意他不要这么做。

但哈塞先生好像没有意识到，仍然掏出了钱，这次是两美元。他真是想得周到，这样就可以一人一美元了。

那三个得了钱的人兴高采烈地离去了。在他们走远后，我仍然能听到他们的笑声。

"你看他们有多高兴呀！"哈塞先生意味深长地跟我说着，仿佛自己做了一件莫大的善事。

"可是，哈塞先生，您难道没觉得他们和别的乞丐有什么不一样吗？"

小塞德兹问道。

“没什么不同啊，怎么了？”哈塞先生说。

“难道您没看见在您给他们钱之前他们的表情很可疑吗？在您给他们钱后，他们表现得很得意。”小塞德兹问道。

“这也没什么。他们本来就是乞丐，得到钱高兴是很正常的事情啊。”

“他们当然应该高兴，因为他们的阴谋又一次得逞了。”

“什么？你说他们那是阴谋？”

“对啊，我觉得他们是骗子而不是乞丐。”小塞德兹果断地表达了自己的观点。

“不会吧，你怎么知道。他们穿得很烂，又是一副看似饿了很久的样子，怎么会不是乞丐呢？”

“即便他们是乞丐，您也不应该给他们钱。”

“这又是为什么？”

“他们看起来一个个都身强力壮的，完全有能力通过劳动挣钱。他们应该自食其力，而不是向别人乞讨。”

“这个……这个……”哈塞先生一时竟无话可说。

小塞德兹看见哈塞先生这样，出于礼貌便不再继续往下说了，他和格兰特尔一起向前面跑去。“塞德兹博士，我觉得像你儿子这么小的孩子不应该对什么都持怀疑态度。一个从小就不相信别人的人也不可能得到别人的信任，也不会受到别人的尊重。”哈塞先生语重心长地对我说。

“你这么认为吗？”我并不想再与他争论，因为类似这种辩论不知道有过多少次。现在再辩论也是枉然，因为我和他谁都说服不了谁，都固执地坚持自己的观点。何况我认为事实是说明问题的最好办法，说多了也没用。

这时，一位女士从我们身边走过。

“先生，您刚才给那三个人钱了吗？”这位女士问道。

“是啊，我看他们挺可怜的，就给他们了。我想我应该帮助他们。”哈塞先生说道。

“先生，您上当了。他们是这条街上有名的骗子和无赖，经常这样骗像您这样的过路人。您没听过别人议论这件事情吗？”这位女士说。

“什么?!”哈塞先生的脸一下子红了起来，顿时感到羞愧无比。

这样一来，本来心情愉快的哈塞先生变得很郁闷，我们原本很愉悦的散步也变得了无生气。我什么也没说，因为我了解他此刻的心情。但是这又能怪谁呢，只能怪他自己的愚蠢和固执。

这时，小塞德兹跑了过来，跟我说：“爸爸，给我点钱。”

“干什么用啊？”

“前面有一位老太太，很可怜，我想帮助他。”

“是吗？你真是个好孩子。”说着，我就递给儿子几枚硬币。

哈塞先生见我这么做感到非常吃惊，他用诧异的眼光看着我，并迫不及待地问道：“塞德兹博士，怎么现在你又要给那些人钱了，你不害怕像刚才那样被骗吗？”

我笑着对他说：“我相信我儿子的判断力，他认为正确的事情一般不会错。”

听了我的话，哈塞先生一下子愣在了那里。他可能在想为什么他刚才想帮助别人就是一个错误，而刚满6岁的孩子现在这么做就是正确的。但是我心里很明白，哈塞先生可能永远不知道其中的缘故，因为他长期以来的思维方式已经让他养成了现在这样的处事风格。

教孩子勇敢面对已经发生的事情

"不，儿子，你不应该后悔，事情已经发生了，就只能面对它。""你应该做一个坚强的人，敢于承担自己的行为后果。不能只知道后悔，这是没有骨气的表现，只有俗人才会这样。"

哈塞先生知道自己做了一件蠢事，为自己被欺骗而感到懊恼不已。在回家的路上，他很不好意思地跟我说："塞德兹先生，我为自己的愚蠢行为感到很羞愧，被别人欺骗，对我自己来说或许没什么，但我却在不经意间支持了他们的这种无耻行径。真该让上帝惩罚我。"

"您这是在忏悔吗，哈塞先生？"我问他。

"是的，我为自己的过错忏悔。"

小塞德兹在一旁静静地听着我们的谈话，看起来似乎并没有任何反应。但我太了解他了，他一定是在心里嘲笑老实的哈塞先生。

与此同时，格兰特尔却悄悄地低下了头。我想，他不光为他父亲的错误感到遗憾，也在用他幼小的头脑思考一些他不理解的、也是他父亲从未想明白的问题。

在现实生活里，很多人为所欲为地干尽坏事，而星期天却去教堂忏悔，乞求神的饶恕、恩惠和帮助，这难道不是天大的笑话吗？

在这里，我并没有指责我的朋友哈塞先生的意思，只是觉得他有时候的那种"老实"劲儿非常可笑。虽然他并未真正做出什么不可原谅的坏事，但我仍觉得他可笑。因为忏悔是不可能解决任何事情的，关键是要从已经发生的事情中吸取教训，从自己的思想和行为中找出犯错误的根源。但是遗憾的是，在之后的很多年里，哈塞先生和他儿子格兰特尔仍然没有意识到这一点。

我们可以看看报纸上每天刊登的都是些什么样的新闻：战争的、屠杀的、私刑的、罢工的、排外的、饥饿的、投水自尽的、官吏贪污的、违法的、腐败的、堕落的等等。然后，人们好像对这些毫不在意，很快就忘记了，不留任何痕迹。很多人口头上对神很崇拜，实际上却是权力和金钱的崇拜者。很多人都在梦想着有朝一日自己能成为富翁，年轻姑娘们也盼望着能嫁个钻石王老五。这就是一个拜金和媚俗的时代。

在现实社会中，不为权势所动而专心致力于道义和学问的人是非常罕见的。我之所以这样说，仅仅是想给那些把孩子时刻保护在摇篮和温室里的父母们打一剂强心针，让他们认识到这一点，这对他们和他们的孩子都有好处。

我不想让我的儿子变得这么庸俗，但我要让他认识俗物，要让他用自己明亮的眼睛看清这个现实，这个被俗物填充的世界。因为只有这样，在他长大成人之后，才能在任何情况下都保持清醒的头脑立于不败之地。

俗物们每天做着非常愚蠢的事，做着令人愤怒不已的坏事，却不停地去忏悔，每当见到这些我都觉得非常可笑。而天才却从来不这样，因为他们总是能够很冷静和机智地对待一切发生的事情。他们敢作敢为，不怕失败。他们深刻地认识到失败是成功之母，偶尔的错误对他们来说是一个必不可少的过程，因为这将为今后的成功和完美奠定良好的基础。

有一天，小塞德兹和格兰特尔从外面回来了。我刚好在门口看见了他们，老远就看见他们垂头丧气的。当他们走到我跟前的时候，这种感觉更强烈了。这种丧气的表情在格兰特尔身上很常见，但是对于小塞德兹来说却显得有些不寻常。

“你们这是怎么了，没精打采的？”我笑着跟他们打招呼。

两人都没有吭声，格兰特尔跟我打了个招呼，就跑回自己家去了。

只剩下了我和小塞德兹,我便很耐心地问儿子:“发生什么事了,孩子?”

他没有回答我,只是用一种很难过的眼神看着我。

“这是怎么回事啊,这可不像你啊。”我对儿子说道,并在语气中鼓励他说出发生的事。

“我现在很难过,也很后悔。”儿子小声地说。

“发生了什么事,告诉我,好吗?”我用一种坚定的眼光看着儿子。

最后,儿子向我讲述了这天他和格兰特尔在外面玩耍时的遭遇。

完成作业之后,儿子和格兰特尔来到了安迪斯大街。由于安迪斯大街总是聚集了很多艺人,所以孩子们都非常乐意去玩。那儿不仅有许多不同风格特色的表演,也有许多令儿童感兴趣的东西。在儿子小的时候,每逢节日我都会带他去,给他买一些具有异国风情和民族特色的手工玩具和纪念品。现在他长大了,基本上不用我陪着去了,但仍常和小朋友们一起去。

小塞德兹和格兰特尔走在因人群拥挤而更显狭窄的安迪斯大街上,他们被各种好看的新鲜玩意所吸引。他们东看看,西看看,还不时地讲述着自己的愿望:“圣诞节,我一定要再来这里,买个东西。”“对了,下次,一定让我爸爸给我买这个。”“你看这个东西,多好玩啊,真漂亮,我想……”就这样,不知不觉他们逛了很长时间。

正当他们陶醉在自己的梦想中时,一个看起来比他们明显大很多的孩子站在了他们面前,并一把抓住了格兰特尔。

“你们给我站住。”大孩子凶巴巴地对他们说。

“你有什么事吗?”小塞德兹问道。

“你们为什么要欺负我弟弟?”大孩子指着他旁边的一个小孩说。

“我们都不认识他,怎么可能欺负他?你们不会是搞错了吧。”格兰特尔很友好地跟大孩子说。

“是他们吗?”大孩子转头问那个小孩道。

“没错,就是他们。”那个小男孩肯定地回答。

“哈,你可别乱说。我们什么时候欺负你了?”小塞德兹冲着他喊了起来。

“你们还不承认，就在刚才，你们撞了我一下。”小孩子不服气地说。

这时，小塞德兹突然想起，就在前不久，可能是他与格兰特尔玩得太高兴，在蹦蹦跳跳之际的确不小心碰了一下那个孩子。没想到这种在生活中时常发生的小事却引起了这样不愉快的冲突，更何况街上人来人往，碰一下不是很正常吗?

“哦，我想起来了，刚才我们是不小心碰了你一下，但我们不是故意的，请原谅。”小塞德兹立刻向那孩子道歉。

“呸，你以为说声对不起就完了吗？”大孩子非常凶恶地指着小塞德兹说。

“那你还想怎么样？”小塞德兹也毫不示弱。

“你们应该对我弟弟进行赔偿。”大孩子说。

“怎么个赔偿法？”小塞德兹问道。

“你们要把你们身上的钱都给他。”大孩子恶狠狠地说。

“我们只不过不小心碰了他一下，怎么这么不讲道理，至于这样吗？”

“那当然了。如果你们不愿意，那你们等着瞧，别怪我不客气。”

“你想怎么样？”

“待会儿你就知道了。”

这时，格兰特尔大概是被他们的话吓唬住了，开始害怕起来，对小塞德兹说：“要不，咱们还是把钱给他们吧。”

“不，凭什么给他们，绝对不给！”小塞德兹坚决地否定了格兰特尔的提议。

大孩子一听小塞德兹这样说，立刻用力推了他一把。

接着，他们就开始动手拉扯起来。到了后来，他们之间的拉扯渐渐演变成了打架。格兰特尔显得很胆怯，但还是进行了自卫。

那个大孩子不知从哪儿找来一根木棍，正当他要准备用棍子打格兰特尔时，小塞德兹随手抓起一件东西向他扔了过去。大孩子一声尖叫，马上扔掉手中的木棍捂住了头。原来，小塞德兹扔过去的是一只铜壶，这是他在身旁的一个杂货摊上拿的。

“好啊，你竟然还敢打我，你等着，我叫我哥哥过来收拾你。”大孩子冲着小塞德兹吼道。

小塞德兹拉着格兰特尔飞快地跑了。

我仔细听完儿子给我讲的刚才在他和格兰特尔身上发生的事情。在他讲的时候，我一句话也没有说，我一边认真地听，一边思考这件事。

“儿子，那你现在打算怎么办呢？”我问儿子。

“我也不知道”，他很为难地对我说，“但是，刚才格兰特尔还在抱怨我，他认为我们应该给那个孩子钱，这样就不会有打架的事情了。”

“什么？他这样说的？”我问儿子。

“是的，格兰特尔害怕他们报复。”

“这孩子真没骨气。”我拍了拍儿子的肩膀，“其实，在那种情况下，你们如果一味忍让，那些人就会得寸进尺，退缩是没有用的，而且如果那么做的话也是懦弱的表现。”

“那么，你的意思是我做得对了？”儿子兴奋地问我。

“也不完全对。你可以反抗和自卫，但不该用那么坚硬的东西砸那个孩子，这么做很容易使他受伤，这不太好。”

“是的，我也意识到了这一点，正为此而后悔。我打了那个孩子，但我并不害怕他的报复，只是我后悔自己出手太重了。为了一点小事就把他伤成那样，真不该这么做”，儿子垂头丧气地说。

“儿子，你也没必要这么自责。虽然你出手太重，但也不能完全怪你，在那种情况下，那个大孩子是不会跟你讲理的。你没有选择的机会，何况这是他引起的争端”，我耐心地劝道。

“唉，我真后悔。”儿子叹了一口气。

“不，儿子，你不应该后悔，事情已经发生了，就只能面对它。”为了让孩子从懊悔的情绪中摆脱出来，我这样跟他说：“你应该做一个坚强的人，敢于承担自己的行为后果。不能只知道后悔，这是没有骨气的表现，只有俗人才会这样。”

通过这件事，儿子对一些事情有了更深的认识，他不但知道了做事情要谨慎，而且还要为自己的行为负责。

后来，我听儿子说格兰特尔为这件事提心吊胆了很长时间，总在担心那些孩子会来报复，每天还在家里悄悄地祷告，为自己的行为忏悔，请求上帝帮助他躲过这次灾难。

事实上，直到今天也没有发生任何意外的事情，格兰特尔担心的报复更是没有发生。

教孩子正视坏事比逃避现实好得多

面对无礼的骚扰和欺负，难道还有比反抗和自卫更应该做的吗？所以，对于儿子的反抗行为，我从心里为他的勇敢感到高兴和自豪。我认为教会孩子正视这些坏事要比让他们逃避现实好得多。

对于上述的事，有人或许认为我是在支持儿子的坏行为，因为孩子们之间的打架斗殴通常是不被允许的。我想说，这些人并没有真正理解我的用意，他们误解了我。坦率地说，打架斗殴的确令人愤怒，是一种不良行为，我始终是这样想的，并且时时告诫一天天长大的儿子，要求他不要走入错误的、野蛮的人生之中。

但是面对那次行为，我不得不承认儿子是正确的和勇敢的。因为整个事件不是他挑起的，他只是做了他应该做的。面对无礼的骚扰和欺负，难道还有比反抗和自卫更应该做的吗？所以，对于儿子的反抗行为，我从心里为他的勇敢感到高兴和自豪。我想稍有理性的人，都会同意这么做，也赞同我的观点。

现在依然是一个弱肉强食和优胜劣汰的时代。有人会认为我这样说一定是太偏执了，也有人会认为我这样教育儿子太残酷了。但这确实是我们每个人都无法回避的。我也想只告诉儿子世间美好的事物，但我不能那样做，因为我不能欺骗自己的儿子。在现在的教育中，很少有老师去教育人们要正视社会上的坏事，反而教他们视而不见，并且也照样教育着我们的后代。这种欺骗将会使孩子们陶醉在虚假的幻觉之中，难道还有比这更残酷的事吗？

哈塞先生在这一点上也像其他事情一样和我持不同的观点。就拿刚才孩子们打架的事情来说，他跟格兰特尔一样，认为应该给那些大孩子们钱，而不是和他们动手，有其父必有其子。但他难道不明白吗？这么做，不仅不能妥善地解决问题，还会助长那个大孩子的嚣张气焰，他恐怕也不会就此收手，还会得寸进尺。如果真是这样，哈塞先生和他的儿子估计以后也不会有安宁的日子。事实就是这样，你表现得越软弱，就越容易被别人欺负。我知道哈塞先生和格兰特尔其实都非常好，他们真诚、善良，但有时候太过软弱了。在这个时代，这样的人注定要经常吃亏。

或许生活总是充满戏剧性，不久之后，小塞德兹又和别人打了一架。真是无巧不成书，他打架的对象仍然是那个曾经找他麻烦的大孩子。很多人肯定以为一定是那个大孩子过来报复了。但事实并非如此。这一次恰恰相反，是我儿子去找他的麻烦。

后来，我听警察局的人说，那个大孩子名叫恩特·哈里森，12岁，是安迪斯大街一位裁缝的儿子。他其实也是个不懂事的小孩子，只不过比年仅6岁的小塞德兹稍大一些罢了。

一天，小塞德兹和格兰特尔又像往常那样结伴而行，他们想去商店买一些绘画用品。因为我和哈塞先生商量好周末两家一起去郊游，两个孩子也说好一起去河边画画。他们说河边的风景非常美，很多画家都画过，虽然自己不是画家，但也想体验一下那种感觉。

小塞德兹一边走一边给格兰特尔讲自己的计划，以及对这次周末旅行的各种想象，并对他以前曾经见过的一些画儿大加评论。格兰特尔听着他的讲述，不时地附和一声，偶尔还发表一下自己的看法。

正当小塞德兹谈得正高兴的时候，他发现格兰特尔停住了，并呆呆地注视着前方，仿佛受到了惊吓，就像是看见了什么猛兽和怪物。

“格兰特尔，怎么了？为什么停住不走了？”小塞德兹拍了一下他的肩膀。但格兰特尔还是一动不动，只是向他使了一个眼色，示意他向前看。

顺着格兰特尔的目光，小塞德兹看见前面不远处站着几个小孩子，他们围成一个圈儿，似乎在商量什么事。他仔细地看了看，发现其中有一个人非常面熟。原来，这个人正是上次找他们麻烦的那个大孩子。

“我们走另一条路吧。”格兰特尔拉了拉小塞德兹的衣角，示意他躲开恩特·哈里森。

“干嘛要走另一条路？那条路太远了。”说着小塞德兹就向前走去。格兰特尔见小塞德兹已经迈开了步伐，虽然很不情愿也只好勉强地跟了上去。

当他们走近那群孩子时，恩特·哈里森看见了他们。格兰特尔当时非常害怕，不敢去接触恩特的目光，急忙低下头，想尽快离开那里。小塞德兹也一直看着恩特，虽然他也有些害怕，但还是仔细观察着恩特的一举一动，以防他报复和再次无理取闹。然而，让他没想到的是，恩特不但没有过来找麻烦，还冲他笑了笑。只看了看他，就又继续忙自己的事情了。恩特的举动使小塞德兹感到很意外，但又觉得很奇怪。他们到底在干什么呢，小塞德兹一边想一边朝他们走了过去。走过去才发现，原来恩特依旧在干他们的老本行，正在欺负另外两个小孩子，就像上次欺负小塞德兹和格兰特尔一样。

“快赔偿我们，否则……”恩特凶巴巴地但像是背台词一样对那两个被威胁的小孩说道。

那两个小孩显然非常害怕，赶忙掏自己的口袋，当他们正要把钱交给恩特的时候，小塞德兹走了上去。

“不要给他们！”两个小孩子看见居然有人在这个时候挺身而出，但又不知他的用意，呆在那儿惊讶得一句话都说不出来。

“不要给他们钱，不要怕他们。”小塞德兹像一个勇敢的侠客那样挡在了他们的身前。

“又是你！”恩特狠狠地瞪了小塞德兹一眼，“上次的事我还没有找你算账呢，今天居然送上门来了。”

“怎么，还想像上次那样再打一架吗？”小塞德兹威风凛凛地说道。

“你……”恩特气极了，他恶狠狠地盯着小塞德兹，似乎就要马上动手打人了。

“打架吗？我可不怕你。”小塞德兹指了指格兰特尔和那两个被威胁的小孩，“你们只有三个人，而我们有四个，你觉得我们会怕你们吗？”

“对，我们不怕你了。”那两个小孩意识到现在帮手来了，也变得勇敢和强硬起来。

恩特的伙伴们这时也流露出了惧意，他们看着恩特，好像仍在等候他的命令。很显然，恩特非常生气，在他的伙伴中，他年龄最大也最强壮，可能是为了不丢自己的面子和权威，他还真动起手来。

“好啊，打就打，谁怕谁啊。”说着他就向小塞德兹扑了过去。结果，七个孩子就这样扭打在了一起。

他们的打斗引了很多人来围观。人们一边看着，一边七嘴八舌地议论着，但没有一个人出来拉架，阻止他们，直到警察来了才阻止了他们的打斗。我一走进警察局，一位警察就笑容满面地朝我走来。

“您好！塞德兹先生，我真为您感到骄傲，您的儿子刚才勇敢地阻止了一个恶劣行为的发生。”接着他向我讲述了整个事情的经过。

这时，警察局长也从他的办公室走了出来和我亲切地握手:“真没想到，您的儿子，一个6岁的孩子居然表现出这么超乎常人的勇气。他乐于帮助别人，并敢于和不良行为作斗争，这是很多成年人也做不到的。我们决定为他发一枚奖章以表扬他勇敢的品德，我们为您和您的儿子感到骄傲。”

小塞德兹也一副兴奋而快乐的模样，我看着他，还能说什么呢？虽然，他还捂着刚刚被打得出血的鼻子，但我仍然能感觉到他内心的骄傲。

由此可见，一个人行为的好坏是由他的出发点决定的，孩子们之间打架本来是一件非常令人痛恨的事情，但由于他是为了帮助别人才这么做的，因此这件事就变得不同了。

我渴望这个世界充满友爱、善良、正义、和平和同情，但我们也应该知道还有很多不好的东西需要我们正视。我认为教会孩子正视这些坏事要比让他们逃避现实好得多。在我看来，只会逃避的人注定只能是个俗物和庸人。

让孩子学会用清醒的头脑看待身边的事物

社会上的确有很多这样的人，他们平日里衣冠楚楚，但在骨子里却凶恶至极，天生一副坏心肠。让孩子学会用清醒的头脑看待身边的事物是一件多么紧迫的事情。

我可以很自豪地说我的儿子是一个聪明而勇敢的人，他具有明辨是非的能力和对事物的洞察力，这两点是那些浑浑噩噩的人永远都比不上的。

或许有人会问，像小塞德兹这么大的小孩子居然有这样的能力，难道他真的是个天才？他的这种能力真的是天生的吗？也可能有的人还会这样说："塞德兹博士，这不可能吧，你一定是在说谎。这些能力即便是成年人也很难完全具备，更别说这么小的孩子了，这也太离谱了吧！"

对于这些疑问，我很能理解，因为表面上看来确实让人觉得不可思议。但我始终都在强调：事实就是事实。并且我可以保证我所讲述的没有任何虚构的成分。我还想说，我儿子的聪明并不是所谓的天赋，都是因为我从小就给他进行了正确的教育。

虽然小塞德兹只有 6 岁，但他已经阅读了好多孩子想都不敢想的很多书籍。这一点足以证明我的正确性：人的智慧来自于教育，这是毋庸置疑的。更难能可贵的是，小塞德兹不但喜欢读书，他还善于思考书上和生活中的一些问题。这些深思熟虑也造就了他不同于常人的聪明头脑。

"爸爸，我觉得我们真幸福，生活在这样一个文明的时代。我最近看了一本讲述古罗马和中世纪的书，那个时代的人们是多么的无知、愚昧和野蛮啊。”当儿子看完那本我推荐给他的带有插图的书后，他发出了这样的感叹。

我们周围的很多人都会和小塞德兹一样做出这样的感叹，并为生活在我们的时代而感到庆幸。但是，事实真是这样吗？我们的时代果真有这么美好吗？一个6岁的小孩子会被假象所蒙蔽，难道我们成年人就不会吗？我们大多数人都会认为，费尼卡人用小孩祭神、中世纪的宗教裁判、近代的宗教战争、俄罗斯惨杀犹太人和土耳其惨杀基督教徒都是野蛮行为，他们以此来炫耀自己是文明人。可是，我们是否真有自诩为文明人的资格呢?我们大多数人也只能看到别人身上的污垢，而看不见自己身上恶心的脓疮。对于儿子的感叹，我不得不让他认识这些事物的本质：我们虽然自诩为文明人，但实际上我们的文明只不过像是上了油漆和彩釉一样，只是表面光滑。

我的这种看法，给自我感觉良好和兴奋不已的儿子无疑浇了一盆冷水，虽然我不想让他伤心，但我仍会向他揭示真相，我觉得这是作为一个父亲应尽的责任和义务。

为了让儿子明白这些，我给他讲了很多发生在历史上和现实中的例子，以使他有一个更加直观和详尽的认识。

听完我的讲述后，儿子似乎明白了一些很本质的道理，他又一次发出了感叹：“原来自称文明人的当代人，其实比古时候的人更加野蛮，徒有漂亮的伪装。”听儿子这样说，我知道他已经开始明白道理了，尽管可能并没有完全理解。当我正为此而感到内心高兴时，儿子突然说了这么一句话:

“我看那个警察也不像我以前想象的那么好。”

“哪个警察？”我感到很奇怪。

“就是那个给我发奖章的大个子。”

“你怎么会这样说呢？他难道在什么地方得罪你了？”当时我还真的不明白到底怎么回事，便仔细地问他。

“他当然没有得罪我，这个您放心。因为我是您儿子，他们又很尊敬您，而且我还是个敢于和坏人坏事做斗争的英雄。他对我很好，每次见到我都非常热情地和我打招呼，但他对别人就不是这样了。”

“怎么，他对别人不好吗？”

“岂止是不好，简直是恶劣。那天我看见他非常凶恶地对待一个进城的农妇，那时，他好像成了一个魔鬼，完全变了一个人。”

“真有这样的事？”

“那当然了，我亲眼所见。”

接下来，儿子给我详细讲述了那天发生的对他造成很大影响的事情：

“你好，我们的可爱的小英雄！”大个子警察一见到小塞德兹就很亲切地招呼他。

“您好，埃尔先生，您在巡逻吗？”儿子也很有礼貌地向他问好。

“是啊，我在巡逻。”

“您真是太辛苦了。这么大热的天气，还在大街上工作。”

“呵呵，这也没什么。这就是我的工作，也是我的职责所在。现在有很多不规矩的坏人，我可不想让他们来伤害像你这样守本分的好人。”大个子警察埃尔先生兴致很高地谈论着。突然，他的眼睛闪出一道锐利的光芒，就像饥饿的猫看见老鼠一样，接着向前面的人群走去。

小塞德兹顺着埃尔先生行走的方向望去，看见一个农妇正在跟过往的行人不停地说着什么。

“你在干什么？”埃尔先生一走到农妇的面前，就朝农妇大吼起来。

“哦，警察先生”，可怜的农妇好像是受了惊吓，战战兢兢地说，“我……我迷路了，刚才正在问那位先生怎么走，可是他也不知道，您能告诉我吗？”

“什么？迷路了？我看你不是迷路了，而是另有所图吧。要不你怎么这么紧张啊？”埃尔先生眯着他那略显细长的眼睛，怀疑地问道。

“什么？您的意思是……”农妇吃惊地看着他。

“我的意思是你可能有不良的企图，趁着我现在心情还好，你老实告诉我，你到底想干什么？”

“天哪，我能有什么企图？我真的只是迷路了。”

“你这样的人我见多了，不要总是装出一副可怜的模样。”

“什么？我不明白？”

“别装傻了，你不明白？快说，否则我会把你抓起来。”

“我真的是不明白。警察先生，我真的是老实人。”农妇很惊慌地辩解道。

看到这里，小塞德兹走上前去，他想去帮助那个农妇，便对埃尔先生说：“哦，埃尔先生，我看这位太太是吓坏了。她只是迷路了，您别这么吓唬她。”

埃尔先生转过身，又换成和蔼的面容，说：“小塞德兹，你是一个善良的老实人。但你还太小，不能看清他们这种人的真面目。”

儿子不解地看着他。

埃尔先生继续说：“这阵子有很多家庭被盗，我怀疑就是他们这种人干的。谁知道这个女人是不是盯梢的眼线。我看她那副贼眉鼠眼的模样，肯定不是什么好人。”

“可是，您现在没有证据啊，埃尔先生。”

“把她抓回警察局，一切就都水落石出了。”说着，大个子警察埃尔先生就去抓那个农妇，在相互的拉扯中，他将那位农妇的包袱打散在地，包里的东西掉了出来。农妇就这样被抓进了警察局。

后来经过了解，那个农妇是来这里找他工作的儿子的，她确实是迷了路。再后来，小塞德兹还听说这个大个子警察经常欺负那些陌生人和弱小的人，还经常向那些商贩收取非法的费用。据说，这些钱都让他用来赌博和喝酒了。

听完儿子的讲述，我陷入了深思。社会上的确有很多这样的人，他们平日里衣冠楚楚，但在骨子里却凶恶至极，天生一副坏心眼。在这一刻，我也意识到，让孩子学会用清醒的头脑看待身边的事物是一件多么紧迫的事情。

家教延伸阅读

·教孩子辨别是非·

塞德兹博士向家长呼吁说，社会生活复杂、变幻无常，父母应该让孩子学会乐观地看待周围的人和物，但不能盲目乐观，还要告诉孩子这个世界上存在着各种不堪入目、惨不忍睹的坏人和坏事，让孩子在遇到这些人和事的时候能够正视。让孩子学会明辨是非，提高对生活对社会的敏锐的洞察力，这样，孩子的性格就不会有缺陷。他还认为，具有辨别好坏是非能力的人比那些仅仅精通某种专业知识但对外界反应迟钝、漠不关心的人要优秀得多。

教孩子辨别是非的能力，父母可以从示范、诱导和实践三方面来培养。

首先是示范，父母的言行是幼儿分清好坏的依据。父母要有正确的是非判断观念，从父母的言谈举止、待人处事中，孩子受到潜移默化的影响，逐渐形成自己的是非标准、善恶观念和行为习惯。鲁迅曾指出：“父母的缺点，便是子孙灭亡的伏线，生命的危机。”小孩的形象思维强、模仿性强，辨别力差;因此榜样可以起到调整、矫正孩子行为的作用。家长的言传身教，让孩子提高分辨是非善恶的能力。

其次是诱导。随着孩子知识的积累，思维抽象能力不断发展，家长通过启发诱导、耐心地讲清道理，在提高明辨是非上下功夫。在理解和尊重孩子的前提下，结合他日常的行为表现，因势利导。对有利于儿童健康成长的言行要发扬，对孩子的错误要区别对待，不论是有意的还是无意的，要有分寸地批评纠正，使他们真正掌握道德概念和行为规范。家长还要充分发挥孩子的能动作用。在如何看待某一事件上，要诱导他们独立地发表自己的见解，仔细听取他们的说法，再给予必要的补充修订，千万不能包办。

最后是实践，根据孩子爱动好学、恋群从众的心理，让他们积极参加各项有益的集体活动。在活动中，具体的是非要求让孩子在集体的氛围中学习，让孩子学会调节和控制自己的行为习惯，并亲自体验到“真善美”“假恶丑”的坏处。通过实践，检验和提高孩子辨别是非的能力，使孩子把正确的道德认识化为实际的道德行动。

父母还要告诉孩子一些是非界限，让他掌握一些是非曲直，告诉他哪些是应该做的，哪些是不应该做的；哪些人的举止行为是善意的，哪些人的言谈举止是恶意的。社会上人心复杂，坏人经常利用孩子的一些善心行骗，因此教孩子识别一些谎言、骗伎，告诉孩子哪些该信，哪些不该信。要通过寓言、童话、故事，特别是生活中的鲜活例子教育孩子，帮助孩子分析，能做出自己的判断。

为培养孩子的是非辨别能力，父母也可适时创设情境，让孩子自由想象。父母和小孩一块玩耍时，任意创设情境，从情境中明辨是非。如玩乘坐公共汽车的游戏，创设让座或不让座的行为，让孩子在具体的活动中去明辨是非。教孩子明辨是非，目的是让孩子树立正确的价值观和世界观，提高自我保护意识。当下安全事故频繁，隐患多，父母教给孩子辨别是非，要保护自己的安全，即使父母不在身边，也可以使自己不受到伤害。

CHAPTER 5

优良的品质

一个人的才能和品质大多是来自于这个人所受的教育。

孩子从生下来起，就开始受环境和周围人的影响。

所谓“近朱者赤，近墨者黑”，

孩子的一切，包括品质，都是从别人那儿学来的。

他接触优秀品质的人就会变得优秀，

接触低劣品质的人就会变得低劣。

把孩子培养成一个品质优秀的人

要想成为一个有成就的、对人类社会有贡献的人，首先要建立起自己独立的人格和优良的品质，因为每一个人都是国家和社会的一员，所以在很大的程度上可以说个人的品质决定着整个国家和世界的命运。

柏拉图曾经在《理想国》中对他心目中未来的理想国家有过详实的描绘。在他勾勒的那个理想国中，他曾说“教育是社会的基础”。我认为这一见解非常高明，我非常赞同他的观点。因此，在儿子小塞德兹刚懂事时，我就告诉他，个人的品质决定着国家的前途。

我时常提醒儿子，我们生存在一个被俗物充塞的世界，人们昏昏噩噩地活着，犹如毫无思想的木头和石块一样，没有个性，没有生机，随波逐流。我还告诉他，要想成为一个有成就的、对人类社会有贡献的人，首先要建立起自己独立的人格和优良的品质，因为每一个人都是国家和社会的一员，所以在很大的程度上可以说个人的品质决定着整个国家和世界的命运。

那种孩子们玩的打仗游戏想必一定是每个人都很熟悉的。因为每一个成年人都曾经是孩子，无论是大人或孩子对此都极为熟悉。在某种程度上，从这种司空见惯的游戏中可以反映出一个人的本质。

小塞德兹最好的朋友就是哈塞先生的儿子格兰特尔，他们总是乐此不疲地玩着战争游戏。当然，在这些看似普通的游戏中，小塞德兹懂得了父母平时对他说的道理，也懂得了更多的书本上或者父母没有教给他的东西。

一天，小塞德兹和格兰特尔约了几个小朋友一起玩打仗游戏。这种游

拙劣的教育影响孩子的品质和能力

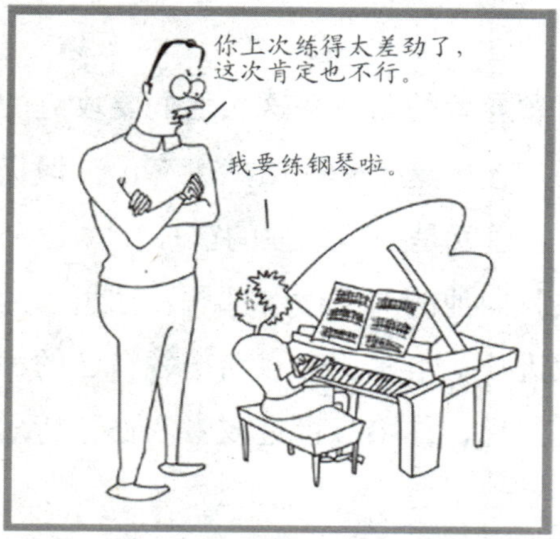

不鼓励孩子做自己喜欢的事情，只会造就俗物。

不与人分享，只会造就孩子自私的品性。

孩子不和同伴玩，会影响他的人际交往能力。

不让孩子去尝试，只会打击孩子的自信。

戏极易激发人的兴趣，我儿子也不例外。每当这个时候，他都显得格外激动和兴奋。

由于小塞德兹比较机智，还有点指挥才能，所以在每次这样的游戏中，他都被推举当一名领导者。诸如元帅、将军或者军团指挥之类的令人羡慕的角色总是由他来担任。

这一次也是，小塞德兹照例充当了领导者的角色。这次他们要攻克的目标是敌人的堡垒——一个废弃仓库的二楼。这个仓库虽然废弃了，但仍然上着锁。因此，他们进入仓库的唯一通道就是一扇破损的窗户。

小塞德兹看起来威风凛凛，他很快就向他的部下做了部署：“由于敌人的炮火很猛烈，我们必须分组分批地进攻。卡尔、麦克斯率领自己的小分队做先锋，吉米、瑞森的小分队紧随其后，作第二批进攻者。格兰特尔负责掩护。”

“那么你呢？”孩子们问小塞德兹。

“我负责指挥，并负责视察战况。”小塞德兹骄傲地说。

“战争”开始了。

卡尔和麦克斯首先冲了上去，他们幻想自己面对着敌人的炮火，或是来回奔跑，或是匍匐前进，或是找掩体躲藏，不一会儿，他们便攻到了“敌人”的“堡垒”下。

“快开枪掩护他们。”小塞德兹向躲在一旁的格兰特尔发出了命令。

“嗒嗒嗒……嗒嗒嗒……”格兰特尔用一根木棍充当机枪，嘴里还不停地发出子弹发射的声音。

“第二分队，开始冲锋，去支援第一分队。”小塞德兹命令下达后，吉米、瑞森也很快勇敢地冲了上去。

就这样，他们四个人像真正的战斗那样冲到了那扇破损的窗户下面。接下来，就要爬这个通向“敌人堡垒的大门”了。由于窗户较高，孩子们又比较矮小，他们需要互相帮助才能爬上去。卡尔和吉米分别踩着别人的肩膀翻了进去。他们四人中的最后一个瑞森是在小塞德兹的帮助下爬进去的。小塞德兹蹲到地上，让瑞森爬到他的身上，在他的肩膀上站稳，然后小塞德兹慢慢站起来。这样，瑞森就能够爬上那扇窗户了。

当瑞森爬进“敌人”的堡垒后，小塞德兹命令格兰特尔也像瑞森那样爬进去。

这时，小塞德兹兴奋地冲着格兰特尔喊道：“快点，我们就要胜利了。”

但是，格兰特尔站在那里一动不动，也不说话。

“你怎么了，格兰特尔？”小塞德兹焦急地喊着，像是怕失去这个胜利的果实一样。

格兰特尔非但没有走上前去，反而慢慢地退到后面去，还低下了头。

“你这是干什么？快点！”小塞德兹又一次下达了命令。

格兰特尔小声地说：“我……我……”那声音就像是蚊子发出的一般。

“你什么呀，快点儿，我们马上就要成功了！”小塞德兹急得大叫。

“不，我不想上去。”格兰特尔说道。

“为什么？”

“那里太高了，我害怕……”

“什么？害怕？”小塞德兹惊异地问。

“是的，我害怕摔下来。”格兰特尔鼓起勇气说出了自己的感受。

他的这句话引来了伙伴们的嘲讽和讥笑。

“哈哈，看来格兰特尔是个胆小鬼。”

“你这个懦夫。”

“我们可都上来了，别拖我们的后腿。”

受不了伙伴们的嘲笑，格兰特尔开始为自己辩解：“你们有什么了不起的？我也不是害怕，只是不想和你们一起玩无聊的游戏罢了。”

“根本就是个胆小鬼嘛！”

“不敢就是不敢，还找什么借口啊。”

“他说我们是瞎胡闹，真是个讨厌的家伙。”

孩子们不停地指责格兰特尔，都对他的行为感到不满。

小塞德兹看见自己的“部下”开始骚乱了，就大声地对部下说：“你们先做你们的事，我来跟他谈！”

大家都停止了议论，静静地看着小塞德兹。只见他走到格兰特尔的身边，按着他的肩膀说：“没什么可怕的，你一直都是个勇敢的人，不是吗？他们都上去了，没事的。”

格兰特尔还是默默无语。

“这样吧，我在下面托着你，他们在上面拉你，这样总没有问题了吧！”

“不，我父亲警告过我不要玩危险的游戏。”

“可这个并不危险啊，再说了，你父亲也不全是对的啊！”

“我其实也不是害怕。你知道的，我这件衬衫是新买的，我不想弄脏它。”

“原来是这样啊！”小塞德兹看了他一眼，表示理解地说，“那行。今天你就不要上去了。你在下面，帮我上去好吗？”

“哦，不，你踩着我，那样也会弄脏我的衣服的。”

“什么？”小塞德兹火冒三丈，气急败坏地大叫，“就为你的衣服，你就不帮我吗？”

格兰特尔又低下了头。

“这个自私的家伙。”

“以后不和他玩了。”

伙伴们也气愤地七嘴八舌地说着。

“威廉，别理他，我们拉你上来。”

这次小塞德兹真的生气了，没有再答理格兰特尔，在伙伴们的帮助下，他爬上窗户，赢得了这场战斗。

格兰特尔一声不吭地走了。

事后，小塞德兹对我说：“爸爸，我再也不想理格兰特尔了，他是个既自私又胆小的人。”接着他又说，“我现在明白你说的那句话的意思了，个人的品质决定国家的命运。如果这次是真正的战斗的话，结果一定非常糟糕。如果每个人都像他这么自私胆小，那我们的国家将会是什么样子啊！”

这时，我满怀着激动的心情看着心爱的儿子，为他这么小就能明白这样的道理而感到高兴和自豪。

一个人的品质大多来自他所受的教育

孩子从生下来起，就开始受环境和周围人的影响。所谓近朱者赤，近墨者黑。孩子的一切，包括品质，都是从别人那儿学来的。他接触优秀品质的人就会变得优秀，接触低劣品质的人就会变得低劣。

自从那次“打仗”游戏之后，小塞德兹很长一段时间没有再去找过格兰特尔，因为他认为格兰特尔的品质有问题，说他不愿意和胆小与自私的人交往。

这是小孩子们之间的事，我当然不便从中干涉。虽然我看见以前交往甚好的朋友变成了陌路人也感到惋惜和难过，但这有什么办法呢？儿子认定的事，别人劝说也是无益的。

即使如此，我们两家人仍然是好朋友。由于我们住得较近，又是多年相识，因此仍像往常一样保持着密切的交往。我和哈塞先生仍然和以前一样经常一起喝下午茶，或者进行那些没完没了的争论。唯一不同的是，我和哈塞先生都失去了另外两个人的陪伴，那就是我的儿子小塞德兹以及哈塞的儿子格兰特尔。

虽然我们都很清楚这两个孩子之间发生了什么事，但谁也不去提起。那毕竟是小孩子之间的事啊。

即使我在这里有意无意地夸奖着自己的儿子，但有一点我很清楚：格兰特尔并非天生就是那么胆小和自私的。

对于孩子来说，他出生之时完全是一片空白。至于他的性格和品质怎样，就如同这个孩子的智力一样，完全归因于他得到了怎样的教育。

在这一点上，我和哈塞先生持有不同观点，各抒己见。

我和哈塞先生的最大分歧在于：他认为一个人的才能、智力以及品质都是天生的，而我却和他恰恰相反，我认为一个人的才能和品质大多是来自于这个人所受的教育。

“不，塞德兹博士。”每当我们谈到这个话题时，哈塞先生都会这样说：“你看看那些伟人和天才吧，无论是科学家、艺术家还是政治家，他们的成就都是源自于他们天生的才能。”

“请说出你的理由。”虽然我们为此争论了无数次，但我仍然要他做出解释。

“请你仔细想一想，像牛顿这样的人，他的才华是别人能教得出来的吗？我看即使有人想教他，也没有他那样的水平。还有那位伟大的达·芬奇，他集艺术家、科学家、数学家、工程师于一身，这不是天才是什么？还有那位令人尊重的莫扎特，他那非凡的才华不是天生的吗？不但是他们的才华，就连他们的品质，他们的那种卓越的气质，也是天生的。我想这是众所周知的。”哈塞先生在这一问题上，总会一口气背出无数伟人的名字并一口咬定他们的才能和品质都是天生的。

“既然这样，那么我们为什么还要教育自己的孩子呢？”我问。

“教育是需要的，但只能是一个必需的工作，并不是决定性的因素。”哈塞先生说。

“那么，你是怎样教育格兰特尔的呢？”我问。

“我认为自己对儿子的教育是正确的。首先，我教育他应该成为一个诚实、守本分的人，应该以一颗爱心去对待别人。无论做什么事我都要求他小心谨慎，不能冒没有意义的风险。”哈塞先生说。

“是的，我认为你是正确的。但不要忘记，诚实、守本分固然好，但我认为更重要的是培养孩子的个性和智慧。”我说。

“个性？我不认为个性是最重要的。”哈塞先生说。

“为什么呢？”

“因为我们每个人都有个性，那是用不着去培养的。”

“那么，为什么有的人个性坚强而有的人懦弱呢？为什么有的人大气磅礴而有的人心地狭隘呢？”

“这个，我想是天生的吧。”

“不，这些都是可以塑造的。孩子从生下来起，就开始受环境和周围人的影响。所谓近朱者赤，近墨者黑。孩子的一切，包括品质，都是从别人那儿学来的。他接触优秀品质的人就会变得优秀，接触低劣品质的人就会变得低劣。”

这样的争论，在我和哈塞先生之间不知发生过多少次，但总是谁也无法说服对方。

正如哈塞先生说的那样，他的儿子格兰特尔的确是一个诚实而守本分的人。但上述的那件事却显示出他的内心缺少一种最重要的品质，那就是勇敢。我想，像格兰特尔这样的孩子肯定是有一颗爱心的，但在某些时候却拒绝帮助自己的同伴，这就是因为他的内心缺少了另一种可贵的品质，那就是无私的精神。归根结底，他缺乏的是一种优秀的个性。他是一个规矩和本分的人，就像他的父亲一样，可是这种人在我们周围比比皆是。这些没有个性的人都可以被称作俗物，而这样的人会有能力做出有价值的事吗？

显而易见，格兰特尔的这种品质完全来自于他的父亲。不是吗？他的父亲哈塞先生也正是这样一个人。

虽然哈塞先生与我争辩过无数次，但他的亲身经历以及他儿子的状况足以证明一个不容置疑的事实：一个人的品质如何，取决于幼年时期的教育。

碰巧，因为一次偶然的机会，我目睹了哈塞先生教育儿子的一幕。

那天，我从外面往家赶，路过哈塞先生的家门口。我看见他正在训斥格兰特尔。

“格兰特尔，你是怎么搞的，把这双刚买的新鞋弄坏了。”老远，我就听见了哈塞先生的说话声。

“我在看其他的孩子玩的时候……被一颗钉子划了一下……”格兰特尔小心翼翼地回答道。

“被钉子划了一下！”哈塞先生生气地说，“跟你说过不要去和那些孩子瞎闹，你就是不听。把鞋子弄坏是小事，弄伤了脚怎么办？那会使你变成残废的。”说着，他又看了看那双鞋，“多可惜呀！这么好的一双鞋。”

“爸爸，对不起。”格兰特尔显得内疚极了，不停地向父亲道歉。

“对不起有什么用。你也真是太调皮了。”哈塞先生很生气，仍然不停地责怪着格兰特尔。

这时，我看见格兰特尔难过得都要哭出来了，便走上前去。

“哈塞先生”，我笑着向他打招呼，“这是怎么回事？你瞧，我们的小格兰特尔多不高兴呀！”

“他还不高兴？”哈塞先生指了指手中的鞋子，“这个调皮的家伙把刚买的新鞋弄成了这个样子。”

“是吗？”我做出不在意的样子，“我看这没什么问题。一条小小的伤痕并不影响这双鞋的作用和美观。哈塞先生，到我那儿去坐一坐怎么样？”

“当然好了”，哈塞先生说，“不过我得先教训教训这个不听话的孩子。”

“孩子嘛，给他讲清道理就行了，何必那么严厉。”我笑着说道。

“不严厉不行，否则他会变得无法无天。”哈塞先生说。

“没那么严重吧！那么我在家等你。”说完我便离开了，因为我觉得在这样的场合下，我说得太多也不妥。

这虽然是一件小事，但使我对格兰特尔及他所得到的教育有了一个较为具体的认识。格兰特尔之所以胆小、自私，大部分原因可能真的要归咎于他父亲的态度和教育方法。

哈塞先生对儿子的做法看似合理，实际却极不明智。首先，在孩子把鞋弄坏之后，他不应该去一味地责骂，而应用合理的态度教育他以后小心一些。因为孩子弄坏了自己的鞋子，心里本来已经很难过，如果再加上父亲的责骂，会更难过，这样一来，就很容易使孩子陷入自责和不安之中，以为自己是一个罪人。

另外，父亲说钉子会划伤他的脚，会使他成为残废，夸大了这件事的危害，使他产生害怕的心理，这就是导致他胆小的原因之一。更重要的是，哈塞先生说格兰特尔与别的孩子一起玩是瞎闹，这就会使他把这件事的不良结果完全都怪罪到别的孩子身上，他会认为如果不和他们玩就不会有这样的事了，这直接导致了自私这种不良品质的出现。那么下一次呢，他肯定会先考虑自己或自己的利益，然后才去想帮助别人。

所以说，父母的教育对孩子品质的形成影响是极大的。人们总是责怪自己的孩子，说他们不听话，缺点太多，甚至说他们糟糕透了，但就是不明白这样一个道理：低俗的教育只能培养出低俗的品质。

细心观察，引导孩子摆脱自私的坏毛病

应该这样说，作为父亲，我对儿子的成长是最了解的，我了解他成长中的每一个细节。小孩子时刻都在变化，在这里，我并非仅仅是指他身体的变化，而更多的是指他头脑的渐渐发育成熟。

沃兹沃思曾经说过："幼儿是成人之母。"这可谓是一句精辟的名言。确实，成人的种种品性与能力，无论从哪方面来说都是在小时候开始形成的。我想，对于此种说法大多数人都应该没有异议吧？所以，我始终认为从某种意义上来说，给予孩子什么样的教育就会造就孩子什么样的品质。

认识我儿子小塞德兹的人几乎都这样说：他真是个好孩子，无论是在学问上还是人品上都堪称一流，他聪明、机智，而且善良、勇敢。甚至有人问我：小塞德兹的这些品质真的是来自于教育吗？难道这不是由于他的天赋吗？

每当这时，我总会回答他们同一个答案：儿子的一切都来自于正确合理的早期教育。

应该这样说，作为父亲，我对儿子的成长是最了解的，我了解他成长中的每一个细节。小孩子时刻都在变化，在这里，我并非仅仅是指他身体的变化，而更多的是指他头脑的渐渐发育成熟。

人的自私似乎是隐藏在内心深处的一种天性。一切为己的想法、幸灾乐祸的念头，无时无刻不在人的内心之中作怪。事实上，这种常常作怪的不良因素也曾经在我儿子小塞德兹身上体现过。

前面说过，自从那次打仗游戏之后，儿子再也不和格兰特尔交往了。但是据我观察，虽然没有交往，可他仍然时时注意着格兰特尔。

一方面，他们毕竟是交往已久的朋友，也是最亲密的伙伴。在他们“绝交”的日子里，小塞德兹常常留心所有与格兰特尔有关的消息，这足以证明他一直关心着格兰特尔，这当然是很好的事。可另一方面，每当听到格兰特尔的坏消息，他总会流露出高兴的神情。虽然这种表现极不易为人察觉，但仍然被我注意到了。这种幸灾乐祸的表现，是人性中一个恼人的缺陷。

由于在那次游戏中，格兰特尔表现出了自私以及胆小的品质，不仅小塞德兹，就连其他的孩子都不再和他一起玩耍了，甚至他们也和小塞德兹一样与他断绝了来往。这样一来，格兰特尔陷入了孤立之中。

小塞德兹仍然和别的孩子一起做游戏，尽情地玩耍，可是他曾经的好朋友格兰特尔却大部分时间不得不把自己关在屋里。

有好几天，我们都没有见到格兰特尔。虽然两个孩子没有来往，但至少我能看见格兰特尔独自在他家的房门外荡秋千，可现在连个人影也没有了，这让我感到奇怪。

“哈塞先生，我怎么好久都没有见到格兰特尔，他出远门了吗？”当我见到哈塞先生的时候，我立刻问他。

“唉，这孩子”，哈塞先生神情沮丧地说，“他病了，已经在家里躺了好几天了。”

“怎么回事？严重吗？”我关切地问。

“据医生说，他的这次感冒是由于病毒感染，有点令人头疼。前几天一直在发高烧，现在好一点儿，但还不能出门。”哈塞先生简单地说了一下他儿子的病情。

“真不幸”，我同情地说，“但愿他快点好起来。请转告格兰特尔，我抽空一定去看望他。”

“谢谢你，塞德兹博士，我会转达你的好意。”

回到家后，我把这件事告诉了小塞德兹，并劝他应该去探望格兰特尔。

“他这是活该，谁叫他那么讨厌。”没想到，一直被我认为懂事并善良的儿子居然说出了这样的话。

“什么？你怎么这样说？”我有些生气地看着儿子。

“本来嘛，这个人既胆小又自私。没有人愿意和他玩，他不病才怪呢！”说话的同时，我发现他的脸上显露出幸灾乐祸的表情。

“你不应该这样说。”我几乎发怒了。

“为什么不能这样说？上次他为了自己的衬衫而不愿意帮助我，这算什么朋友啊！”小塞德兹不服气地看着我。

“无论如何，格兰特尔生病了，而且病了好几天，你这样说他不觉得难为情吗？何况你们还是好朋友。”我尽力给他讲明这个道理，使他不至于陷入狭隘的想法之中而无法自拔。

“是曾经是好朋友。”小塞德兹纠正我的说法。

“好，就算你们曾经是好朋友，现在不是了。但我们两家人一直交往密切，我和哈塞先生相处得很好，又是邻居，出于礼貌你也应该去看看他。”

“我为什么去？你愿意就自己去好了。如果是哈塞先生病了，我当然会去的。可是格兰特尔，我绝对不会去！”

“怎么？你这么恨格兰特尔吗？”

小塞德兹没有回答我，只是嘴唇微微动了一动，似乎想说什么却没有说出来，一副很不高兴的样子。

“儿子，你老实告诉我，你真的这么恨格兰特尔吗？”我问他。

“也不是恨他。只不过……”

“只不过什么？”

“只不过在我需要他帮助的时候他却拒绝了我，我很生气。”

“但是，他伤害过你没有？依我看，除了那件事外，格兰特尔对你一直都很好呀。记得去年的事吗？他知道你喜欢维克多·雨果，便跑遍所有书店买了那套《悲惨世界》的儿童版送给你作生日礼物。你忘了吗？”我耐心地开导小塞德兹。

“当然没有忘。上次我生病的时候，他给我买了很多好吃的水果，还陪了我好几个下午，给我读那些书中有趣的故事。”儿子若有所思地说。

“那么，你想一想，格兰特尔现在不是需要你的关心吗？我想他现在正寂寞地躺在床上，他可能最需要的就是朋友去看他，陪他度过被病痛煎熬的日子。他可能现在最想见的人就是你。”

“我也是这么想的，也想去看一看他。”儿子小声地说，“可是上次那件事……”

“上次那件事在你心中留下了阴影，你是不是觉得这是一个和他重新交往的障碍？”

“是呀，你怎么知道？”

“因为这是每个人都具有的弱点，如果换成我，也会这样的。”

“真的？”儿子听我这样说，精神顿时为之一振。

“当然是真的。儿子，你记住我的话，人性之中有很多弱点，比如狭隘、小心眼……这种品性的恶劣程度一点儿也不亚于自私和胆小。”

“是吗？”儿子不解地问。

“当然，自私和胆小是一个人的毛病，有时的确令人厌恶，但心胸狭隘也同样令人厌恶，甚至更糟糕。你想想，格兰特尔虽然有不对之处，但说不定他现在已经意识到了，正在努力改正。你作为朋友，为什么不给他一个机会呢？”

儿子陷入久久的深思，一句话也没有说。见他这样，我便继续开导他。

“何况，你们都是小孩子，将来是会发生变化的。说不定格兰特尔接受了这次教训，尝到了没有朋友的苦头，以后会改掉自己不好的一面呢？也说不定有一天他还会成为你们当中最无私、最勇敢的一个人呢！”

“咦，这也有道理呀！我怎么没有想到呢？”儿子摸了摸自己的头说。

“还有，如果你仅仅为一点小事就记恨别人，不就成了一个心胸狭隘的小人了吗？这样的人，只能是一个目光短浅的俗物，不可能成为优秀的人。”我看着儿子的眼睛说，“威廉，你自甘成为俗物吗？”

“不，我当然不会。”儿子的脸上突然之间充满了喜悦的光芒，“好，我现在就去看望格兰特尔。”

后来，儿子对我说其实他早就想与格兰特尔和好了，但总觉得似乎有一堵墙隔在自己和格兰特尔之间。听我那样说后，似乎那堵墙一下子就坍塌了。他还说，当格兰特尔见到他时，几乎都要哭了，不停地向他道歉并请求他的原谅，发誓以后再也不会像以前那么胆小和自私了。

事实上，据我所知，格兰特尔后来的确发生了很大的变化，不仅赢得了朋友，还受到了他人的尊敬。

我们又能看到这一对形影不离的小伙伴出入成对地出现在大街上了。对此，我和哈塞先生都感到无比宽慰。

天才和俗物的分界线在于是否有勇气

一个人品质的好坏，都来自于他所接受的教育。对于孩子来说，合理的教育可以造就他优秀的品质，而不恰当的教育则会使他的内心千疮百孔，经不起任何风吹雨打。

之后的日子里，格兰特尔变得非常勇敢，跟以前那个胆小怯懦的他简直判若两人，由此他也受到了人们的尊敬。

“你儿子跟以前相比，有很大的不同啊。”在一次聚会中，我对哈塞先生说。

“是吗？我怎么没有感觉。哪些地方不同了？”哈塞先生吃惊地问我。

“说实话，希望你不要生气。我以前一直认为你儿子是个胆小懦弱的人，但是现在不一样了。”我说道。

“你说什么？我儿子是个懦弱的人？”哈塞先生激动起来，“这怎么可能？我可不这样认为。”

“别激动，哈塞先生，我说的是以前，值得庆幸的是，你儿子现在的确很勇敢。我这样说是有根据的。”

“不，不光是现在。我一直认为他是个勇……敢的孩子。”哈塞先生说到“勇敢”这个词时，似乎有些吞吞吐吐了。

为了让哈塞先生明白我的用意，我把格兰特尔和小塞德兹之间发生的那件事原原本本地向他讲述了一番。他们怎样玩游戏，格兰特尔的表现如何，他们又怎样闹矛盾而互不往来，最后又怎样和好如初，格兰特尔又发生了怎样的变化，等等。

听完我的讲述，哈塞先生惊讶得目瞪口呆，一句话也说不出来。他只知道两个孩子发生了矛盾，好长时间没有说话，后来又和好了。他本来认为这是孩子们之间常有的事情，所以也没有放在心上，没想到中间有这么多的波折。

"是这样 ?! 我怎么一点也不知道啊。"过了良久，哈塞先生终于开口说话了。

"你怎么会知道啊，你一点也不了解孩子们，也没有仔细观察过他们。这句话说得虽然直接了点，但却是客观事实，请原谅我这么说。"

"那格兰特尔又是怎么变化的呢？你说他以前胆小，那如今怎么又变勇敢了呢？"哈塞先生不解地问。

"这正是我想跟你说的。通过这件事也可以看出，人的品质可以通过教育来改变，不良的品质可以通过教育变好。如果一开始就施予正确的教育，那么不就更好了吗？"

哈塞先生似乎没有明白我的意思，只是一声不吭地看着我。

"你还记得上次那个儿童诗歌朗诵会吗 ?"我问哈塞先生。

"当然记得，就是儿童教育专家勃丽丝夫人举办的那个，那真是个有意义的活动。"哈塞先生说道。

于是，我便开始向哈塞先生讲述发生在小塞德兹和格兰特尔之间的另外一件有趣的事：格兰特尔和我儿子一样，也收到了勃丽丝夫人所属的儿童教育协会的邀请函。邀请函的内容如下："为了让你有一个愉快而难忘的周末，也为了让你能够在欢乐中更好地展示自己的才华和学习更多的知识，本协会定于 4 月 5 日在儿童剧场举办少儿诗歌朗诵比赛，希望你能够报名参加，我们期待着你的到来，并在此预祝你成功荣获本协会为你准备的大奖。"

小塞德兹一接到这个邀请函，就马上去找格兰特尔。

"格兰特尔，你收到邀请函了吗？"他一进门，就大声问道。

“收到了。”格兰特尔当时正在看那份邀请函，但是并不像小塞德兹那么兴奋。

“你参加吗？”小塞德兹问格兰特尔。

“你呢？”格兰特尔没有回答，反问道。

“我当然参加了。明天我们一起去报名吧。”小塞德兹说。

“可是我……”格兰特尔还在犹豫。

“难道你不想参加吗？”小塞德兹问。

“不是不想参加，只是……”格兰特尔吞吞吐吐地说。

“只是什么？”小塞德兹奇怪地问道。

“我从来没有参加过这样的比赛，我害怕……”格兰特尔小声地说。

“唉呀，你怎么又害怕了？”小塞德兹焦急地说，“我以前也没有参加过，可我一点也不怕。”

“你真的不怕吗？”格兰特尔问道。

“这有什么好怕的，只不过是朗诵一首诗歌，又不是去打仗。再说，就是真的上战场，也没有什么可怕的。”小塞德兹坚定地回答道。

“我也知道，我现在不像以前那么胆小了。如果真要上战场打敌人，我想我一定会去的。可是让我当着那么多人的面朗读，我还真有点……”

“有点什么？不好意思吗？”小塞德兹打断了他的话。

“是啊。那么多人都在看着，万一读错了，多难为情啊。”格兰特尔不好意思地说。

“你担心这个啊。有什么好难为情的。错就错了，又能怎么样，何况每个人都不可能一辈子不犯错的。”小塞德兹说道。

“这个其实我心里都明白。但是不知道为什么，一想到那么多人在看着我，我就感到紧张。”格兰特尔说。

“我看你一定是想得太多了。其实没什么，你试一试就知道了。一定没有什么问题的。”小塞德兹安慰道。

“那要不试一试？”

“对，试一试就知道了。说不定经过这一次尝试，你以后就再也不紧张了。我们俩一起去参加多好，如果只有我一个人，那多没意思啊。”

在小塞德兹的劝说下，格兰特尔终于同意一起参加这次活动。第二天，他们去报了名。

一周以后，比赛的日子来临了。

那天，儿童剧场聚集了很多人。我们这一区只要有孩子的家庭几乎都到齐了。孩子们有的在玩耍，但更多的是各自拿着自己选好的诗歌在紧张地练习着。

这时，格兰特尔开始紧张起来，或许是因为非常不适应这种场面的缘故。

“威廉，我想放弃了，我紧张极了！”他神色不安地对小塞德兹说。

“什么？在这个时候你想放弃。别啊。”小塞德兹气愤地看着他，“马上就要开始了，你这样太令人失望了。”

格兰特尔默不作声地低下了头。

小塞德兹心想，他一定是不习惯这样场合的气氛，应该鼓励他一下。于是他对格兰特尔说：“格兰特尔，我知道你一定不是胆小，你只是没有放开罢了。你应该放松一下，不要总是想那些令你紧张的事情。你就把这个活动当成一场游戏，一次玩耍，这样就好了。”

格兰特尔没说话，看起来依旧很紧张。

“我觉得现在是最能体现一个人有没有勇气的时候。我想你不是害怕这里人多，而是担心获不了奖，你害怕自己失败，这就是没有勇气的表现。你说你自己能勇敢地走向战场，这我相信，但我认为有勇气面对失败比勇敢走向战场更可贵，你有没有勇气面对失败呢？”小塞德兹激动地对格兰特尔讲了一大堆鼓励的话语，这些话都是平时我用来教育他说的。虽然他可能也并不完全理解这些，但由于我时常对他讲，他已记得滚瓜烂熟，现在就出口成章用来教育别人了。

“真的吗？”格兰特尔似乎有些心动了。

“当然，我爸爸常常对我说，天才和俗物的分界线就在于一个人是否具有勇气。我想你也不愿做一个没有勇气的俗物吧。”

最后，格兰特尔在小塞德兹的激励下参加了这场诗歌朗颂比赛。可能他做梦也没有想到，他在这次比赛中获得了第一名，是和小塞德兹并列得到第一名的。这一天，对于他们俩来说都是一生中最难忘的日子，比过圣诞节还要开心。

当我讲完了这件事，哈塞先生又一次吃惊得张大了嘴巴。在这之前，他和上次一样对这事一无所知。由此可见，这是一个多么粗心的父亲啊！

哈塞先生好像明白了一些道理，他若有所思地对我说：“或许你是对的，人的某些品质确实可以受到别人的影响。”

“不仅仅是影响，一个人品质的好坏，都来自于他所接受的教育。对于孩子来说，合理的教育可以造就他优秀的品质，而不恰当的教育则会使他的内心千疮百孔，经不起任何风吹雨打。”

听完这番话，哈塞先生再一次陷入沉思。

家教延伸阅读

·培养孩子的优秀品质·

在英国基础教育中，品质教育被称为“个人的社会健康教育”，目的是让孩子懂得如何处理人与人、人与环境的关系，懂得做人的基本道理，如何融入社会。其核心的概念主要有：尊重生命、公平、诚实、守信。这些常识一直贯穿在孩子的学习中，一来让孩子学会照顾自己，同时不要妨碍他人；二来让孩子学会诚实待人，不欺骗；三来让孩子学会享受过程。

让孩子养成诚实正直的品质，不受当下不正之风的影响。良好的品质不是被教导的，而是被感染的。虽然有些家长说，诚实正直就意味着让孩子对人对事有什么就说什么，严于律己，宽以待人，明摆着让孩子吃亏、得罪人。但在孩子的成长中，需要真善美作养料，来辨别假恶丑。

让孩子从小就懂得关心和体贴他人，这是培养孩子正义感的基础。关心和体贴他人，还表现在对他人有怜悯之心。虽然当下有很多不良现象给孩子造成了很恶劣的影响，然而教孩子走正路，做堂堂正正的人对孩子的一生影响莫大。

培养孩子的责任感。责任感是一个人安身立命之本，当一个人有了某些能力后，就要对自己的事情负相应的责任。孩子年龄小，做事往往更多地重视过程本身，而不太重视行为的后果。父母要培养孩子的责任感，必须让孩子养成对自己的行为负责的习惯。比如要求孩子做自己力所能及的事情，在家里收拾自己的床铺，上兴趣班时自己准备东西。

培养孩子的自律性，把对孩子的严格要求与他们的行为体验结合起来。孩子的品质发展有一个从他律到自律的过程，父母必须把对孩子的严格要求内化为孩子的一种需要。让孩子多亲身体验，诸如超市买东西排队，如果不排队会产生什么样的后果？通过这样的体验，使孩子懂得要想获得权利，必须履行义务，树立一种对等的观念，养成良好的自律。

培养孩子的自信心。通过学习独立行为，孩子逐渐变得非常有主见，知道自己想要什么，并且为自己寻找一个合理的理由。让孩子建立自信心最好的途径，就是让他独立完成适合其年龄特点的一些事情。刚开始尽量让孩子做简单的事情，以后逐步加大复杂度和难度，让孩子一点点完成，进而培养他的自信。一岁左右，让孩子学习用勺子吃饭，再大一点让他自己学穿鞋。到了合适的年龄，试着让孩子为自己的事情做决定。

培养这些品质，需要父母言教和身教的协调。中国的父母有个毛病就是，言教多，身教考虑得少。对于现在的90后、00后的孩子来说，言教多了他们会不耐烦，所以父母的言教要适可而止。摸清孩子的敏感神经，找准切入点。找对切入点，有时候说一句就管用。

更重要的是身教。父母说自己是怎么做的，以后要怎么做，是怎样考虑的……在孩子脑子里就会形成一个是非概念。让孩子做到的，父母必须先做到。如果父母说话算话，那么孩子就会把父母说的事情也当回事。

CHAPTER 6
给孩子一个好性格

不光是一个人的才华和能力，
就是他的性格很大程度上也是后天形成的。
有的人活泼、开朗，有的人内向、忧郁，
这都和家庭环境有关，也与他早期接受的教育有关。
生活中的孩子，不可能一直都处在快乐之中，
但父母应该教会他们快乐，并积极地为他们创造快乐的环境。

孩子的性格由谁决定

不光是一个人的才华和能力，就是他的性格很大程度上也是后天形成的。有的人活泼、开朗，有的人内向、忧郁，这都和家庭环境有关，也与他早期接受的教育有关。小孩子的头脑就像是一张白纸，任由环境来涂画，就看写的是天才，还是俗物。

哈塞先生诚实、忠厚，遵守社会规范，他时常以自己为榜样教育他的儿子格兰特尔，告诉他做事要小心谨慎，千万不能有任何过激行为。虽然格兰特尔没有什么过人的长处，但他始终是个守规矩的人。对此，哈塞现在已经非常知足，他觉得孩子能做到这些已经很不容易了，因此不再奢求儿子能做什么更大的事情。那些超出他认识范围的事情，都被他认为是痴心妄想。而我则相反，我从来不这么想，我希望儿子能做更多更有意义的事情。只有他完成了别的孩子都完不成的事情，我才会得到满足。

“你不应该要求孩子做这做那，你对他的要求太多太高了。”每当我流露出我自己的观点时，哈塞先生就会大声地驳斥我，“那些事情不是常人能做到的，只有天才才能做到，我们的孩子只是……”

“怎么？你认为我们的孩子太平庸了吗？”每当听到他这样说，我都会忍不住不顾礼貌地打断他。

在哈塞先生看来，我们和我们周围的人都是些凡夫俗子，不可能有任何惊人的成就。而那些所谓的天才都是些遥不可及的、高高在上的人。他对于天才，总是处于仰视状态。其实，天才也是人，这一点也是我和哈塞先生的一大分歧。

“天才，都是天生的才能，是上帝创造的。我们这些凡人，最好别做有朝一日能成为天才的白日梦。”有一天，哈塞先生和我又就这一点辩论了起来。

“是吗？我可不这么看。虽然从字面上来看，你的说法是正确的。但你不要忘了，天才也是人，并不是高不可及的神仙。只要是人，就是能塑造的，就有通过教育成为天才的可能。”我对哈塞先生说道。

“那么，为什么有的人一生碌碌无为，而有的人一生下来就那么优秀。”哈塞先生问道。

“当然，不可否认，先天的因素是有的。比如某个孩子生下来就发育不良或者由于有某种疾病伤害了大脑和身体的哪个部位，但这样的人毕竟是少数。大多数人出生的时候都是正常的，至于今后的成长，就要看父母和老师的培养和教育了，而父母在他成长过程中的作用尤其重要。”我回答道。

“这样吧，塞德兹博士，我看我们再争辩下去也不会有什么结论。我们还是谈谈孩子吧。”哈塞先生看着我，似乎兴致颇浓，“用事实说话，比理论有趣得多，不是吗？”

“当然，我乐意之致。”听他这样说，我当然也很认同，因为这原本也是我的想法。实际上，我已经非常讨厌这种无休止地泛泛而谈了。

“那么，我先来说说我自己的孩子。”哈塞先生开始讲他儿子的情况，“我不想谈什么天才的问题，我来说说孩子的性格。格兰特尔天生内向、腼腆、不爱说话，我和他母亲都曾试图改变他，但一点儿效果也没有。我们希望他能变得活泼开朗，但是毫无办法。我也想让他成为天才，想让他能做更多的事情，也取得非凡的成就，可是，就他这样性格的孩子怎么能去干大事呢？我并没有贬低自己孩子的意思，但事实如此，我又有什么办法呢？”

“内向、腼腆并不是什么不可饶恕的缺点。很多天才式的人物也是这样的。但是尽管如此，这样的性格也并不是天生的，而是后天逐步形成的。”我说道。

“不可能是后天形成的。我看你的儿子威廉性格就挺好的，经常哈哈大笑。难道是你对他用了什么灵丹妙药吗？”

“我能有什么特殊的办法啊。”

“既然你都这么说，那一定是天生的。”

“不，并不是天生的，是受环境影响的结果。”

“什么环境？”

“当然是家庭环境了。家里的人、身边的朋友都有可能对他的性格造成影响啊。难道你不认同这一点吗？”

哈塞先生听我这样说，一时也找不到任何反驳我的话。见他这样，我进一步向他阐述我的观点：“不光是一个人的才华和能力，就是他的性格很大程度上也是后天形成的。有的人活泼、开朗，有的人内向、忧郁，这都和家庭环境有关，也与他早期接受的教育有关。”

“可是我还是不明白，我自认为对格兰特尔的教育是好的，至少也是恰当的。我也曾听说过，有的孩子家庭条件不太好，甚至很糟糕，在这样的环境中成长，会导致他性格上的弱点。但是，你也知道我的家庭环境应该还是不错的，但是你看格兰特尔在性格上还是有弱点，这又是为什么呢？”哈塞先生问道。

“家庭环境好，孩子的性格并不必然会好。”我缓缓地说。

“为什么？难道不好的家庭环境都能让孩子形成好的性格吗？”哈塞先生吃惊地问。

“不，糟糕的家庭环境会造成孩子性格上的弱点，但是好的家庭环境未必能使孩子有一个好的性格。”我看着哈塞先生，停顿了一会儿接着说：“我曾经听说过一件事情，你愿意听这个故事吗？”

“当然。”哈塞先生挪了挪自己的身体，准备听我讲故事。

接着，我给他讲了下面这个故事：

我哥哥有一个孩子，名叫维勃格斯，今年7岁。他个子很高，比同龄孩子差不多能高出一头。但他的性格却和他的身材极不相称，极为内向和

俗物还是天才关键在于父母写的是什么

切忌用“你真蠢”“你是个笨蛋”这样的言语来刺激孩子。

“孩子，你能行”，这是对孩子最大的鼓励。

指责孩子没长进，只能造就俗物。

让孩子放松，给孩子一个宽松的环境。

脆弱。他平时很少说话，除了必须说的话，他总是很沉默。所以他几乎没有玩伴，他大多数的时间都是在孤独中度过的。

人们常常看见他独自一人坐在门边的小凳子上看着来来往往的行人发呆。他似乎从来不笑，因为很少有人看见他笑过，即使是跟很多人在一起的时候。就连在圣诞节这样一个小孩子们都欣喜若狂的节日中，也没有人见他脸上出现过那种开心的笑容。

有人一定会问，是不是他的家庭条件不好？是不是他父母对他不够慈爱？都不是，他的家庭非常幸福，条件也不错，他父母对他都很好，尤其是比他大 5 岁的姐姐对他更是好得没话说。他父母都是受过良好教育的人，他们有教养、知书达理，从来不打骂孩子。那么维勃格斯为什么会是这样的性格呢？

事实上，他原本不是这样的，我对他的这一变化再清楚不过了。在维勃格斯 4 岁的时候，最疼爱他的祖母去世了，那真是一件令人非常难过的事情。我想，大多数孩子都会经历这样的事情。祖母或者祖父去世虽然令人难过，但也是一件司空见惯的事情。大多数孩子会随着时间的推移慢慢忘记这些不愉快，开始新的生活。但是维勃格斯不同，他在这件事情上受了很大的打击。事实上，造成他之后沉默寡言的原因并不完全是祖母的去世，而是因为他妈妈跟他说的一句话。就是这句话，导致了他后来的性情大变。

祖母去世那天，维勃格斯伤心欲绝，不停地哭泣。这时，他母亲把他抱起来。

“可怜的孩子，不要哭了。”母亲说道。

“不……不……，我要祖母。” 维勃格斯哭着喊着。

“孩子，祖母已经不在了，你永远不可能和她在一起了。”母亲说。

听到母亲这样说，维勃格斯哭得更厉害了，无论怎么样都不能使他安静下来。

“好了，不要再哭了，维勃格斯。再说，你哭也没用，人都是要死的。”

很显然，他母亲已经失去了耐心，并在他身上轻轻打了一下。

“照你这么说，我也会死吗？” 维勃格斯睁大了眼睛，吃惊地问道。

“当然了，不光是你，我们都会死的。”或许他的母亲那时候也很忙乱，不假思索地说了这样的话。

从此之后，维勃格斯就像是变了一个人，再也听不到他爽朗的笑声了。

听我讲到这里，哈塞先生情不自禁地摇摇头说，“不该这么说。对孩子影响太不好了，哎……”

“是吗？你也这么认为？” 我问哈塞先生。

“当然。在那种情况下，孩子伤心是很正常的，做母亲的应该想方设法去安慰他，而不是没有耐心地跟他说那句话。对大人说或许还没什么，但对一个孩子来说，太残忍了，他能接受这样的事实吗？” 哈塞先生激动地说着，语气中略带气愤。

“你说得对，哈塞先生。后来，维勃格斯每天都在担心身边的人不知道哪天就会离自己而去，担心自己也不知哪一天就突然死去。从此以后，这个可怜的孩子就笼罩在了死亡的阴影中。他现在才7岁，太令人痛惜了。” 说完我叹了一口气。

哈塞先生沉默了很久，好像在思考什么艰深的问题，过了很长时间，他才慢慢说道：“由此看来，家庭环境对孩子的性格确实有很大的影响，特别是生活上的一些细节，但正是这些细节，却常常没有引起我们足够的重视。”

“是啊。小孩子的头脑就像是一张白纸，任由环境来涂画，就看写的是天才，还是俗物。” 我很有感慨地说道。

性格的基础在儿时已经形成

在我们周围，接受有很多像哈塞先生这样的人，他们都这样对待孩子。大多数父母都是为孩子好，尽管他们无论对孩子说什么做什么都是出于善意，但是他们总是忽略了一些看似微不足道的小事，殊不知，正是这些小事，影响了孩子的一生。

很多人都知道，人的性格是在小时候形成的，但是很少有人愿意思考这个问题，这不得不令人遗憾。哈塞先生这样一个很有学识的人尚且如此，其他人就更甭提了。

“我承认，格兰特尔的成长环境的确造成了他性格上的缺陷。作为父亲，我以前一直没有意识到，真是罪过。我真是太愚蠢了。”在明白了这个道理后，哈塞先生不无懊恼地跟我说。

“哦，哈塞先生”，看到他那样沮丧，我觉得应该安慰他一下，“虽然在这之前你没有认识到这个问题，但也犯不着那样失望。毕竟格兰特尔才七八岁，今后还有相当长时间，我想这一切都是可以改变的。”

“是吗？”哈塞先生用充满惊喜的目光看着我，似乎抓住了一根救命稻草。

“我想，格兰特尔虽然在性格上有一些不尽人意的地方，但并不是不可弥补的。人是可以变化的，这一点你应该认识到，这是亘古不变的真理。我想，只要受到恰当的教育，格兰特尔一定会变得好起来的。”我对哈塞先生鼓励道。

“那么，我应该怎样做呢？”哈塞先生急切地问。

“如果方便的话，我想先听你谈一谈格兰特尔的成长经历，你对此应该是了如指掌的。只有了解了这些，才能对症下药。了解了原因，一切也就变得容易了。”我对哈塞先生说道。

哈塞先生沉默了一会儿后，便向我讲述了格兰特尔在幼儿时期经历的一些事情。这些事情都很繁琐，而且他讲得也毫无条理。在此，我挑一件较有典型意义的事情说一下。

哈塞先生的家庭条件是很优越的，不仅是生活上的富裕，他们夫妻俩都受过良好的教育。他们对孩子自有一套教育方法，同时也极力给孩子创造各种学习条件。

照此看来，格兰特尔应该有一个非常令人羡慕的童年，应该是一个非常幸福的孩子。从他两三岁开始，哈塞先生就开始教育他了。不仅教他说话、识字，还教他绘画和音乐。像大多数生活富裕的家庭一样，哈塞先生为格兰特尔专门请来了家庭教师，并且这个教师也是受过专业训练的水平很高的人。

值得一提的是，哈塞先生本人也是一个音乐迷，也会演奏乐器，他的钢琴演奏水平堪称是业余演奏者之中的“大师”。真的，他的演奏棒极了。他们家每周举行一次的聚会就是一个有力的证明。每到周末，总会有许多朋友欢聚在哈塞先生的客厅中聆听音乐，当然这些人之中不光有对音乐入迷的业余爱好者，也时常会有一些职业音乐家。

哈塞先生曾对我说过，他从小就想成为一个伟大的音乐家，但或许是命运捉弄了他，使他未能如愿。所以，他这一生最大的心愿就是自己的儿子能够成为音乐家，以完成他的理想。为此，哈塞先生不但自己亲自教格兰特尔音乐，还为他请了专业水准很高的老师，教他钢琴演奏和理论知识。

遗憾的是，总有很多事情事与愿违，格兰特尔对此毫无兴趣，而且看起来也没有一点这方面的天赋。为了达到父亲的要求，他非常努力地练琴，但总是进展缓慢，甚至在学了一年之后，仍然不能完整地弹奏出一支难度较高的曲子。对此，不仅是格兰特尔自己，他的父亲和音乐老师也很无奈，并且很头疼。那位音乐老师有好几个学生，他们中最笨的孩子也比格兰特尔强，他甚至劝说哈塞先生放弃对格兰特尔在音乐方面的培养。

“不，让他成为音乐家是我最大的心愿。”每当老师劝他时，他都会很激动地这么说。他不愿承认儿子并没有音乐天赋。

音乐教师见哈塞先生如此坚决，也只好硬着头皮教下去。但尽管他们都付出了努力，结果仍然没多大改变，格兰特尔丝毫没有进步。

在一次周末的聚会上，客人们兴致勃勃，还提出了一个建议：请格兰特尔也为大家演奏一曲。对于格兰特尔以及他的父亲和音乐教师来说，这样的提议无疑是他们最担心的事。可是，客人们已经提出了这个建议，又有什么办法拒绝呢？

格兰特尔一句话也不说，拼命往角落里躲，似乎是遇见了一件人生中最可怕的事。哈塞先生也非常窘迫，因为人们都知道他儿子也在学习音乐。他自己在这一方面很有才能，如果儿子太糟糕的话，也不像话。音乐教师更是显得不安，他对格兰特尔的水平太了解不过了，如人们知道了他教出的学生这么差劲，那么他就会名誉扫地。在这一刻，他们三个人都怀揣心事，因此，他们的表情都非常奇怪，这令客人们感到很惊讶。不过也没有办法，既然有人提议了，那就不好扫客人的兴。哈塞先生和音乐老师互相看了一眼，一起走到了格兰特尔面前。

“格兰特尔，你听见了吗？大家都想让你演奏一曲。”哈塞先生小声地跟格兰特尔说，并极力保持冷静。

格兰特尔仍旧一句话也不说，只是拼命地摇头。

“怎么啦？格兰特尔，你害怕了吗？”音乐老师也开始劝说他，“没事的，别紧张，你只要弹一点儿就行，一小段音阶就可以了。”

“不，我害怕……，我怕弹不好。”

“你可以弹的，今天上午的那一段音阶就很连贯。你不想再试试吗？”音乐老师安慰他道。

在父亲和老师的鼓励下，格兰特尔终于鼓足了勇气走到钢琴前坐了下来。但是，尽管如此，格兰特尔仍旧慌乱至极，简直无法让自己平静下来。他看了一眼音乐教师，又看了一眼父亲，坐在琴凳上不知所措。人们都静静地看着他，那种友好的目光在格兰特尔看来却像是一把把锋利的尖刀正无情地刺向他。

又过了很久，格兰特尔终于开始演奏。但没有弹出几个音就突然停了下来，并且连那几个音也弹错了。这时，格兰特尔再也无法控制自己，从琴凳上跳起来迅速地向自己的房间跑去。他低着头，几乎没有丝毫的停顿，他一定感到无地自容。

哈塞先生见状，也从座位上站了起来，急急忙忙走到格兰特尔已经紧闭的门前，打开门，走了进去。他看见格兰特尔正趴在桌子上伤心地哭着。

或许是因为生气，或许是因为格兰特尔让他太丢人了，他非常生气地呵斥格兰特尔："你怎么会这样，客厅里坐着那么多人，简直太不像话了。学了这么久，居然连最简单的也不会弹，真是太笨了。"

与此同时，客厅里传来了一位客人的说话声："女士们，先生们，下面请爱娜小姐为我们弹一首，好不好？"

"好啊。"人们一致赞同地鼓掌。

爱娜小姐是个只有4岁的小姑娘，是瓦里兹医生的小女儿。哈塞先生停止了对儿子的训斥，仔细地听了起来。格兰特尔也和他父亲一样，竖起了耳朵，想听听别的小孩子会是什么样的水平。

客厅里传来了一阵悦耳而优美的钢琴声，这不仅让哈塞先生吃惊，更让格兰特尔感到难过。哈塞先生的吃惊是因为那个小女孩居然有如此高的水平，格兰特尔的难过却来自于他内心的惭愧。

"你听听，人家弹得多好。"哈塞先生又开始训斥儿子，"爱娜小姐比你还小几个月呢，你真笨。"

从此之后，无论父亲怎样劝说和威逼，格兰特尔再也不愿意碰一下钢琴，学习就更甭提了。这样一来他从以前不喜欢音乐而变成了讨厌音乐，无论多美的音乐在他的耳中都是令人厌恶的噪音。不仅如此，格兰特尔还从以前的活泼好动变得内向起来，像完全变了一个人，这真让人感到遗憾。

看到这里，也可能有人会问，就这么一件小事，就可以让一个人的性格发生如此大的变化吗？我的回答是肯定的。在我们周围，有很多像哈塞先生这样的人，他们都这样对待孩子。大多数父母都是为孩子好，尽管他们无论对孩子说什么做什么都是出于善意，但是他们总是忽略了一些看似微不足道的小事。殊不知，正是这些小事，影响了孩子的一生。

教给孩子经过斟酌选择的知识

一些心怀恶意的人向孩子们灌输那些无聊的东西，使他们原本纯洁健康的心灵受到不良影响，这样极易导致他们形成坏的性格。更令人遗憾和生气的是，有些父母也向孩子讲述那些有害的故事，在无形中伤害了孩子本来健康的内心世界。

幼儿的头脑宛如一张白纸。在这张洁白的纸上绘出的每一笔和每一划，都将影响着孩子性格的形成。所以说，教给孩子经过精心选择和认真斟酌的知识是最关键的一步。

令人感到悲哀的是，有些父母却没有意识到这一点，他们把大量毫无用处的，甚至是有害的知识毫不犹豫地灌输给孩子，去充塞孩子的头脑，这样的一些知识会对孩子性格产生怎样的影响，结果是可想而知的。

对于小塞德兹的教育，我在这一点上非常重视。从不给他灌输那些糟糕的东西，而且对于教给他哪些知识，我总是要经过慎重的思考才作决定。

通常，小塞德兹和他的好朋友格兰特尔在外面玩得疲倦之后总会先到我们家里来休息，喝一些饮料或吃一些点心。虽然每一次都很累，但他们在进门时总是兴致勃勃，似乎仍然保持着玩耍时的兴奋劲儿。

然而这一天，他们显得特别沮丧，而且无精打采，这让我感到非常奇怪。

“威廉，格兰特尔”，我像往常那样和他们打招呼，“今天怎么啦？怎么看起来一点精神都没有，是不是有人欺负你们两个了？”

“不，爸爸，没有谁欺负我们，但我和格兰特尔都难受极了。”说着，小塞德兹看了一眼格兰特尔，“是不是，格兰特尔？”

“是的，塞德兹先生，我们难过极了。”格兰特尔看着我说道。

“为什么？什么事能让你们这两个小调皮感到难过？”我笑着问他们，以为一定是他们又在调皮捣蛋。

“爸爸，你说会有世界末日吗？”他们极其认真地异口同声地问我。我既感到可笑又觉得很诧异。

“什么？世界末日?!”我问他们，“你们怎么会有这样的想法？”

“哦，塞德兹先生，这不是我们想出来的，而是一个很有本事的人告诉我们的。”格兰特尔抢先回答道。

“谁？哪一位有本事的人？”我奇怪地问。

“是一位巫师。”小塞德兹回答道。

“巫师？”听他们这样说，我差一点笑出声来，“你们居然相信什么巫师？我的上帝，你们太容易被欺骗了。”

“不，他是个很厉害的人。他不会骗我们的。”格兰特尔说道。

“他没有骗我们，他有法术。”小塞德兹也为那个巫师辩解。

“那么，那个巫师在哪儿？”我问道。

“就在兰特大街的路口旁，刚才我们还和他说了话呢。世界末日就是他说的。”小塞德兹回答道。

见他俩并非开玩笑的样子，我立刻警觉起来，很严肃地对他们说：“到底是怎么回事？你们能告诉我吗？”

“是这样的，今天下午我和格兰特尔从莱恩斯家出来……”于是，小塞德兹就给我讲述了他们刚才所遇到的事。

原来，当时小塞德兹和格兰特尔正走在兰特大街上，兴致勃勃地谈论着在莱恩斯家吃的那些美味。今天是他们的朋友莱恩斯的生日，那些他们平时相识的孩子们都去参加生日聚会，他们玩得非常开心。他们甚至开始展望自己的下一个生日也要像莱恩斯的那样过，“我下一次过生日时也要像莱恩斯那样，准备各种好吃的东西……”“我还要开一个游园会。”“对，开一个游园会，还要举行表演，让朋友们都来参加。”就在他们谈论得兴高采烈的时候，一阵轻轻的笑声引起了他们的注意，那笑声听起来颇有嘲讽的味道。

他们闻声望去，看见路边的一个角落里坐着一个长相怪异、穿着奇特的人，那个人正在那儿看着他们。很显然，那笑声就是他发出来的。

“这个人有点怪。”格兰特尔小声地对小塞德兹说。

“是的，我也注意到了。”小塞德兹压低了嗓子说，“他在笑什么？他是在笑我们吗？他是谁？”

“对呀！我就在笑你们这两个小子。”没想到，他们的谈话居然被那个人听到了。

“你在笑我们吗？我们有什么可笑的。”小塞德兹冲着那个人大声地说。

“当然可笑了。”那个人看着小塞德兹说道。

“我看你才可笑呢，你的样子太奇怪了。”格兰特尔说。

“是吗？你们这两个小东西什么都不懂，你们有什么可高兴的，你们难道不知道世界末日就要到了吗？”那人以嘲讽的口气说。

“什么？世界末日？”小塞德兹和格兰特尔好奇地问道。

“当然，世界末日就要到了，你们居然还在谈论什么下一个生日，这还不让人觉得很可笑吗？在世界末日那一天你们都会死，还有下一个生日吗？太可笑了。”那人扬扬得意地说道。

“不可能。你骗人！”小塞德兹气愤地说。

那人没有说话，而是突然向他手里拿着的一支没点燃的蜡烛吹了一口气。眨眼之间，那支蜡烛突然猛烈地燃烧起来，一团极强的火焰向前面喷了出去。

“哇！”小塞德兹和格兰特尔吃惊地大叫起来。

“这是怎么回事？太不可思议了？”

“难道这就是法术吗？”

他俩七嘴八舌地议论起来。

“当然，你们这两个孩子都看见了，这就是法术。”那人非常得意地说道。

“你是谁？”格兰特尔好奇地问。

“你们猜猜看。”那人笑着说道。

“哦！我知道了，你一定是个巫师。”格兰特尔兴奋地说道，仿佛遇见了他朝思暮想的人。

“这个小子真聪明。我当然是巫师了，要不然我怎么会有这样的本事。”

听说那人自称是巫师，小塞德兹和格兰特尔都好奇地凑到他身旁去。

“既然他是巫师，那么他就一定能够预知未来，知道以后会发生什么事情啊，书上都是这么说的。”格兰特尔对小塞德兹说道。

“书上是这么说的，可见他说的话也一定有道理。”小塞德兹也相信了那个人的话。

后来，那个自称巫师的人给他们讲了一大通有关世界末日的事，并要他们对世界末日有所准备。

就这样，小塞德兹和格兰特尔一下子就莫名地感到非常难受，刚才那种欢欣喜悦的心情转瞬间就消失得无影无踪。

听完他们的叙述，我非常生气，马上就带两个孩子去兰特大街，但是那个自称巫师的人早已不见了，估计早就走了。

我认为这件事对于孩子们来说影响极坏，于是就打算与他们详细谈一谈。我把他俩带到了客厅，让他们安静地坐在椅子上。这时，他们仍然显得那么悲伤和忧郁。

我问他们：“你们有没有想过刚才你们碰见的那个所谓的巫师是骗子？”

格兰特尔说：“可他说得有道理，书上都是那么说的，而且他有法术。”

小塞德兹也说：“是呀，他撒谎有可能，但法术却是真的，是我们亲眼所见的。”

我又问：“那么你们见过魔术表演吗？”

两个孩子齐声回答："当然见过。"

我问道："那么你们认为那些表演魔术的人都是巫师吗？"

这一下，他们都呆呆地看着我，不知道该说什么了。

小塞德兹若有所思地说："是呀！我们怎么没有想到，那些魔术师也会这样的表演。"

于是，我给他们讲了很多道理，并介绍了有关宇宙方面的很多知识，让他们明白那个巫师宣传"世界末日"无非是想哗众取宠。我以大量的事实和科学的知识证明了那个"巫师"是个骗子。最后，小塞德兹和格兰特尔都非常后悔，并感到不好意思，认为自己太幼稚了，居然会相信那些骗人的鬼话。经过一番讨论之后，两个孩子终于从悲观的情绪之中走了出来，又像先前那样有说有笑，又开始计划他们的生日了。

在生活当中，常常会遇到这样的事情。一些心怀恶意的人向孩子们灌输那些无聊的东西，使他们原本纯洁健康的心灵受到不良影响，这样极易导致他们形成坏的性格。更令人遗憾和生气的是，有些父母也向孩子讲述那些有害的故事，在无形中伤害了孩子本来健康的内心世界。可见，有所选择地让孩子学习知识是多么重要的事。

违背事实的神话会给孩子带来恶劣影响

斯特尔开始也不是唯命是从的，他曾是一个大胆且独具个性的孩子，他也和大多数的孩子一样，经常向他父亲问一些他无法理解的问题，他和天下所有小孩子一样对这个世界充满好奇和探索之心。只不过，他没有得到他父亲正确而有效的引导。

一般人都认为神话和传说，在小孩子的成长过程中发挥着重要作用。但我却认为那些违背事实的神话和不合情理的传说将会对孩子造成不可想象的恶劣影响。人们把各种教义、信条、上帝的惩罚、地狱的折磨等莫须有的恐怖故事讲给孩子听，也不管孩子是否愿意，都一股脑儿灌输给他们。结果孩子不但失去了个性，脑子里还净是这些鬼怪故事。

长此以往，孩子们的个性就没有了，除非有人告诉他们怎么做，否则他们什么都做不了，这种失掉了能动性的人只会像木偶一样。在我看来，世界上再也没有比这种事更可怕、更危险的了。

哈塞先生的表兄温斯特·米盖尔是一个虔诚的教徒，他对孩子的教育完全是宗教式的。当然，用宗教去约束一个人的坏行为也并非是错误的。但温斯特先生却成天用教义和教条死板地管教儿子，并常常用地狱来吓唬孩子。

在温斯特先生的小儿子斯特尔只有 6 岁的时候，人们就已经无法从他的脸上看到这个年龄的孩子常有的那种笑容了。这完全是由于温斯特对他施行的不恰当的教育的结果。对于温斯特先生的这种做法，我真不愿意使用“教育”这个词，因为他采用的方式简直是对教育的亵渎。然而，这样

如何教给孩子恰当的知识

用“地狱”等吓孩子，只会把孩子变成胆小鬼。

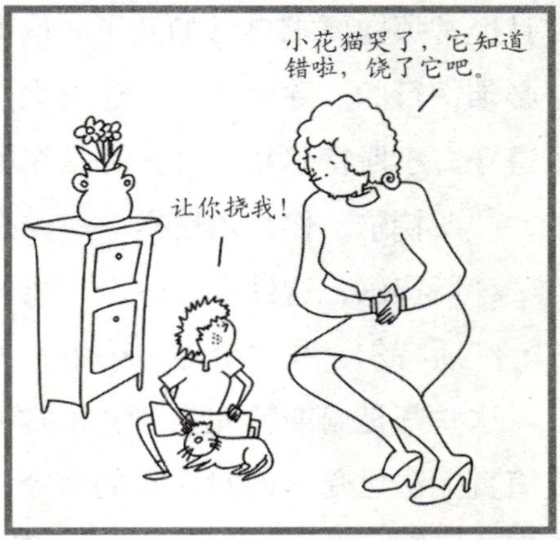

教给孩子正确的道理，促进他身心健康成长。

不要动不动就训斥孩子，阻碍孩子天性的发展。

正确引导孩子，让他学会体谅别人。

的“教育”在现实中是随处可见的。

温斯特先生对孩子教育的最大特征就是让孩子必须服从他自认为正确的教规，并用恐怖故事吓唬孩子。我们应该知道，有很多故事是不适合儿童的，至少有些是他们那个年龄无法理解的，但温斯特先生不这么认为，并且经常那样要求自己的儿子。晨祷和晚祷是必不可少的，饭前的祷告也是必须例行的。除此之外，还有大量的教条和守则要求这个只有 6 岁的孩子遵守。小斯特尔几乎每天都是在尽力完成这些教条的要求下度过的。

“斯特尔，你必须这样……你必须那样。”

“斯特尔，这件事你一定不能做……”

“斯特尔，我命令你……不许……”

这些都是温斯特先生对儿子常说的话，而且那种可怕与冰冷的语气使我简直无法忍受。面对这样的命令，斯特尔又有什么样的反应呢？我可以肯定地回答，他什么反应也没有。他能够说的只有这些：“是，爸爸”，“好的，爸爸”……除此之外，这个弱小的孩子在面对父亲毫无道理的要求时还能有什么其他的反应呢？除了绝对的服从还是绝对的服从，他没有别的选择。

有人或许会问：那个孩子不知道反抗吗？不会说“不”吗？要知道反抗可是人类的天性。他当然有这种天性，但不幸的是，他的这种天性已经被抹杀掉了。原因很简单，就是因为那些糟糕的恐怖故事他听得太多了。他父亲经常用这些胆战心惊的故事吓唬他，使得他什么都要听大人的话。

实际上，斯特尔开始也不是唯命是从的，他也曾是一个大胆且独具个性的孩子，他也和大多数孩子一样，经常向他父亲问一些他无法理解的问题，他和天下所有小孩子一样对这个世界充满好奇和探索之心。只不过，他没有得到他父亲正确而有效的引导。

“斯特尔，你在干什么？难道我教你的你都忘了吗？为什么还没有祷告就开始吃东西？”有一天，当温斯特先生看见斯特尔没有祷告就开始吃晚饭时这样训斥他。

“爸爸，我实在是太饿了，我能先吃点吗？”小斯特尔虽然被父亲的呵斥吓了一跳，但仍然很友善地向他父亲祈求和解释。

“人都是在饿的时候才吃东西，谁不知道这一点。我们都饿极了，又不只是你一个人，但我们都要在做过祷告之后吃饭。”温斯特先生怒气冲冲地说道。

“可是……”

“可是什么，没有什么可是，我的要求你必须做到，否则……”

温斯特先生说到这里，便停了下来，好像什么事也没有发生似的虔诚地开始祷告。

家里的其他人也连忙跟着他开始祷告起来。斯特尔见大家都这样，也做出一副虔诚的样子，但心里总是被无数个问号所占据。

做完祷告，温斯特先生和大家一起开始用餐。其他人都小心翼翼地用刀叉取食物，只有温斯特先生一个人显得那么从容不迫，就好像什么事情也没有发生一样。

“爸爸，能问你一个问题吗？”斯特尔怯生生地说。

“什么问题？”温斯特先生一边吃一边说。

“吃饭前为什么一定要先祷告？”

“因为我们要感谢上帝赐予我们食物。”

“上帝需要我们感谢吗？”

“当然了。”

“可是，上帝是非常爱我们的，所以他无私地给予了我们一切，我认为……”

“你认为什么？”

“我认为上帝不需要我们感谢。”斯特尔说这话的时候鼓足了很大的勇气。

“上帝当然是不需要我们感谢的，但是我们要学会感恩，要感谢他，所以我们要做祷告。”

“为什么？”

“没有那么多为什么。你只要去做就行了。不要问那么多。好多事情是没有为什么的。”温斯特先生开始失去耐性了。

“为什么……”斯特尔不解地问。

“啪”的一声，温斯特先生用巴掌在斯特尔头上打了一下，并火冒三丈地说：“我告诉你不要再问为什么。”

“为什么？我不明白。”斯特尔这时委屈地哭了起来。餐桌上一阵沉默，除了斯特尔的哭声外，其他人都静悄悄地呆坐在那里，一言不发。

过了一会儿，温斯特先生终于说话了：“好吧，我告诉你为什么。因为你不做祷告就会下地狱，去受那些最大的痛苦。”接着温斯特先生就向儿子夸张而不负责任地描述了地狱里的可怕景象，并对他说，如果再不听话，就会被打下地狱。

斯特尔就是在这种极其不负责任，而且愚昧的教育之中成长起来的。慢慢地，他也就相信了父亲说的那些话。从此之后，他做任何事情都小心翼翼，胆战心惊，再也不敢违抗他父亲的任何话。

斯特尔现在已经17岁了，但他对人仍然唯唯诺诺，虽然已是个大男孩，但丝毫没有男子汉的气概，他已经彻底变成了一个懦弱且毫无个性的人。

当哈塞先生向我讲了这件事情后，我感到很气愤，也很惋惜，他父亲怎么能这么教育孩子，这不是毁了孩子吗。他不仅强行让儿子服从自己的意愿，而且还编造一些无聊的故事，不但对孩子造成了很大的伤害，也是对上帝的不敬。在我看来，温斯特这样的人才该下地狱。

教孩子拥有快乐生活的乐观性格

从周围的人来看，我发现一个人是否幸福往往取决于这个人有什么样的性格。“生活中有很多不愉快的我们不想碰到的事情，但过去的就让它过去吧。我们要过好现在的每一天，并多想想明天的快乐生活。”生活中的孩子，不可能一直都处在快乐之中，但父母应该教会他们快乐，并积极地为他们创造快乐的环境。

儿子一天天地长大，每当我看到他那可爱的模样时，就下决心一定要使他成为一个有鲜明个性、充满活力的幸福的人。从周围的人来看，我发现一个人是否幸福往往取决于这个人有什么样的性格。所以，在小塞德兹的成长过程中，我把培养他良好的性格始终放在极其重要的位置。

由于某种原因，小塞德兹不得不离开家去他舅母那儿居住一段日子。在此之前，小塞德兹从来没有离开过我，这是他第一次出远门。我完全能想象出他是多么的难过，多么的想家。他几乎每隔一天就会给我写一封信，讲述他在那边的生活和感受。虽然他当时还不到7岁，但已经能用文字很娴熟地表达自己的想法了。

在那些信中，儿子告诉我，他生活还好，舅母待他也很不错。只是舅舅长期在外面工作，家里就剩下舅母和表姐，这一点令他感到有些尴尬，他觉得他是个有勇气的男孩子，不愿意整天和女人们待在一起。因此，他除了在外面捉蝴蝶和采集标本外，几乎每天都是在闷闷不乐中度过那些孤独的日子。

虽然那时候工作非常繁忙，但我仍然一有空闲就去看他。尽管花在旅途之中的时间很长，我仍坚持每隔一个星期就去看他一次。儿子告诉我，星期天对于他来说是最幸福的日子，因为这一天他能见到我。其实，在那段日子里，每逢星期天去看儿子对于我来说也是一件令人高兴和有意义的事。我不但见到了心爱的儿子，也暂时忘记了平时生活中的烦恼，更能够在轻松之中享受大自然带来的快乐。由于小塞德兹的舅母居住在乡村，所以带着儿子去田野和树林中漫步就成了一件必不可少的事。

又是一个星期六，我像往常一样在匆忙之中赶到了儿子的舅母家。还未进屋，我就高声大喊起来："威廉，威廉，我来了……"

往常儿子一听到我的声音，就会立刻跑出来，欢天喜地地跑到我跟前，跳到我身上，用手紧紧搂住我的脖子。但这一天，儿子不但没有跑出来，而且连他的声音也没有听见。这时，我感到很奇怪，难道发生什么事情了？难道他不在家？但又觉得不对，儿子应该知道我今天会来的，他肯定不会出门。

正当我想去敲门的时候，门开了，米娜丽斯站在了门口。米娜丽斯是儿子的舅母，是一个善良的女人。接着，爱莎贝尔也从房间里出来了，她是儿子的表姐，比儿子大一岁，是一个非常漂亮可爱的女孩。

"你好，塞德兹。"

"你好，塞德兹叔叔。"

母女俩不约而同地向我问好，对我表示欢迎。

我向她们问好后，就探头看她们的身后，可是什么也没看到，没看见儿子的踪影。

"塞德兹，先进屋再说吧。"米娜丽斯似乎已经看出了我的惊讶和不安，连忙把我让进了屋，并把我带到了儿子睡觉的房间，她轻轻地推开了门。

一进门，我就看见儿子躺在床上。我吃惊地看了米娜丽斯一眼就连忙走了过去，俯下身子看儿子。

"他病了。真不幸，我真为他难过。"米娜丽斯沮丧地说道。

"怎么回事，是感冒了吗？"我问。

“是的，从昨天开始他就发高烧，我已经请大夫看过了。今天比昨天要好一些。”

这时，儿子也许被我们的谈话声吵醒了，慢慢地睁开了眼睛。

“是你吗，爸爸？”儿子一看见我，立刻非常兴奋地喊了出来，还竭力想坐起身来。

“躺着别动。你生病了，儿子，要好好休息。”我关心地说道。

这时，米娜丽斯和她女儿爱莎贝尔悄悄地关好门出去了。房间里就剩下了我们父子俩。

“爸爸，我太想你了。”

“儿子，我知道，爸爸也非常想你。”

“这几天我难受极了。”

“当然了，生病了本来就让人难受。”

“我说的不是生病，在这之前，我就很难受了。”

“这是为什么啊？有什么事情让你不顺心吗？”

“也说不清楚是什么，就是心里觉得不好受。”

接着儿子给我讲述了近些天来的感受：

小塞德兹拿着捉蝴蝶的网来到了田野，各种颜色艳丽的花蝴蝶在阳光下飞舞，它们欢乐的模样真是美极了，那些蝴蝶身上的颜色在阳光的照耀下显得更加夺目。

他举起杆子向一只蝴蝶舞了过去，一下子就将它网住了。如果是在平时，蝴蝶会在网里飞跳不停，想要挣脱出去。可是这一次，那只蝴蝶却一动不动地停在那儿。他小心翼翼地翻开网子，想看看是怎么回事，又害怕它突然逃掉。

可是，当他把蝴蝶的翅膀捏在手上的时候，发现它已经死了，或许是他刚刚捕捉它的时候在无意间用杆子将它打死了。不知是什么原因，在看到死蝴蝶的那一瞬间，小塞德兹突然难过起来，他认为自己无缘无故地杀死了一只蝴蝶是一件有罪的事情。突然之间，晴朗的天空和灿烂的阳光一下子就在他的心中消失得无影无踪，在他的心里只剩下了黑暗，在以后的好几天里，他一直被这种罪恶感所折磨，认为自己残酷地杀害了一个小生命。其实，这是小孩子们捉蝴蝶的时候时常发生的事。对于一般孩子来说，这是根本不值得一提的事情，只要再捉一只就是了。然而对小塞德兹来说，好像犯了多大的错误似的。

“爸爸，你说我是一个坏孩子吗？我害死了一个生命，我是个罪人，一定会受到上帝的惩罚的。”儿子一脸难过地问我。这一问，让我一时竟然不知道该怎么回答他。

想了一会儿，我决心安慰他一下：“不，儿子，你不要这么想。虽然那只蝴蝶是因你而死的，但这也不全怪你，因为你也不是故意的。”

“虽然不是有心的，但终归是我弄死了它。”儿子伤心地说道。

“好儿子，那只蝴蝶已经死了，这是一个无法挽回的事实，你再难过它也不可能复活了。”我为了使儿子从自责之中挣脱出来，尽力地给他讲一些他能够明白的道理，“你自责也没有用，关键是要看你以后怎么做，只要你以后不再犯这样的错误，尽力去关心和保护小动物就行了。何况，你已经认识到自己伤害了它，并为此而自责，这已经很不错了，这证明你有一颗善良的心。你没看见那些顽皮的孩子是怎样折磨小动物的吗？不仅是蝴蝶、蜻蜓、猫、老鼠，他们无论什么动物都要欺负，并以此为乐。你只不过是不小心打死了一只蝴蝶，这不算什么。只要你以后不像坏孩子那样残酷地对待小动物，而是关心和保护它们，我想上帝是会宽恕你的。”

“真的?!”儿子兴奋地叫了起来，并竭力想挣扎着坐起来。

“当然是真的。你躺着别动，如果病好了，明天我带你去田野里玩。”

第二天，儿子的病好了很多，我和他一起到田野中散步。这一天天气好极了，天空像宝石那样蓝，阳光下的田野泛起了明快的色调，阵阵微风令人心情舒畅，几只美丽的蝴蝶在阳光下欢乐地飞舞着。

一见到那些蝴蝶，儿子的脸一下子又阴沉起来，似乎在他心中又浮现出了那件不愉快的事。

“儿子，你怎么啦？”

“我……我又想起了那只蝴蝶。”

“不要再想它了。”我摸了摸儿子的头，“生活中有很多不愉快的我们不想碰到的事情，但过去的就让它过去吧。我们要过好现在的每一天，并多想想明天的快乐生活。你看那些蝴蝶是多么快乐啊。”

“是啊，它们无忧无虑，真让人羡慕。”儿子感叹道。

我趁机告诫儿子：“你应该向这些快乐的蝴蝶学习，不要总是把什么事都往坏处想，你应该生活在明媚的阳光之中。”

由此可见，生活中的孩子，不可能一直都处在快乐之中，但父母应该教会他们快乐，并积极地为他们创造快乐的环境。

家教延伸阅读

· 培养孩子的好性格 ·

要想成为一个有成就的、对人类社会有贡献的人，首先要建立起自己独立的人格和优良的品质。性格的培养是有规律的，不靠说教和打骂，要靠不露痕迹的“潜教育”，包括环境育人、行为育人、爱的教育和积极暗示等。

现代科学研究表明，一个人最初形成的性格倾向至关重要。最初形成的性格倾向，如果有一个好的环境，能很好地发展下去，将为他以后的性格形成打下一个良好的基础。亲子关系对孩子性格的形成很关键，父母对孩子的教养态度不同，会引起性格发展上的显著差异。

在以大人为中心的亲子关系下，孩子的表现一般为很有礼貌、谨慎、精神容易集中。但是也容易表现出盲从，容易受别人影响，善于服从，从小害羞、忧郁，自信心和自尊心比较差。

在以孩子为中心的亲子关系下，孩子一般比较积极，善于表现自己，自信心比较强。但这种孩子攻击性比较强，注意力不够集中，不受约束，不愿意服从。如果再加上家长对孩子过分溺爱和保护，那么孩子的性格多半是消极的，依赖性比较强，没有责任感和忍耐力，常表现为娇气、任性。

在两面性的亲子关系下，父母对孩子的态度忽冷忽热，一会可能严厉，一会又可能过分放纵，在这种环境下成长的孩子多半性格是不稳定的，多疑、多虑，缺乏判断力，好性格很难形成。

在理想的亲子关系下，父母严厉而慈爱，父母与孩子的态度交融在一起，这样的孩子会感觉到尊重和信任，孩子的性格多表现为亲切、独立、直率、活泼、大方、开朗，有协作精神、有活动的能力，而且善于和同伴相处。

不同的亲子关系造就孩子不同的性格。具体应该让孩子养成什么样的性格呢？以下几个方面是良好性格的基础：

活泼。快乐的孩子无忧无虑，活泼不等于好动，更不等于吵闹。活泼的孩子有如下表现：表情活泼，脸部表情丰富生动，嘴巴活泼，表达清晰，喜欢讲故事见闻、猜谜语、说绕口令等；感知活泼，见过的、听过的、做过的记得快，手灵巧，爱做手工，饲养小动物、种花种草等，能歌善舞，爱做游戏，爱运动等；思维活跃，喜欢提问、讨论等。

专注。专注的孩子，即使是玩也能玩得专心，全身心地投入其中，得到最大的快乐。不能专注的孩子，该静却静不下来，注意力分散，如果父母不注意给他纠正，长大一点再去纠正就很困难了，智力的发展也会受到严重影响。

独立意识。孩子的独立性格应该表现在从小自己会睡、会坐、会玩；一岁以后能够自己吃饭；会走之后，能够自己做自己喜欢的事情；不用父母催。

创新精神。表现在孩子对新奇事物爱看、爱听、爱摸、爱做、爱问、爱记；喜欢自己动手，想办法玩耍，搞小发明等；家长要注意培养孩子的求异、逆向和发散思维。

……

孩子的性格培养的方面还有很多，但最终目的只有一个教孩子学会做人，学会做事，学会生活、学会学习。

给孩子一个好性格，父母负有重要责任。尤其是孩子幼小的时候，当你精心准备好大餐，他一口都不吃；当你有一大堆事等着他入睡后做，他却不睡；当你晚上困得要命，他却哭个没完……这些时候就要考验父母的耐性了，父母要耐心地开导孩子。

父母教导孩子的标准要统一，前后要保持一致，如果今天允许孩子这么做，明天没有任何理由却告诉他不行，就会造成混乱。每个孩子都有自己的喜怒哀乐，父母无权要求他们事事按照你的意愿来做，即使是为了他好。这样让孩子在民主、宽松的家庭氛围中长大，对于培养他健全的性格很有帮助。

CHAPTER 7

打开智慧的天窗

我们绝不能让孩子在精神上盲目，

要培养并鼓励他们去探寻世界的奥秘。

很多父母会强迫孩子学这学那，也不管孩子愿不愿意。

他们让孩子学音乐、学画画，

虽然这些艺术方面的熏陶对孩子们的成才有很多好处，

但是父母所采取的让他们学习的方式是值得商榷的。

不能用“你错了”“你真笨”之类的话评价孩子

我之所以坚持认为不能用清规戒律来约束孩子，更不能让孩子受到权威的压制，原因就是不希望孩子在这样的状况中，失去本来应有的辨别能力。孩子听到的总是“你错了”“你真笨”这样的评价，在这样的状态下能够成为一个有独特见解的人才怪呢！

现实中，有很多人没有辨别能力，人云亦云，更没有自己的独特见解。我之所以坚持认为不能用清规戒律来约束孩子，更不能让孩子受到权威的压制，原因就是不希望孩子在这样的状况中，失去本来应有的辨别能力。大多数人都在浑浑噩噩中虚度了自己宝贵的一生，并且这些人对此却浑然不觉。这真是一件令人可悲可叹的事。

一天，我和哈塞先生谈到了这个问题。请原谅，我并非在此诋毁我的老朋友，他确实是个很不错的人。但是，我不得不说他就是那样一类人的代表，当然，这类人不止他一个，简直多得数不胜数。

哈塞先生在和我进行了一番讨论之后，若有所思地说：“我认为小孩子们都很调皮，还不听话，做父母的应对他们进行管教。”

“是的。”我看了他一眼后说，“但你的说法并不完全正确。”

“为什么？难道孩子不需要管教吗？”哈塞先生吃惊地问。

“不，管教是必须的。但我不认为小孩子是不听话的调皮鬼，相反我觉得他们都是很不错的孩子。”我说道。

“他们当然是不错的。”哈塞先生连忙为自己辩解，“我是说他们有时太不听话、太不懂事了，格兰特尔就是这样，有时候让人特别生气。”

错误的教育扼杀孩子的积极性

一味的批评，只会扼杀孩子的积极性。

阻止孩子表达自己的想法，会毁了孩子的好奇心。

强迫孩子去干他不想干的事情，只能加剧孩子的厌恶情绪。

千万别用“小孩子少知道”的语言来搪塞孩子。

“那么，这时你一般会采取什么措施呢？”

“办法很简单，我会骂他，让他停止胡闹。比如昨天我就狠狠训斥了他一顿。”

“结果呢？”

“他会服从啊。”哈塞先生说这话的时候很得意，“这个办法最有效了，他马上就不胡闹了，也听话了。”

就在我们聊得正热闹的时候，忽然听到了一阵吵闹声。闻声望去，只见刚刚还在一起玩得很高兴的小塞德兹和格兰特尔，现在却在地上扭打起来。

“怎么了？”哈塞先生一边说一边急忙向他们跑去，我也跟了过去。他命令他们从地上爬起来，并使劲试图把他们两人分开。

“你在干什么？”哈塞先生火冒三丈地对格兰特尔大声吼道。

格兰特尔并没有回答他的问话，一声不吭地埋头站在那里。

“怎么不说话，哑巴了？”哈塞先生还用手在他头上拍了一下。这时，那可怜的孩子依然一声不吭，头埋得更低了。

看到哈塞先生如此生气，我担心他再打孩子，就说：“请您冷静一下，我们耐心地听听他们怎么说，把这事搞清楚。”

“出了这种事，怎么还能有足够的耐心。你看看他们都成什么样了，我最讨厌孩子们打架了，太野蛮了。”哈塞先生激动地说道。

“威廉，发生了什么事，你们刚才不是还好好的吗？”我问儿子。

“其实也没什么，我只说他太慢了，他不但不承认，还冲我发脾气。后来就吵了起来，再后来……”小塞德兹说道。

“你觉得格兰特尔做什么事情太慢了？”在哈塞先生训斥他儿子的时候，我耐心地听小塞德兹的解释，以便了解事情的来龙去脉。

“是这样的”，小塞德兹向我描述刚才发生的事，“刚才我们一直在玩拼图游戏，我认为将那块红色的小方块放在拼图的中间比较好，可是格兰特尔不同意。他还说我没有按照拼图原本给的样式来拼，是不对的。虽然我没有按样本的要求，但我认为这样拼放比样本好看得多。可他说我一点也不守规矩，是在胡来；我说他太死板，太拘泥于规则，做事情总是很慢。他说这是他父亲教他的，我说他的父亲也跟他一样，是个古板的人，他们父子俩都没有自己的独到见解。于是……”

“于是你们就吵了起来，并动手打架。是这样的吗？”我严肃地看着小塞德兹。

“是的，他太让人气愤了。”小塞德兹也怨气满腹。

这时，哈塞先生也听到了小塞德兹的话，以一种难以言说的表情看着我们。

我对小塞德兹说：“不，儿子，虽然对于那些拼图，格兰特尔不擅于灵活地处理，但是你也不能随随便便评价他，更不应该把哈塞先生扯进来。你有独特的见解是好事，但是也不应该按照你的要求去强行要求别人，格兰特尔的看法也是另外一种见解。”

这时，小塞德兹好像明白了什么，他小声地对我说：“也是，如果我固执地要求他按照我的观点去理解，他也就不会有自己的看法了。”

就在我给儿子讲这些的时候，我听到哈塞又在训斥：“你真是太笨了，拼图游戏本来就是要自己动脑筋，要学会灵活思考问题，不要拘泥于已有的样本。给你说过多少次了，做事的时候不要太死板了，要有自己的见解。你看人家威廉，多聪明啊。”

“可是……”格兰特尔想要为自己辩解，但又停住了。

“可是什么？没有什么可是的。你真是太笨了。”哈塞先生怒气冲冲地责骂着自己的儿子。

这时，小塞德兹悄悄地拽了一下格兰特尔的衣服，并对哈塞先生说道：“哈塞先生，我不应对您不敬，请原谅我刚才说的话。现在我可以再和格兰特尔一起玩吗？”

“当然，你们去玩吧。”哈塞先生说道。看见这样的情形，两个孩子重新和好，又接着去玩那个拼图游戏去了，哈塞先生和我都如释重负。

“孩子们就是这样，一会儿打打闹闹，一会儿又和好如初。”我感叹道。

“塞德兹博士，你的儿子太聪明了，总是有自己独特的想法，我真羡慕你。”哈塞先生有些沮丧地说道。

“我可不这样想，格兰特尔也聪明得很，关键是你怎么引导他。”

“你也看到了，刚才我一直在尽力地让他明白有独特见解是多么的重要，可是无论我怎么说好像都没用，他还是那么刻板。”

“是吗？他坚持按照样本来拼图，难道就不是一种见解吗？说不定他真的认为样本的图案更好看呢。他本来还有自己的想法，可是在你的呵斥下，连这个主张也荡然无存了。我敢肯定，现在他一定是什么都听威廉的。”听我这样说，哈塞先生一脸茫然，他看看我，又看看孩子，一副迷惑不解的样子。

由这件事可以看出，由于格兰特尔不能坚持自己的主张而变成了一个没有独特见解的人。哈塞先生一直都是高高在上，不停地以权威的姿态来教育孩子，使孩子总是忐忑不安。孩子听到的总是“你错了”“你真笨”这样的评价，在这样的状态下能够成为一个有独特见解的人才怪呢！这些都是因为哈塞先生没有对格兰特尔进行正确的教育。

父母不能以自认为正确的方式教育孩子

很多父母会强迫孩子学这学那，也不管孩子愿不愿意。他们让孩子学音乐、学画画，虽然这些艺术方面的熏陶对孩子们的成才有很多好处，但是父母所采取的让他们学习的方式是值得商榷的。

很多人都对天才是个什么样的人感到好奇。但是天才也没有三头六臂，也不是无所不能的超人，他们也是普通人，只不过比普通人多了点首创精神，多了点独特见解。我认为只有具备了这种精神，他才可能成为一个天才。对于小塞德兹，我从一开始就注重在这方面培养他，我从来没有像绝大多数家长那样用权威的口吻来强制要求他干这干那。而他呢，也在这种自由和快乐的氛围中逐渐长大成人，这个过程充满了智慧、知识和乐趣。

拼图游戏中，儿子擅自改变原样的行为在别的方面也经常表现出来。有人认为他这是不合规则的瞎胡闹。殊不知，这样的人其实根本没有了解那个游戏的真正用意，他们认为孩子只要按照样本依葫芦画瓢就可以了，实际上这种游戏正是要开发孩子们的想象力和锻炼他们的思维活跃性。

很多父母会强迫孩子学这学那，也不管孩子愿不愿意。他们让孩子学音乐、学画画，虽然这些艺术方面的熏陶对孩子们的成才有很多好处，但是父母所采取的让他们学习的方式是值得商榷的。父母们大多按照自己的意愿来，哪怕他们并非这方面的专家。我无数次看到父母对孩子大喊大叫："这个画的不对，颜色用错了。""不应该这样画。""应该画得更清楚些。""你这个画的跟实物一点都不像"……他们不知道，即便是真正的艺术家也不会拿这个要求作为目标，更何况是那么小的孩子呢。他们总是以外行的眼光，甚至是毫无艺术修养的眼光来审视孩子的作品，也以愚蠢的他们从来都认为是正确的方式“教育”着孩子。这样不知不觉中，孩子就在他们的刻板“教育”下，从开始的聪明、有智慧变成了和他们一样俗不可耐的人。这难道不是世间最大的悲哀吗?

在小塞德兹的成长过程中，有一件事让我至今都印象深刻。每当想起这件事，我的心情都异常激动。

那是一个迷人的黄昏，我正在回廊的躺椅上读书。这时小塞德兹兴冲冲地从外面跑回来，一进院子大门就朝我喊：“爸爸，我要学画画。”

“这是好事啊，不过你怎么突然对画画感兴趣了。”我高兴地问他。

“今天我在爱丽娜斯家见到了她的叔叔，他是一位画家，他的画太美了。”

对于他的这种要求，我总是很支持他。于是，第二天，我就给他买回了各种颜料和画笔。只要对他的成长有益，我总是竭尽全力满足他。几天后，最初的那种学画的热情似乎有所减少，他不再像以前那样兴奋了，只是偶尔去画两下，还经常表现得很冷淡和低沉。

“儿子，你今天看起来不太高兴啊，怎么了?”当我看见他在书架前发呆时这样问道。

“没有啊，只是……”

“哦，我明白了。你是不想学画画了吗?”

他没有回答我，仍旧一动不动地站在那里。

“如果你不想学就不用学了，用不着为这烦恼，也不用为前几天的兴奋而后悔，我不会责怪你的。只要你开心，这些都不重要。”我以为儿子正在为自己没有善始善终而难过，竭力地去安慰他，免得伤害到他幼小的心灵和脆弱的自尊心。

“不，爸爸，我并不是不想学了。到现在，我依然对画画很有兴趣。这跟一开始没有任何区别。”

听到他这么说，我倒觉得奇怪了，于是问他，“那是为什么，能告诉我吗？”

儿子很沮丧地说：“我怎么总也画不好。”

“哦，原来是这样啊。不过也没什么，你才刚刚开始学，画不好也是很正常的。”

“我不是指这个，我是说我不会使用颜料。”

这时我才明白，原来儿子并不是不喜欢画画了，而是他不具备基本的绘画知识。我虽然不会画画，但也听说过一些与绘画有关的事情。在画画之前，首先要弄清楚每一种颜料的特征以及画笔和其他一些用具的功能。这时，我意识到，不应该只把画画用具交给他就算完事了，应该给他找一位老师，至少也应该让他先了解一下绘画的基本知识。

“我给你请一位老师，你觉得怎么样？”

“真的?!那太好了！”儿子兴奋地说着，并一下子跳了起来，紧紧搂住了我的脖子。

给孩子请一位绘画老师并不是件容易的事情。首先这位老师一定要有良好的专业水平，其次他还要懂得如何教孩子。鉴于此，称职的老师并不容易找到，所以在很长一段时间内，小塞德兹依旧自己一个人学着画画。

几天后，他很焦急地问我：“老师怎么还不来啊？”

当我向他解释了原因后，他很失望地说：“那该怎么办呢，我多想早点画出美丽的画啊。”

这确实是一件令人难过的事情，儿子并不是没有感觉，只是被那些从未学过的绘画技巧所阻碍。我完全理解这种渴望表达但又因为某种原因受到限制的感觉。

“你有没有想过换一种方式来表达呢？况且所有的技法都是人们自己创造出来的，你完全可以自己摸索一些方法出来啊。”让他这么做，真是难为他了，但是我想这也是训练他的一个好机会。

“是啊，我怎么没想到呢。”听完我的话，儿子就好像是发现了宝藏一样又兴奋起来，迅速跑回了自己的房间。

过了一会儿，他出来让我去欣赏他的作品。当我走进他的房间，看到出现在我眼前的情景时，我顿时惊呆了。那是一幅在木板上画的风景画：金黄色的阳光洒在硕果累累的田野上，远处是一座童话般美丽的风车，天上是一朵朵变幻莫测的白云。当我走近时，我更加地吃惊。在以黄色颜料描绘的田野上，他用破布头表现麦子，用火柴棍拼成风车，用棉花粘贴出了云。尽管没有像画家那样完全用颜料和画笔，但却达到了意想不到的效果。

“啊，简直太不可思议了，我真为你高兴，儿子。你是怎么想到用这些办法的？”我激动地问他。

“由于不懂绘画技巧，风车和麦子不好画，我难受极了。后来你不是跟我说方法都是人想出来的吗，我就想那为什么不用别的东西代替颜料呢？就这样，我完成了这幅画。爸爸，这么做可以吗？”

“为什么不可以，只要能达到预期的效果，用什么方法都行。”

在绘画老师到来之前，他已经完成了七八幅类似的作品，而且一幅比一幅漂亮。后来，当那位老师看到这些作品后，比我更吃惊：“塞德兹博士，真没想到您的儿子竟然有这样的天赋。他不但有一种天生的对画画的良好感觉，而且他的这种敢于打破常规的勇气更是一般孩子望尘莫及的。说真的，虽然他现在只是个孩子，但他显然已经具备了一位艺术家所必须的潜质——自信和首创精神。”听到这么优秀的画家也夸奖儿子画的画，我由衷地为儿子感到高兴和自豪。

耐心回答孩子提出的每一个问题

许多父母都讨厌孩子问问题，这是大错特错的。这种愚蠢的做法在不知不觉中压抑了孩子的好奇心和求知欲，更为严重的是抹杀了孩子最可贵的究理精神。

许多父母都讨厌孩子问问题，这是大错特错的。这种愚蠢的做法虽然能换来片刻的宁静，但在不知不觉中压抑了孩子的好奇心以及求知欲，更为严重的是抹杀了孩子（即使是成人也是如此）最可贵的究理精神。

对于儿子小塞德兹提出的任何问题我都会认真而耐心地予以回答，绝不会像很多父母那样嫌麻烦，敷衍塞责，应付了事。当然，有时候孩子的问题会不着边际，大大超出成年人的知识范围，但即使这样，也应该严肃地对待，绝不能对孩子的天真报以嘲笑和讽刺。

“小孩子有时候真烦人。”有一次，哈塞先生垂头丧气地对我说，“他每天不停地问这问那，叽叽喳喳地就没有停过，真是拿他没办法。我的头都快要炸了。”

“这很正常啊，小孩子，总是对什么都好奇，总有很多稀奇古怪的问题。不过这从另一方面来看，也是件好事，说明他渴望学到一些东西，了解一些知识。”

“你说得容易，塞德兹博士。那是因为你儿子没那么烦人，如果他也像格兰特尔一样，我敢肯定你不会这么说了。”哈塞先生很不服气地对我说，好像只有他有个爱问问题的儿子。

“那么，在你儿子缠着问你问题的时候，你一般情况下会怎么办？”我问哈塞先生。

“一般来说，我也会耐心地回答他。当然，这只限于那些有道理的东西。如果他尽问一些莫名其妙的问题的话，我会制止他。有时候他的问题太过于古怪，我也拿他没办法。”哈塞先生说道。

“其实，我是这样看的。小孩子的问题根本就没有有无道理之说，如果是那样，他们也就不是小孩子了。我想作为父亲，应该有义务认真对待孩子的每一个问题。”我对哈塞先生说。

“是吗？我不相信你在任何时候都对你的儿子有那么好的耐心，除非他本来问题就很少。”哈塞先生用不相信的语气说道。

就在此时，小塞德兹走了过来。

“爸爸，这本书上写的这件事我不太明白。”说着，他把一本关于达尔文进化论的少儿图书递给了我。在这本儿童读物中，作者用生动的笔调描述了生物进化的过程，并配有非常有趣的插图。

“你有什么不明白的呢？”我问儿子。

“进化论中说人是由猴子变来的，这是正确的吗？”小塞德兹问道。

“我不知道是否完全正确，但达尔文的理论是有道理的。”我回答道。

“可是既然人是由猴子变的，那么为什么现在人是人，猴子仍然是猴子？”小塞德兹问。

“你没有看见书上是这样写的吗？猴子之中的一群进化成了人类，而另一群却没有得到进化，所以它们仍然是猴子。”我说道。

“这恐怕有问题。”小塞德兹怀疑地说道。

“什么问题？”

“既然是进化论，那么猴子们都应该进化，而不光是只有一群进化。”

“为什么这样说？”

“我觉得另一群猴子也应该得到进化，变成一群能够上树的人。”

正当我和儿子展开讨论的时候，哈塞先生插了进来：“能够上树的人

正确的教育是为孩子打开智慧的天窗

孩子认识到自己的错误，就要宽容他。

听孩子说，让他把自己的想法完整地表达出来。

尊重孩子的意愿，能充分挖掘孩子的潜能。

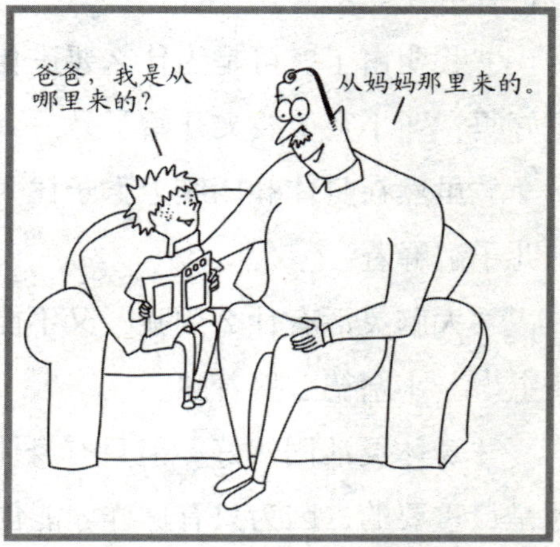

对于孩子的提问，要用他能理解的语言回答他。

不就是猴子嘛。”

“不，哈塞先生，我们是在讨论进化论而不是在讲故事。”小塞德兹一本正经地说道，仿佛是对哈塞先生的玩笑表示不满。

哈塞先生不再说话，但他的脸上却流露出一种不以为然的神色，他认为我没有多大的耐心来回答小塞德兹的这种问题。

“那是不可能的，因为事实上是猴子当中的一部分没有得到进化……”我接着向儿子解释道。

“我不懂，这是为什么？”

“这个理论的确有些复杂，但这是事实。”我也无法再解释得更深入了。

“为什么？”显然，小塞德兹仍然不放过这个问题。

“这可能和物种以及生存条件有关系。”我这样回答着。

“什么生存条件？那么猴子是怎样受到影响的？”小塞德兹追问不休。

于是，我只好尽我所能再解释着：“据我所知，一群猴子由于某种原因不得不在地面上生存，它们的攀援能力逐渐退化，后来又学会了直立行走，经过漫长的进化变成了类人猿；另一群猴子仍然生活在树上，所以没有得到进化。”

“我明白了。可是为什么要进化呢？如果人能够像猴子那样灵活不是更好吗？”小塞德兹又开始了另一个问题。

“虽然在身体和四肢上猴子比人灵活，但人的大脑是最灵活的。”我向儿子解释着。

“大脑灵活有什么用呢？又不能像猴子那样可以从一棵树跳到另一棵树上。”小塞德兹接着问。

“身体灵活固然好，但只有身体上的优势是远远不够的。大脑的灵活才是最重要的，因为只有这样才能创造出文明。”

“什么叫文明？为什么要创造文明？”小塞德兹问道。

“因为文明代表着人类的进步。”我解释着。

“可是为什么要进步呢？”小塞德兹追问。

“因为只有人类进步了才能有好的生活，也只有这样才能使我们和动物区别开来。”

“为什么要和动物区别开来，难道它们不好吗？”

就这样，小塞德兹的问题一个接着一个，尽管他的问题在成年人看来非常可笑而且毫无根据，但是，我总是尽力回答儿子的每一个问题，不让儿子失望。

在一旁的哈塞先生看到这种情形，忍不住问道：“威廉，你的问题可真多，你不觉得有些问题会难住你的父亲吗？”

我说：“这没有什么，即便再难的问题，我也会尽力回答。如果我自己不知道的事，我也会想办法弄清楚，比如查阅一些资料。”

“是的，我爸爸总是这样。”小塞德兹高兴地回答。

我微笑着向儿子点了点头以表示赞许。

“爸爸，我要出去玩了。请原谅我打断了你和哈塞先生的谈话。”说着，他便跑出了房间。

“塞德兹博士，你儿子真是个懂事的孩子。我也真佩服你的耐心。”哈塞先生说道。

“今天的事不算什么，平时他的问题还要多。”我看着哈塞先生，发现他的目光中流露出将信将疑的神态，于是便说：“其实也并非我的耐心比其他的父母好，只不过我认识到认真回答孩子问题的重要性。因为只有这样才能够培养起他的究理精神，而不是将这宝贵的品质抹杀掉。”

因此，在这里，不管孩子怎么提问，如果父母总是耐心地回答，同时，在不断回答问题的过程中，与孩子一起学习。这样，孩子不仅感受到了父母对自己的关爱，愿意向父母学习。同时，还会从父母身上领会不断学习的重要性，这样的亲子关系自然是很和谐的。

“你错了”“你是个笨蛋”，这会伤害孩子的心

“你错了”,“你怎么总是捣乱”,甚至还有父母大声责骂“你是个笨蛋”、“你是个蠢才”……殊不知这种做法非但不会起到任何作用，反而会使孩子的心态陷入消极之中。一个人只有在相信自己的时候，才能处于最佳的状态之中，只有自信的人才能积极地面对一切，才能生活得愉快并有所成就。

对于儿子，不管是给他讲神话传说还是讲人类故事，我都尽力把它们讲得合理。因为我认为只有这样，才能发挥出他的潜在能力，而这种潜在能力就是所谓的天才。只有这样，才能使他成为能够辨别社会矛盾和缺陷的人。

在我的头脑里一直存在着这样一个观念：辨别不出人世间的好坏和善恶的人，不管有多少对这个社会都是个累赘，不会给人类带来任何益处。

在我们的生活当中存在着很多令人消极低沉的因素。可悲的是，我们的父母们以及长辈无时不在向我们的孩子们灌输这种恶劣的因素。虽然这种不良的因素常常是在无意中发生的，但我仍然为此感到难过。

我们都知道，假如对某一个人施行催眠术，给他一种所谓消极的幻觉暗示，那么他就会连眼前的人和物都看不到。真正有益的教育绝不能使孩子陷入这种消极的幻觉状态之中。

在孩子犯错误的时候，那些自认为对自己孩子关爱至极的父母们总是试图去纠正他们。他们会对孩子说“你错了”，“你怎么总是捣乱”，甚至还有人大声责骂“你是个笨蛋”，“你是个蠢才”……殊不知，这种做

法非但不会起到任何作用，反而会使孩子的心态陷入消极之中。

有时我真想问一问这样的父母，你们是想让孩子成为一个自尊、自爱、自信的人呢，还是让他们成为一个总认为自己是个笨蛋的人？

众所周知，一个总认为自己是笨蛋的没有信心的孩子是不可能取得任何伟大成就的，那么使孩子变成“笨蛋”的父母就是笨蛋之中的笨蛋，俗物之中的俗物。

孩子对于父母给他们的评价是非常敏感的，这一点我在小塞德兹 4 岁的时候就深刻体会到了，为此我常常为此前的做法后悔不已。

有一天，可爱的小塞德兹正在帮助女佣剥青豆。他总是那样乐于助人，女佣也非常喜欢他，所以我也允许并乐意儿子到厨房里玩。可是这一天我却为了一件小事毫无理智地对他发脾气，现在想来真是不可饶恕。其实，那并不是什么了不起的大事，儿子仅仅是因为不小心打翻了一盆已经剥好的青豆。

“你在做什么？”当我路过厨房的门口时，碰巧看到了小塞德兹不小心打翻了一盆青豆，便立刻冲着他嚷。

“没什么事，先生，我不小心弄翻了盆子。”女佣立刻站起来向我解释。

“我知道，这不是你的错，莱依小姐。是威廉干的，我刚才都看见了。”我对女佣莱依小姐说道。

这时，小塞德兹像受惊的羔羊似的呆在那里一动不动，一句话都不敢说。

“真的，先生，这不关威廉的事。”莱依小姐一边说一边友善地摸了摸小塞德兹的头。

“不关他的事？虽然他不是有意的，但总是笨手笨脚的，一点儿也不机灵。真是个笨蛋。”说完，我又瞪了小塞德兹一眼。小塞德兹委屈地哭了起来。

离开厨房后，我的脑海中突然出现了小塞德兹刚才委屈伤心的面容，我顿时感到自己犯了一个比弄翻盆子要大得多的错误。

晚饭时，我一直在偷偷观察儿子的表情，他一脸沮丧的样子，没有了往日的活泼可爱。

“爸爸，是我错了。我不该打翻剥好的青豆，我是个笨蛋。”儿子小声地对我说。

虽然他说话的声音很小，但还是被别人听见了，全家人都以惊讶的眼光看着我，好像在问我到底发生了什么事情让一个小孩这么小心翼翼。除了我之外，没有人知道我当时是多么羞愧。这件事藏在我心中很久了，如果不是需要通过此事来说明我想说的道理，恐怕它将一直埋藏在我心中，而这种愧疚也会一直伴随着我。

可能是为了掩饰自己由于错误而导致的难为情，儿子向我道歉时，我故作镇静，在不动声色之中用完那顿令我备受煎熬的晚餐。我既没有表示对儿子的关爱，也没有承认自己的错误。即使现在想起这事，我还是会指责自己当时的卑鄙，因为我居然使用了成年人的老谋深算去对付一个只有几岁的孩子，而这个孩子正是自己最心爱的儿子。

第二天，小塞德兹没有去厨房玩，也没有去别的地方玩。对于女佣莱依小姐的友好，他也丝毫没有热情的表示。他只是坐在门外的那把椅子上，神色不安、情绪低落地望着花园中的植物。

“儿子，你在干什么？”我悄悄地走了过去，装作什么事也没有发生过。

儿子没有回答我的问题，也没有正视我的目光，看起来已经失去了从前那种正视别人的勇气。

“怎么没有去给莱依小姐帮忙呢？”我尽力使自己镇静，并极力表示出对儿子的关怀。

“因为我太笨了，总给别人添乱。”小塞德兹终于开了口，但仍然低着头，像个犯了错的小羔羊。

“什么？你觉得自己太笨了？”

“是的，我原本想帮莱依小姐，结果却把事情弄糟了。”小塞德兹显得极为愧疚。

“唉，儿子，你说的是昨天那件事吗？”我明知故问，一方面找个台阶下，另一方面也想让儿子从不安和自责的阴影中走出来。

“是的，我昨天不小心弄翻盆子了……可我不是有意的。”小塞德兹委屈地说。

“对于这件事，儿子，我正想向你道歉。”我很不好意思地说道。

“什么？你向我道歉？”小塞德兹似乎不相信我说的话，抬起头来疑惑不解地看着我。

“当然，我要向你道歉。”

“可是是我犯了错误呀！跟你没有关系啊。”

“不，那只是一次小小的意外，算不上什么错误，何况打翻个盆子之类的事是经常发生的，你没有必要放在心上。”

“可这确实是由于我笨手笨脚造成的。唉，都怪我太笨了。”小塞德兹深深地叹了一口气。

“儿子，你不应该这样想。我昨天的那句话是随口说的，并非出自我的本意。在这里我向你郑重道歉。谁都知道你是个聪明的孩子。”

“真的？我聪明？”小塞德兹兴奋地问道。

“当然如此。你这么小就已经会写字，能看书，还会弹琴和画画，这不说明你很聪明吗？”这时，小塞德兹的情绪渐渐轻松起来，他的目光也重新变得炯炯有神、神采奕奕了。

见他已经从刚才的低落中走了出来，我对他说：“虽然你很聪明，但你还是有个小小的缺点，你不应该轻易让别人对你的看法影响自己，不应该受他人的干扰而对自己产生怀疑。”

儿子不解地看着我。

我继续跟儿子说：“你好好想想，我们每天都生活在人群之中，每天都会同各种各样的人打交道，如果总受别人的影响会成什么样呢？别人说你好，你就觉得自己很能干；别人说你笨，你就觉得自己什么都不行。可是你一直是你，没有变的啊。所以，你应该相信自己，无论在什么情况下都应该相信自己。”

“为什么？”

“因为一个人只有在相信自己的时候才能处于最佳的状态之中，只有自信的人才能积极地面对一切，才能够生活得愉快并有所成就。而那种不相信自己容易受别人影响的人会常常处于消沉之中。你自己想想看，这两种人最终会怎么样呢？”

“我明白了，积极的人会成为天才，消极的人就只能变成俗物。”

从那以后，我再也没有有意或无意地伤害儿子的积极心态，而是尽我所能使他生活在快乐和自信之中。

鼓励孩子去探寻世界的奥秘

一个孩子倘若总是生长在父母羽翼的保护下，他就永远长不大，既失去了很多那个年龄的孩子应有的智慧和勇气，也注定不会成为一个有能力的人。

所谓教育，就是为孩子打开智慧的天窗，使他能够分辨社会上的一切，认清哪些是坏事，哪些是好事，哪些是社会的矛盾和缺陷。作为社会上的一份子，我们绝不能像亚当和夏娃那样，满足于尚不知自己是裸露着身体的天堂生活。我们绝不能让孩子在精神上盲目，要培养并鼓励他们去探寻世界的奥秘。

哈塞先生曾这样跟我说，一个人的童年生活是最幸福的，作为父母应该最大限度地为孩子保护这种生活。等他长大后会面临很多痛苦的事情，所以要尽可能地延长孩子童年的幸福时光。

尽管我也承认这一事实，但是哈塞先生所说的保护和尽可能延长孩子的童年幸福的说法，我并不认同。幸福的童年固然重要，但人的一生并不仅仅是童年，童年只是生命的一小部分。如果把幸福和快乐都在童年中花光，那么以后的生命应该用什么来填充呢？

“他现在只是个孩子，只要他快乐就行了。何必让他这么小就生活得那么累呢？以后的日子还长着呢！”当有一天看见我正在教育小塞德兹时，哈塞先生这样说道。

“对，哈塞先生，你说得完全正确。我正是考虑到他以后的日子还长才这样管教他。”我给儿子讲完一个道理后对哈塞先生说道。

“塞德兹博士，我觉得你这样对孩子有时未免太严格了。”哈塞先生笑着对我说。

“是吗？请详细说说。”

“对于小塞德兹，你应该让他尽情地玩，让他活得单纯一些，没必要给他说一些只有成年人才需要理解的事。你没必要总是让他学这学那，比如让他看那些军事方面的书，这些书有用吗？难道你想让他去当童子军吗？对于孩子，我们应该保护他们，而不是让他们学着打打杀杀。”哈塞先生说道。

“你认为了解军事就是打打杀杀吗？”我问哈塞先生。

“是啊，难道你认为不是吗？还有别的吗？”哈塞先生叼着烟斗笑眯眯地看着我。

面对这样的回答，我无语了，也懒得再辩解，类似于这样的争论已经不知道有多少次了。

有一个周末，在哈塞先生和他的妻子玛丽·泰勒的提议下，我们作了一次野外旅行。当然，每次有这样的活动，格兰特尔和小塞德兹总是充当先锋。他们跑得很快，每次都会在前面很远的地方等我们。这一次也不例外。

我们找到了一家旅馆，环境非常好。当我们在旅馆稍作休息的时候，两个孩子早已无影无踪了。他们一定是为这乡间的风景着迷，出去尽情玩耍了。

“我们怎么看不见他们啦？”哈塞先生的妻子玛丽·泰勒不安地问道。

“是有一会儿了，不知道他们到哪儿去了？”哈塞先生也有些紧张。

我看了看表，才下午三点，应该不会出什么事情，于是便安慰他们说：“没关系，这两个孩子一向如此，他们一定还在某个树林后面玩游戏呢，很快就会回来的。”

我并没有信口开河，这两个孩子平时就是这样，一有好玩的事便什么也不顾了。现在虽然身处陌生的地方，但他们依然如故。担心孩子的安全是每位父母的正常心理，但我认为哈塞夫妇也太过于谨慎和小心了。虽然我也认为孩子们单独外出是很危险的一件事情，但由于来这里度假的人很多，所以我并不是很担心。时间就这样一分一分地过去了，到了黄昏时分，

如何让孩子热爱知识

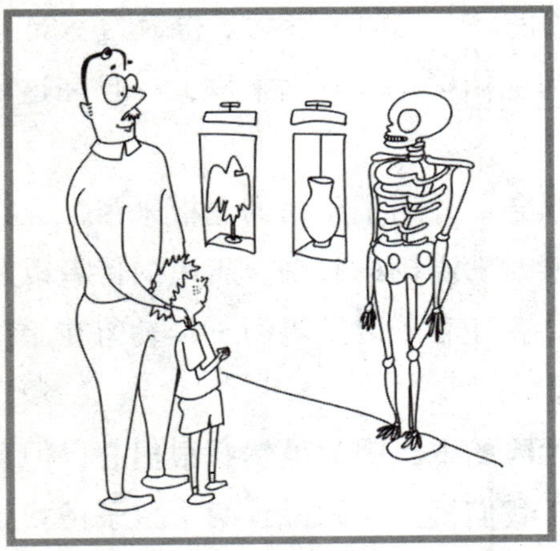

让孩子接触实物学习，学知识更容易。

给孩子实地演练，孩子更能尝到知识带来的快乐。

让孩子大胆发问，激发他的求知欲。

父母陪孩子一块读书，能促进孩子热爱学习。

我们依然没有看见他们回来。

“塞德兹博士，你看该怎么办？天都快黑了，他们还没有回来。”哈塞先生焦急地问道。

“没事的，我想他们应该很快就会回来了。”我镇定地说道。

“天黑了他们怎么办，一定会迷路的。”玛丽·泰勒显得极为不安。

事实上，当时我也有些担心，因为他们毕竟只有六七岁，一旦在这陌生的地方走失确实太危险了。

很快就天黑了，我们都显得非常焦急，并请了旅馆的老板来帮忙。由于丢了小孩并不是一件小事，旅馆中顿时沸沸扬扬起来。店里的侍者以及那些好心的客人们都帮着去附近寻找。我让妻子以及玛丽·泰勒留在旅馆接应，便和哈塞先生一起出门寻找孩子。

不出我所料，这完全是一件有惊无险的事，因为虽然我很担心，但我也相信自己儿子的能力和智慧。不久，我们接到通知说，两个孩子被找到了。当我看到两个孩子时，发现他们两个人各有不同的表现：小塞德兹显得很有精神，仿佛是一个从战场上安全返回的英雄；格兰特尔却像一只刚刚受到惊吓的小猫，一回来便扑到玛丽·泰勒的怀里大哭起来。

原来，小塞德兹和格兰特尔在树林中奔跑时迷路了。可能是由于太兴奋了，他们忘记了去时的路，也没有做任何标记。当天快黑的时候，他们才意识到已经陷入困境了。在黑夜，由于光线昏暗，所有的一切看起来都没有任何区别，根本无法辨清方向。

这时，格兰特尔首先想到的是“怎么办”，他吓得坐在地上大哭起来。相反，小塞德兹显得非常冷静，虽然他也在想怎么办，但他想的和格兰特尔想的完全不一样。

“我当时想的第一件事就是如何辨明方向。”小塞德兹饶有兴趣地向我们讲述这件事情。

“你找到方向了吗？”哈塞先生问道。

“那当然了，否则他们也不会那么快就找到我们了。”

“你是怎么做的？”哈塞先生又问。

“这个很简单，我爬上了身边的一棵大树。”小塞德兹非常自豪地说。

“什么？爬树？”哈塞先生很吃惊地问。

“是呀，不上树怎么能看到天上的星星或是远处的灯光？”小塞德兹说道，并向哈塞先生解释，“那本《野战计划》中就是这样写的，迷路的士兵都会这样做。”

“你不怕摔下来吗？”哈塞先生问道。

“没办法啊，我们没有别的选择。如果不想办法辨明方向，就只有在那儿等死，我可不愿这样，我宁愿冒险争取机会。”小塞德兹说话的语气好像他真的是一个勇敢的士兵。

听他这样说，我赞许地点了点头。

小塞德兹爬到高高的树上看见了一片灯火通明的地方，而其他方向都是黑鸦鸦的一片，所以他断定那儿便是我们的住处。于是，他从树上下来后就带着格兰特尔向那个方向走去，不久便遇见了去寻找他们的人。

在我看来，这件事对于孩子来说，是一个难得的锻炼机会。他可以从中学到很多在家里学不到的东西，同时还锻炼了他的勇气和应变能力。

虽然格兰特尔的表现也是无可厚非的，他还小，怎么能对他要求太多呢？但是一个孩子倘若总是生长在父母羽翼的保护下，他就永远长不大，既失去了很多那个年龄的孩子应有的智慧和勇气，也注定不会成为一个有能力的人，这一点是显而易见的。哈塞先生非常有学识，但却忽略了格兰特尔成长过程中所需要的最重要的因素。

通常情况下，父母总是给孩子灌输那些所谓的正统知识，但却忽略了对孩子能力的培养，这真是教育的悲哀。一个在安乐窝中长大，对周围的事情没有应变能力的人，怎么会是一个有智慧的人呢？

家教延伸阅读

·最大限度地激发孩子的求知欲·

儿童的天性是好学好问的，对周围的事物都感到新鲜有趣，上至风雨云电、日月星辰，下至海洋生物、河流山川，他们什么都想知道，并且认为父母什么都知道。于是从会说话起，不管父母有事没事，缠着提些稀奇古怪或被大人看来不值一提的问题，家长对孩子提出的这些问题一定要正确对待，不要置之不理。这种好奇好问的天性，说到底就是一种求知欲的“幼芽”，这株幼芽十分娇嫩。如果父母能精心保护、耐心“施肥浇水”，就会呈现出勃勃生机；反之就会遭到摧残。

激发孩子的求知欲，首先要与孩子建立和谐、融洽的亲情关系和朋友关系，使孩子敢敞开心扉，毫不保留地把内心世界展示出来，然后父母才能通过孩子的表情、眼神、姿态、动作来窥探孩子的内心，知道孩子的真实想法。

培养孩子积极健康的兴趣倾向，是激发孩子求知欲的最好办法。不同的孩子，其兴趣的倾向性是有差异的。要围绕孩子的中心兴趣，培养他的广博兴趣，让孩子的生活丰富多彩。

鼓励孩子想象。家长要利用孩子的这个特点，结合情景有意识地激发孩子的想象。比如让孩子想象自己在森林里迷路了，该怎样生存等等。对于孩子大胆的联想，要给予肯定。进而使孩子产生强烈的求知欲望，积极地探索未知世界。

结合生活中的情景，巧设疑问。给孩子心理上造成一种悬念，激发孩子的求知欲望。设问要注意方式，好的设问可点拨孩子的思维，将孩子的思路引向正确的方向。

给孩子提供一个充满奥秘的环境，以激发孩子的求知欲。在家里给孩子提供大量的感性材料，如望远镜、放大镜、地球仪、磁铁、风车等，并演示给孩子看，使孩子对此类物体产生好奇心，再用语言给予点拨，进而诱发孩子的求知欲望。

带孩子到大自然中去。大自然的山山水水、日月星晨、鸟语花香充满了无数奥秘。在大自然的熏陶下，思路开阔，会产生无尽的遐想，引发求知的欲望。

启发孩子思考，鼓励孩子尝试。当孩子渐渐长大，有了一定的知识积累后，对于他们的一些问题，不必急着告诉他们答案，可以启发他们自己去观察，去探索，去寻找答案。这样可以让孩子感受到探索的乐趣，进而产生旺盛的求知欲望。

创造条件让孩子做些实验。在做实验的过程中，孩子可以验证所学到的知识，品尝到学习知识的乐趣，并发现新的问题，从而又引发新的求知欲望。

开阔孩子的视野，激发他的求知欲。父母有计划、有目的地引导孩子多走走、多看看、多感受自然风光，精致的艺术品，扑朔迷离的社会生活，更能激发孩子的求知欲。

让孩子多看书。书本是孩子认识、了解世界的一个重要的窗口，父母多为孩子选择一些符合孩子兴趣的书，以培养孩子对读书的兴趣。

向孩子请教问题。父母多把自己当学生，问孩子一些问题，能激发起孩子求知的积极性，使他们对问题的研究不断深入。

……

以上这些都是激发孩子求知欲的一些方法，对于当下的父母在教育孩子的过程中会有一些帮助，仅供父母们参考。

CHAPTER 8

天才都是热爱学习的人

我们的教育完全忽视幼儿的求知欲望，

压制了他们的探求真理的精神，这一点是毋庸置疑的。

我们的教育不是培养人的教育，

而是训练市侩、手艺人、圆滑的俗物的教育。

要想让孩子成为伟人，

就必须让他有追求真理的精神，不断求知的欲望，

使他的智力得到充分发挥。

天才是那种热爱知识并努力学习的人

小塞德兹对知识的热爱，完全归功于我对他施行的早期教育。

——“爸爸，我也想成为医生，这能行吗？“小塞德兹看着我，他的眼神似乎在期待着我的肯定。

——“为什么不能？只要你努力学习，并掌握必要的医学知识，你就能成为一名优秀的医生。”我笑着对儿子说。

亚里士多德曾说过，希腊人的自豪就在于热爱知识。这一点是显而易见的，因为希腊人的确是热爱知识的。从一些史书中可以看出，希腊人视外国人为野蛮人，其理由是因为外国人没有求知的欲望。从某种意义上讲，我们都是野蛮人，这毫无疑问。

我们没有在幼儿可贵的追求真理精神的胎动期开始教育他们，其后也不实施帮助他们发展追求真理精神的教育。这样，孩子求知的欲望便过早地被抑制了。在这种教育下，孩子们又怎么能对知识感兴趣呢？目前，我国很多青少年都是那么讨厌知识，讨厌学习，原因恐怕就在于此吧。

值得庆幸的是，我亲爱的儿子小塞德兹并没有在追求知识上遭到任何损失。事实上，他从很小的时候就开始热爱知识了。我可以肯定地说这不是天生的。他的这种对知识的热爱，完全归功于我对他施行的早期教育。

虽然小塞德兹很早就喜欢读书和学习，但并非一开始就是这样，他也曾和其他与他年龄相仿的孩子一样对一切都漠不关心。那时候，无论我和他的母亲怎样引导他，也不能把他从那种天生的贪玩拉到热爱知识的轨道中来。直到有一天，或许是上帝的安排，他真正懂得了知识的重要性。

有一次，小塞德兹和格兰特尔等一群小伙伴们在外面玩耍，这群捣蛋鬼和天下所有孩子一样，都有那种近乎残酷的天性，他们用石块和木棍打那些小动物，以此来取乐，玩得不亦乐乎。

他们走在大街上，一边嬉戏，一边用小石块随意击打那些无家可归的小动物——路边的小猫或者是小狗。

“看，那儿有一只猫。”格兰特尔指着街道对面喊道。

他的话音未落，这帮孩子们已经蜂拥而至了。一般来说，被打的小动物们看见他们这些顽皮的小鬼们就会溜之大吉。可是这一次不同于往常，那只猫一动不动地躺在那里，像是被他们吓呆了。这样一来，小家伙就可怜了，好几块石头同时朝它扔过去，打在了它的身上，疼得它嗷嗷地叫起来。

“不要打啦，不要打啦。”当一个孩子正要再给这只小猫一棍子时，小塞德兹阻止了他。

“威廉，这是为什么？为什么不能打？”其中一个孩子大声嚷嚷道。

“你没看见它已经受伤了吗？”小塞德兹指责道。

那只小猫倦缩在墙脚，仍然一动不动，但所有人都能看到它的全身在微微颤抖。不知是出于怜悯还是别的什么，孩子们停了下来并扔掉了手中的石块和木棍。

小塞德兹连忙走上去将那只小猫抱了起来，当他碰到它的后腿时，它发出了一声令人心痛的惨叫。

那只小猫骨折了。

小塞德兹什么话也没有说，抱着那个可怜的小家伙飞快地跑回了家。

“爸爸，爸爸，快来帮帮我。”他一进门就冲着我大喊起来。

“出什么事了，怎么这么惊慌？”我奇怪地问儿子。

“这只小猫受伤了，有什么办法吗？”小塞德兹焦急地问道。

随后小塞德兹向我讲述了这件事发生的经过。听完后，我让他抱着小猫跟我去见我的一位朋友。他是一位出色的外科大夫，是我早年的同学。对他来说，接好小猫的腿骨，是一件轻而易举的事情。

后来，这只小猫康复了，并成为我们家的一员。小塞德兹从此也多了一个玩伴。

在此，我想重点讲述的并不是这只小猫的事情，也不是专门来讨论孩子们顽皮的这种天性。我只是想谈谈由这件事情引发的另外一件事情，这才是我最想说的。

由于这件事，我这个5岁多不到6岁的儿子迷上了生理学和医学，并真正地热爱上了知识这一人类最美好的东西。

“爸爸，医生太伟大了！”有一天，看着得到康复的那只小猫，小塞德兹感叹道。

“咦！儿子，你今天怎么会有这么一个‘伟大’的感触呢？”我和他打趣道。

“那当然，如果没有医生，这只小猫永远也不会再走路了。”小塞德兹说道。

“是啊，如果没有医生，不仅小猫不能得到恢复，我们人类也会有吃不完的苦头。”我说道。

“爸爸，我也想成为医生，这能行吗？”小塞德兹看着我，他的眼神似乎在期待着我的肯定。

“为什么不能？只要你努力学习，并掌握必备的医学知识，你就能成为一名优秀的医生。”我笑着对儿子说。

“你说的是真的吗？”小塞德兹一脸兴奋地说道。

“当然是真的，爸爸什么时候骗过你。”我肯定地说道。

“那你教我吧。”小塞德兹说道。

“这可不行，爸爸没有这个能力。因为我不是研究医学的人，不过我可以先教你一些简单的医学知识。”我对他说道。

“医学知识？”

“是啊。掌握一些医学的基本知识是成为一名医生的第一步。”说着，我把他带到了我的书房，给他拿出了我珍藏很久的一本骨骼标本。

就这样，5 岁的小塞德兹对人体发生了兴趣，并开始学习生理学。

可能由于他对这些很感兴趣，很快便在这一领域的学习上取得了很大的进步。7 岁时，他就在行医开诊考试的初试中获得了合格成绩。

由此一来，小塞德兹不仅认识到了医学知识对于一个想成为医生的人的重要性，也认识到了物理学知识、天文学知识、地理学知识以及其他门类所有知识的重要性，并在以后的日子里成了一个热爱知识并拥有知识的人。我真为他感到自豪。

很多人认为小塞德兹的成就是天生的，但我始终认为，所谓天才，就是那种热爱知识并努力学习的人。

培养孩子追求真理的精神

我们的教育不是培养人的教育，而是训练市侩、手艺人、圆滑的俗物的教育。上至大学下至小学，如今教育的目的只有一个，就是教人们如何赚钱，这就是当下各类教育机构的现状。这样的教育只能培养出庸庸碌碌、一辈子无所追求的俗物。

知识对一个人非常重要，我想没有人否认这一点。我在这里还想补充一下，知识固然重要，但更要的是人们追求知识、追求真理的精神。

希腊人是很重视早期教育的，而且他们的教育也不是花盆式、填鸭式的，他们更注重培养孩子们追求真理的精神。他们不认为早期教育会害了孩子。

而我们的教育完全忽视幼儿的求知欲望，压制了他们的探求真理的精神，这一点是毋庸置疑的。我们的教育不是培养人的教育，而是训练市侩、手艺人、圆滑的俗物的教育。上至大学下至小学，如今教育的目的只有一个，就是教人们如何赚钱，这就是当下各类教育机构的现状。这样的教育只能培养出庸庸碌碌、一辈子无所追求的俗物。

在此之前，我曾多次提到我的朋友哈塞先生是位知识渊博的人。但在我看来，他那些丰富的知识并没有为他带来应有的益处。当然，我并非是在指责或讥刺我的老朋友，因为他也是那种不合理教育的受害者。令人更加痛心的是，哈塞先生也正在以同样的方法教育他的儿子格兰特尔。

事实上，格兰特尔也是一个知识面很宽的孩子。可以这样说，仅从知识的丰富程度上来说，他毫不逊色于小塞德兹，更不用说其他的孩子了。

但我想说的是，这种优势，这种丰富的知识本来能给人带来的优势却没有在哈塞先生父子俩身上体现出来，因为他们仅仅掌握了某些知识，而不是想办法去运用这些得之不易的知识。

像往常一样，我和哈塞先生同我们的两个孩子又一次在林荫道上散步。这一次，我们讨论的是一个哲学问题。

“这个世界上的万事万物都是有千丝万缕的联系的。”哈塞先生一边说，一边指了指路两旁的树，“就像这些树，它们和我们也有联系。”

“是的，我同意你的这一说法。不过，你想用这些来说明什么问题呢？”我问道。

“不，我并不是想特意解释什么问题，我只是在描述一种现象。”哈塞先生说道。

“原来是这样啊，我明白了。”既然哈塞先生这么说，我也认为没有再讨论下去的必要了，便不再问了。

没想到，在我们身边蹦蹦跳跳的小塞德兹却接过了话题。他顽皮地对哈塞先生说：“那么，哈塞先生，我和你有联系吗？”

“哦，这个嘛……”哈塞先生感到有些为难，“我想，在我们四个人当中，你和你的父亲更有联系一些。首先，你们是父子俩，血缘是你们最直接的联系。”

“这个我明白。我问的是你和我之间有没有联系。”小塞德兹仍然坚持自己的问题。

“噢，威廉。我父亲和你没有联系，只有我才和我父亲有联系。”格兰特尔也忍不住加入到讨论中来。

“为什么？刚才你的父亲——哈塞先生明明说过万事万物都有联系的。”小塞德兹转过头去对格兰特尔说，“我们都属于世界上的万事万物，当然应该有联系了。”

“可是，那只是一种说法，并不是要求我们每个人都是那样……”格兰特尔说到这里，似乎也感觉到了自己的错误，连忙打住了。

“你说什么？我们现在是在讨论一个哲学问题，怎么能够这么随便呢？”小塞德兹说道。

“我看你们两个小家伙不要再吵了，好吗？”哈塞先生看两个孩子争论得越来越激烈，赶紧出来劝解。

“哈塞先生，我认为应该让他们继续争辩下去，这样有利于培养他们的思辨能力，也帮助他们找到正确的答案。”我一边跟哈塞先生说，一边示意他不要阻止孩子们的讨论。

在我对哈塞先生说话的时候，两个孩子已经跑远了。我看见他们两个人仍在前面讨论着刚才的话题。

“塞德兹博士，我同意你的观点，让孩子们在争论中学习知识。但是我一直认为知识是用来丰富人的头脑的，而不是用来争论的。争论常常会影响人与人之间的感情，不是吗？这可不太好。”哈塞先生很认真地对我说。

“对，争论有时会影响人际关系。但我宁愿让孩子失去那种所谓的人际关系而获得对他一生都有益的真理。”我对他说道。

“可是……孩子嘛，只要能学到一些知识就行了，何必那么过于认真呢？”哈塞先生摆了摆手，一副不以为然的样子。

“不，你的这一观点我永远也不会同意。”我很坚决地否定了他。

“为什么？”哈塞先生一脸不解，似乎没有听懂我的意思。

“因为学习知识的目的就是要追求真理，即使达不到，我们也应该尽量去靠近它。”我看了看不远处的孩子们，继续说道，“如果不让孩子们去追求真理，那么我们的教育又有什么作用？”

“……”哈塞先生不知道该怎么回答，一时竟愣住了。

这时，小塞德兹和格兰特尔连蹦带跳地向我们跑来。

“爸爸，我们弄明白了。”小塞德兹和格兰特尔异口同声地喊道。当然，他们在各自对自己的父亲说。

“你们弄明白了什么？”哈塞先生问。

“就是刚才那个问题，我们每个人都是有联系的。”小塞德兹抢先说道。

“那你们说说，我们是怎么联系的？”哈塞先生问道。

“比如说，我们今天一起散步，这件事本身就证明了我们之间是有联系的。”小塞德兹指了指格兰特尔，“我和格兰特尔互相影响，就像哈塞先生您和我父亲互相影响一样。”

“对，爸爸，您也能影响威廉，就像是塞德兹先生也能影响我一样。”格兰特尔唯恐落后，大胆地向他父亲讲述他对这件事情的认识。

“那么，这是一种什么样的影响呢？”哈塞先生问道。

“在塞德兹先生的影响下，我明白了学习并不仅仅是掌握知识的道理。”格兰特尔说道。

“就是这样的。在哈塞先生的影响下，我差一点……”说到这里，小塞德兹一下子捂住了自己的嘴巴。

“胡说！”我用手在儿子的脑袋上轻轻地拍了一下。我知道儿子一定是想说：“在哈塞先生的影响下，我差一点失去了追求真理的精神。”

此时，我们四个人哈哈大笑起来……

让孩子尽情地享受获得知识的快乐

"当然可以，你想学什么就学什么，爸爸不是一直都很支持你吗？我亲爱的儿子，去尽情地享受获得知识的快乐吧！"看见儿子从困惑迷茫中走了出来，我衷心为他感到高兴。

前面我提到，一次偶然的机会让儿子迷上了生理学，并在不久之后通过了行医开诊考核的初试。按照常理，人们一定会认为我会让儿子成为一名出色的医生，可我并没有这么做。

不可否认，医生是一个令人尊敬和羡慕的职业，既有一定的社会地位，又有一笔可观的收入。如果是这样，小塞德兹一生都会在美满和幸福中度过，这样不是很好吗？这当然很好了。但是我和儿子都没有做出这样的选择。

有一天，我的好朋友爱斯特先生来我家做客。他是纽约颇有名气的大夫，不仅医术精湛，还有相当强的管理和教学能力。只要听说过爱斯特医学院的人，都对我的说法不会产生丝毫怀疑。

很显然，像爱斯特这样的知名人士一定是生活在名望和舒畅之中。由于他是我的老朋友，也是位非常风趣的人，他的到来为我们增添了不少欢乐气氛。

"噢，亲爱的小威廉，听说你通过了行医开诊考核的初试。这真是不简单呀！我像你这么大的时候还什么都不懂呢！"爱斯特一见到小塞德兹就大加赞誉起来。

"哦，这没有什么，爱斯特先生"，小塞德兹谦虚地说道，以表示对这位医学界名流的尊敬，“我只是对生理学感兴趣，并没有想那么多。”

“什么？你说这没有什么？”爱斯特提高了说话的声调，“要知道，很多人在盯着你的合格证书呢！我的学生中有很多人都还没有通过这个考试呢，要知道他们可都是20岁左右的小伙子啊。”

“是吗？我真没想这么多，我只是对医学比较感兴趣，对医生比较尊敬而已。”小塞德兹友好地对爱斯特先生说道。

“塞德兹，你儿子真不简单啊，不仅在学习上很棒，而且还挺会说话的。”爱斯特边说边转头对我说：“你让他学医吧，我保证他能成为一名非常出色的医生。”

“关于此事，我想让他自己决定，更何况他现在还很小。”我对爱斯特说道。

“那么，小塞德兹，你对此有什么想法啊？”爱斯特关切地问小塞德兹。

“我还没想过这件事情。不过，如果让我选择的话，我不想当医生。”小塞德兹说。

“为什么啊？你在这方面很有天赋啊。”爱斯特不解地问。

“因为我还想学其他方面的很多知识。”小塞德兹说道。

“噢，小傻瓜。你是个天生的大夫，干嘛不干这一行呢？多可惜啊。如果不当医生，你学的知识不就白费了吗？”爱斯特先生似乎一点儿也不能理解小塞德兹的想法。

“这个……”小塞德兹在爱斯特先生的一大堆问题下迷茫了，不知道应该怎样回答。

以后几天，我发现小塞德兹始终处于闷闷不乐之中。在这期间，我没有追问他什么，直到爱斯特先生离去。

小塞德兹不再像以前那样对那具人体骨骼标本和医学书籍感兴趣了，甚至对其他方面的知识也没有以前那样有热情。我时常看见他独自一人坐在客厅的椅子上捧着一本书似读非读地出神、发呆。

“儿子，你这几天是怎么啦？看你很不开心的样子，发生什么事了？”

等爱斯特先生走后，我问儿子。

“没什么。”小塞德兹心不在焉地回答。

“不，儿子。我了解你。你心里一定有事，否则你不会这样。能对爸爸说说你心里有什么不愉快的事情吗？”我关切地问儿子，想尽力让他不感到难为情。

“这几天，我一直在思考爱斯特先生说的话。他说的好像有点道理。”儿子小声地对我说。

“我还是不明白，你指的是他说的什么话？”

“他说，如果不当医生，学那些医学的知识就没有用。我想是这样的。不当医生，花那么多的工夫去学习生理学、解剖学，不是白白浪费时间和精力了吗？”小塞德兹沮丧极了。

“那么，你还想学这些知识吗？”我严肃地看着儿子的眼睛，等待他的回答。

“我当然想学了，因为我对这些很感兴趣，喜欢学这些知识。可是一想到这些都没有用，又不想学了。”儿子说到这里，轻轻地叹了一口气。

“好，我现在问你一个问题，你长大之后想干什么？你想成为一个什么样的人？”我问道。

“我不知道将来会选择什么样的工作，但我知道我一定会成为一个有价值的人。”小塞德兹说道。

“你一定会成为语言学家吗？”我问。

“可能会，也可能不会。”小塞德兹回答道。

“那么你为什么要学习外语？”我问。

“……”小塞德兹没有回答。

“你一定要当画家吗？”我又问。

“这个……”小塞德兹仍然无法回答。

“既然你对未来不能有确切地把握，那你干脆什么都不要学了。好不好？”我问道。

“可是，不学这些我又能干什么啊。更何况，我觉得学习知识是一件非常愉快的事情。”儿子连忙回答道。

“儿子，你一定要知道，你现在还小，对未来没有很好的确切的把握，所以应该尽最大努力学习更多的知识。这样才能为将来做好准备。”

“是啊，我怎么没想到这一点。”儿子摸了摸后脑勺若有所思地说。

“更重要的是，正像你刚才说的，你在学习知识中获得了快乐。你想一下，这世上难道还有比快乐更重要的事情吗？”

“那么，难道爱斯特先生说的不对吗？”小塞德兹又问我。

“每个人的看法是不一样的，虽然我不大同意他的说法，但是我们不能强求人人都认同自己的观点，何况他说的也不完全错。只要我们坚持好自己的想法就行了。”我说道。

“这么说，我仍然可以学习医学啦?!”儿子兴奋地说道。

“当然可以，你想学什么就学什么，爸爸不是一直都很支持你吗？我亲爱的儿子，去尽情地享受获得知识的快乐吧!”看见儿子从困惑迷茫中走了出来，我衷心为他感到高兴。

引导并尊重孩子的兴趣

我父亲对我的教育完全顺从于我的爱好。以前我还以为他太纵容我，可现在我明白了，他之所以顺从我的爱好，完全是因为他有足够的能力将我向好的方面引导。请注意，是引导而不是强迫。

“儿子，尽情享受获得知识的快乐吧！”这是小塞德兹成长过程中我常常对他说的一句话。我想，只要是稍稍明白事理的人都会理解我这句话的含义。事实上，我始终把学习知识看做是人生最大的快乐。不仅是我，而且我的儿子也是如此。

在我们的生活当中，很多人以“实用”为名，拒绝用自己的劳动和勤奋去获取可贵的知识，他们总说这也不实用那也不实用。殊不知，正是这种愚蠢的想法使他们在任何领域中都无法取得良好的成就。

令人悲哀的是，那些自以为务实、聪明的人将这种错误的认识传给了他们的孩子，导致那些本来可以有所作为的孩子在不知不觉中失掉了丰富头脑的机会。这样的孩子，既不能取得成就，也不能得到人生中的最大快乐。

我知道一定有人会嘲笑我的观点，也会不怀好意地诽谤我的真诚，甚至还会有人说我是一个不负责任的理想主义者，也会有人说我是一个不识时务的傻子。但这些能对我产生影响吗？不会的。因为就本人到现在为止在对儿子的教育上所取得的那些伟大的成就而言，我的观点应该是正确的。另外，我儿子小塞德兹的良好状况也是有目共睹的。既然这样，我又何必要与那些心胸狭隘、爱看人笑话的人争论呢？

在我的生活之中，有一个活生生的事实足以证明我是正确的，虽然那是一件发生在很久以前的事。尽管我不愿意提到我那位少年时代的朋友，以免让我回忆起令人遗憾的往事，但为了使现在或将来的孩子不再走他的老路，我还是认为有将此事向人们公开的必要。

那是几十年以前的事。

那时，我还是一个只有八九岁的孩子，受到的是那种所谓的正统教育。虽然和其他的孩子一样被清规戒律所束缚，但庆幸的是我的父亲是个非常开明的人。他从不以父亲的权威来压制我。不仅如此，他对我的教育是友善而自由的，他时常嘱咐我要成为一个快乐而自由自在的人。

可以这样说，父亲对我的教育完全顺从于我的爱好。以前我还以为他太纵容我，可现在我明白了，他之所以顺从我的爱好，完全是因为他有足够的能力将我向好的方面引导。请注意，是引导而不是强迫。也就是说，他能够在不知不觉中让我喜欢上某一种有价值的知识。

和我相比，我的好朋友阿尔吉伯特就没这么幸运了。他的父亲是一位极为刻板的律师，他家的清规戒律多得可怕，远远不是一个只有几岁的儿童所能够忍受的。他对待自己的儿子就如同对待一个犯了重罪的犯人，这不许，那不行。可怜的阿尔吉伯特不知有多少次含着眼泪向我倾诉他心中的苦恼。阿尔吉伯特是个很有天赋的人，他喜欢阅读有关探险的书籍。他曾多次向我吐露心声，他想成为一个旅行家，去征服一个又一个无人地带；他也想成为一个天文学家，希望有朝一日能够解开宇宙的奥秘。

然而，阿尔吉伯特的父亲却要求他学习法律，希望他也成为一名体面的律师或者充当一个能够得到别人奉承的官员。这位固执的父亲甚至禁止阿尔吉伯特看与法律无关的书，认为那些书都是没有用的东西。他无数次因此责打阿尔吉伯特，并常常强迫他去背诵枯燥无味的法律条款。任何人都知道，那些生硬的条款很难使人产生兴趣。即便是成年人也会对它们望而生畏，何况是一个正处于心智启蒙阶段的孩子呢！

“爸爸，我不喜欢法律。”忍无可忍的阿尔吉伯特终于鼓起勇气向父亲表明了自己的想法。

“什么？法律是人类至高无上的东西，你敢说不喜欢！”见儿子居然敢于公开反对他的权威，阿尔吉伯特的父亲顿时咆哮起来。

“我知道法律是不可侵犯的，但我对它没有兴趣，无论怎样也记不住。”阿尔吉伯特尽力为自己辩解。

“你真是个不懂事的孩子，你以为我让你学习法律是在害你吗？”父亲大声地训斥着阿尔吉伯特，“不，这完全是为了你好！”

“可是，我想成为探险家或者天文学家。”阿尔吉伯特向父亲表明自己的志向。

“探险家？什么叫探险家？有谁能够为探险家发薪水？”这位顽固的父亲自有一套道理，“至于天文学家，那算什么职业？我没有听说过有哪位自称天文学家的人能够找到一份体面的工作。”

“噢，爸爸，天文学家是伟大的。比如说伽利略……”

“伽利略？”父亲未等阿尔吉伯特说完就打断了他的话，“你以为自己是天才吗？不是每一个人都能成为伽利略的。”

“可是……”阿尔吉伯特在父亲的威严下无法再说下去。

“没有什么可是的。听我的没有错，你一定要学法律，因为只有这样才会有好的职位。”父亲完全不顾阿尔吉伯特的意愿，给他强行下了命令。

“可是，这样我一点也不觉得快乐。”

“像你这样的小孩子根本不懂得什么叫快乐，等你长大后自然会明白我说的话。”父亲说完后就不再理他了。

后来，阿尔吉伯特的父亲没收了他所有与法律无关的书，并把他成天关在屋子里让他死背那些乏味的法律条文。

事实怎样呢？阿尔吉伯特后来真的成为一位律师了吗？不，后来的事实决不是这样。虽然他成天捧着法律书，但他并没有将法律学好，反而把他所有其他的学业都荒废了。

多年以后，在我取得心理学博士学位的时候，我收到了阿尔吉伯特寄来的贺信。他在信中祝贺我取得了学位，也为我取得的成就而感到高兴。在这里，我想公开这封能够引起人们深思的信的一部分：

亲爱的塞德兹，我最好的朋友：

我真为你今天取得的成就而感到高兴。同时，我更羡慕你有一位好父亲。可以这样说，你今天之所以能够得到值得自豪的荣誉，除了你自身的努力以外还应该将这份荣誉归功于你的父亲。是他的爱与仁慈造就了你，是他的宽容和智慧帮助你达成了理想。不是吗？

在我们很小的时候，我就知道你的父亲对你的教育是多么富有智慧，他能够让你在欢乐之中学到别人难以学到的知识。而我呢？在强迫和不理解之中又能够学到什么呢？你知道，在小时候我也是一个热爱学习的人，我有我的梦想，也有自己的追求。可是现在，这一切都已成为泡影。这能怨谁呢？只能将这一切归结于命运。

我的父亲从小就要求我要务实，不许我有任何超出他的认识以外的幻想。他认为我只要学好了法律就能出人头地，可是他没有想到，对于一个孩子来说，让他去干自己没有兴趣的事是多么的残酷。

我不仅没有学好法律，现在连其他的任何爱好也没有了。现在对于我来说，这一切都不重要了。唯一使我感到难过的是，我失去了追求知识的快乐，这一点是永远无法弥补的。

现在，阿尔吉伯特和我一样，也是一位父亲。我想，我这位儿时最要好的伙伴一定不会再走他父亲的老路，他一定能够培养出一个快乐而有辉煌成就的孩子。

只有尽可能多地掌握知识才可能有所成就

“既然你已经意识到了自己的错误，那么一切都会迎刃而解的。你应该明白，只有追求真理的人才能够接近真理。”“我明白了，只有不断地学习更多的知识，才能够找到通向真理的道路。

密尔曾担心过当时的学校，他竭力呼吁英国的学校要对学生实施真正的教育。事实上，密尔的呼吁也非常切合美国学校的实际。美国的学校也和当时的英国一样，并没有对学生实施真正的教育。

在这里，我又在得罪那些所谓的教育专家了。这是没有办法的事，因为我不能对目前学校教育的弊病视而不见，虽然我也不想这样。

我儿子小塞德兹 6 岁时开始进入小学接受学校教育。他和别的孩子一样按照有关部门的规定办完入学手续，既没有比别人早入学也没有比别人晚入学。谁都知道，6 岁正是一个孩子入学的“法定年龄”。

可是，他的学习经历却是奇特的，可以说是前所未有的。不是吗？我们来看看他的小学经历吧：入学那天，上午 9 点他被编入一年级，到中午 12 点他的母亲去学校接他时，他已经成为三年级学生了。

我想，一定会有人对此事感到惊讶吧。难道是学校的负责人对他另眼相看吗？不，事实绝非如此。实际上，其中的原因再简单不过了，因为他入学时的实际水平远远超过了三年级所要求的程度。不仅如此，在同一年内，我这个 6 岁的儿子结束了小学的学业。

我曾听说过一些孩子由于无法完成学校所要求的功课而被迫退学，但是小塞德兹却不是这样。相反，他以优异的成绩结束了小学教育。

这说明了什么呢？我认为没有特殊的原因，只能说明这种所谓正统的学校教育毫无用处。小塞德兹曾对我讲过在学校中的感受，他认为那里并没有什么真正有意义的教育，只不过是想偷懒的父母把孩子送到那儿去虚度光阴罢了。

我认为小塞德兹绝对没有瞎说，他在那儿的确没有学到任何东西。相反，他还受到了许多不良影响。在这里，我想谈的也正是这一点。

有一天，小塞德兹放学回家后，并没有像往常那样去研究他热爱的生理学，而是漫不经心地翻看一本从同学那儿借来的小书。

"儿子，你在看什么书？"当我发现他的这一举动后便走过去问他。

"噢，这是一本配有图片的书，是我的同学阿特斯借给我的。"小塞德兹回答道。

"我可以看看吗？"我示意他把那本书递给我。

"当然。"

当我看到那本书时，一下子惊呆了。原来那是一本并不适合像小塞德兹这个年龄的孩子看的书，里面的插图更让人触目惊心。那是一本低俗下流的书。

"儿子，你不应该看这样的书。"我并没有采取大多数父母面对如此情景时所采用的那种做法，而是冷静地告诫儿子。

"为什么？"儿子不解地问道。

"因为这本书的内容毫无价值，而且庸俗不堪。你是一个好孩子，不应该这样。"我耐心地给他讲明道理。

"可是，很多同学都在看，阿特斯还有好几本呢！"

"不，儿子。你不能因为别人都做蠢事你也去做。你是个有头脑的人，应该分得清谁对谁错。"我和蔼地说道。

"可是，我现在没有别的事可以做。"小塞德兹说道。

"怎么？你没有要完成的功课吗？"我问道。

"那些功课太简单了，在学校时我就把它们全部完成了。"小塞德兹得意地说道。

“噢，儿子，我发现你变了，不像以前那么热爱知识了。”我对儿子说道。

“没有呀，只不过我认为那些知识我都完全掌握了，没有必要再去花那么大的工夫。”小塞德兹说道。

“什么？你认为你已经掌握了所有的知识吗？”我严肃地问他。

“……”小塞德兹似乎没有明白我的意思，迷惑不解地看着我。

“你要记住，知识是无穷尽的，没有谁能够完全掌握它。一个人只有尽可能地多掌握一些知识才可能有所成就。也只有这样，你才能够拥有更多的智慧，才能具备分辨事物好坏的能力。你现在所掌握的知识远远比你的同学多，正是因为这样你才能在很短的时间内超过他们。但是，你就因此而满足了吗？还有，你居然和那些孩子一样也看这种无聊的书，这足以证明你还没有具备应有的判断能力。”

“但是同学们都在看呀！”儿子仍然没有明白我的意思。

“儿子，你错了。这个世界上的事有时是很奇怪的，但你一定要记住这一点，并不是大多数人都在做的事就是正确的。你要知道，我们的世界是俗物充塞的世界，如果你不想与他们同流合污，就必须保持清醒的头脑。要知道，真理好多时候掌握在少数人的手中。”

“爸爸，我知道自己错了，那么我应该怎么办呢？”这时，小塞德兹似乎明白了什么，因为我在他的眼睛中看到了一种焦急的目光。

“既然你已经意识到了自己的错误，那么一切问题都会迎刃而解的。你应该明白，只有追求真理的人才能够接近真理。”

“我明白了，只有不断地学习更多的知识，才能够找到通向真理的道路。你说对吗？”小塞德兹兴奋地说道。

从这以后，小塞德兹仿佛在转眼之间长大了许多。他不仅不再受学校里那些不良因素的影响，还主动地学习功课以外的知识，这为他以后的学业打下了坚实的基础。

激发孩子求知的欲望，发挥其才智

要想让孩子也成为伟人，就必须让孩子有追求真理的精神，不断求知的欲望，使他的智力得到充分发挥。我认为每个人都应该努力发展自己的才智和品质，而不是只关注如何处世和如何赚钱。

穆勒曾经说过，教育能造就大人物。我很赞同他的这一观点。这个世界上被称为伟人和天才的人都接受过良好的教育。对此我毫不怀疑。

要想让孩子也成为伟人，就必须让孩子有追求真理的精神，不断求知的欲望，使他的智力得到充分发挥。我认为每个人都应该努力发展自己的才智和品质，而不是只关注如何处世和如何赚钱。这才是真正的教育。当然，这一说法必然会使一些传统的人感到惊愕。

令人遗憾的是，现在很多学校培养的都是一些只会赚钱的机器，丝毫不注重培养学生追求真理的精神和激发学生的求知欲。用一些清规戒律压制有才能有想法的学生，只会让他们的才思枯竭。

学校教育如此令人痛心，家庭教育也很让人担心。在那些所谓的文明家庭中，母亲们成天想的只是她们的新衣服，她们把所有精力都放在时髦和交际上，希望做一个能说会道、虚荣心得到极大满足的交际花。父亲们呢，自诩是关心孩子的，然而从早到晚却为钱奔忙，大量的时间用于社交应酬，不是在餐桌前，就是在酒馆中。当他们喝得醉醺醺地回到家中时，可曾考虑过那些需要教育的孩子们的感受？长此以往，孩子会成为什么样的人呢？这些孩子中的很多人到 10 岁还不能进行一般的读写，这不是让人感到悲哀的事情吗？这些孩子没有得到父母的教导，他们在父母的无知下浪费了很多时光。父母的不负责任难道不是世界上最大的一种罪过吗？

由于我儿子在一年之内就学完了全部的小学课程并取得了优异的成绩，因此有很多望子成龙的家长都来请教询问我关于儿子的教育情况。他们中有很多人认为小塞德兹是天才，他们不相信这是经过恰当合理教育的结果。

我告诉他们：我儿子当然是个天才，但不是你们想象的那种。他的才能并不是上天平白无故赐予他的，而是完全得益于合理的教育和他自己的认真努力。

小塞德兹一位同学的母亲满怀焦虑和期待地跟我说："塞德兹博士，请您帮帮我吧。我儿子糟透了，他的年龄比小塞德兹还大呢，但成绩却那么差。他今年都快 11 岁了，但他连基本的拼写都不会。再这样下去，一定会被学校开除的。我希望您能传授我一些您在教育孩子方面的秘诀，我会非常感谢您的。"

是的，很多父母都像这位母亲一样在为自己孩子的前程而担忧。但是，光着急又有什么用呢？年轻的父母们，我想问问你们：在你们为孩子担心和忧虑的时候，考虑过自己有什么问题吗？你们有没有想过，父母在孩子的教育问题上其实有着别人无法替代的作用。这些你们想过吗？

刚才我提到的那位母亲，她平时对孩子的做法，据我所知，是令人叹息的。在这里我不是想埋怨和指责她，我也没有这个权利和必要，只是给一些父母提供一些借鉴吧。

她，30 来岁，叫玛丽·恩斯特，是一位食品供应商的妻子。她美丽、热情，善于交际，也很会照顾她的丈夫。她的家庭虽然算不上奢华，但也很富有。由于她丈夫忙于生意没时间照顾孩子，所以管教孩子的任务就落在了她一个人身上。

一个富商之家的女主人，性格开朗而热情，很多人愿意和她交往是一件再正常不过的事情。为了能够在众人面前出现的时候够体面，她每天花费很多时间用来打扮和穿着。几乎每天都有女友约她逛街购物，各种时装店成为她和女伴们经常关注的场所，几乎每天都会买回几件新衣裳。

你们一定在想，剩下的时间应该用在教育孩子身上了吧。不，你们错了。等待她的还有很多没完没了的交际。某位夫人召开生日宴会，需要她参加；某个富商的女儿要出嫁，也需要她去帮忙料理；某位官员要举办招待会，也少不了她；有个重要的舞会，她更是非去不可……就这样，玛丽·恩斯特总在忙碌中度过自己的一天。很多人以为只有他丈夫才忙，但是作为富商的老婆，她同样忙得不可开交。

这样一来，她的儿子在浑浑噩噩的玩耍中错过了接受早期教育的最佳时间。他既没有受到最初的语言训练，也没有享受到学习音乐和绘画的快乐。久而久之，这个孩子失去了对世界的最初的敏感，慢慢变得迟钝起来。

当他 6 岁进入小学一年级的时候，这种能力上的缺陷暴露得很明显。在小塞德兹能用流利的英语跟老师答辩时，玛丽·恩斯特的儿子还不能掌握正确的最基本的发音。当小塞德兹在一天之内跳到三年级的时候，那个可怜的孩子还在吃力地掰着手指头数数，这些简单的加减运算对他来说好像是世界上最难的事情。

当我了解到这些情况的时候，我问玛丽·恩斯特为什么不在孩子两三岁的时候就开始对他进行教育。她的回答很让人吃惊，她说："那个时候，我觉得对孩子的教育是学校的事情，我根本不知道家长还要对他进行教育。"她都这么说了，我还能说什么呢。对孩子教育的最佳时期就这样白白浪费掉了，这种事情还有挽回的余地吗？

我只能尽我所能地帮助玛丽·恩斯特。我向这位年轻的母亲介绍了自己教育小塞德兹的经验，并详细讲述了小塞德兹的成长过程，我把自己对教育的理解和经验都告诉了她。但是，究竟这些经验之谈对她和她的儿子能起多大作用，我也不清楚。但是我敢肯定的是，如果她能在她儿子很小的时候就认识我，那么她儿子的命运一定会有彻底的改变。

在这里，我想再次重申一下：家庭环境以及家庭教育对孩子的一生极其重要，它的重要性远远超过孩子今后所受的中学和大学教育。卡尔·威特也曾说过："对孩子的教育必须在孩子智力微露曙光时开始。"可见，孩子在入学前的早期教育是多么的重要。

家教延伸阅读

· 调动孩子的学习积极性 ·

调动孩子学习积极性，一般有四个动力源：兴趣源、责任源、竞争源和前途源。

用兴趣源来调动孩子的学习积极性，因为兴趣最能点燃人的激情。勉强让孩子做他不感兴趣或不愿做的事情，其结果往往会适得其反，因此家长应该仔细观察孩子平时对于什么事物情趣更浓，并由该处入手，逐渐培养孩子的学习兴趣。为此，不可急于求成，应从长计议，经常性地为孩子提供将自身兴趣付诸行动的机会，将孩子对于学习的精神负担及压力降至最小。所以，聪明的父母，当孩子产生厌学情绪时，不要总用未来找不到工作吓唬孩子，那样孩子对未来没有憧憬，就更不可能激发起学习的积极性。

用责任源激发孩子的学习动力也是不错的方法。也就是说，让孩子承担家庭的责任——好好学习，有了本事，就能充当家里的顶梁柱，让父母过上美好生活。经常告诉孩子家中的困难及为难之处，让孩子有改变家境的责任感，从而激发出学习的动力。

父母千万不要说“我督促你学习，是为了你将来有个好工作，免得没工作，活受罪，我们用不着你”。这种说法表面看上去父母是为孩子着想，可孩子很难领情。父母要经常启动孩子的孝敬之心，不要总把他们抱在怀里，让他们永远享受父母之爱。父母应随时靠在孩子的肩膀上，启发他们赡养的责任，从而激发他们学习的积极性。

有些父母采用启动竞争源的方法激发孩子的学习动力，但这种方式要慎重。因为在竞争中，如果没有正确的规则，加之孩子的好胜心理，很容易把孩子引到畸形竞争中去。这样的所谓竞争，会使孩子的人格发生偏颇，很难融入社会，在他们成长的路上将会屡屡受挫的。

要调动孩子的学习积极性，重要的是帮助孩子获得成功感，当孩子不断获得成功的时候，他就会感到快乐，也会更爱学习。父母应尽力发现孩子的特长，寻找他的闪光点，从而培养他的学习兴趣。必要时，要肯于让他们承担责任，用以激发他们的学习动力。只有这样，才能有效地解决他们的学习积极性问题。

父母还要关心和了解自家孩子的情况，做到正确估计，切勿望子成龙、过高要求。过高的指标和期望，孩子努力了也达不到，只能造成孩子一次次失败，一次比一次更大的精神压力和自卑心理，“破罐破摔”。

CHAPTER 9

树立自信

有些父母以爱的名义将孩子的一切一手包揽，

在不知不觉中使孩子丧失了亲自动手的能力，

而这种能力的丧失直接损害了孩子的自信心。

孩子的自信心来自于在他最弱小的时候旁人对他的关心和支持，

特别是父母给他的关心和支持。

以爱的名义包揽一切，会使孩子丧失自信

如果说对孩子放任不管的父母浪费了孩子宝贵的生命，那么那些过分呵护孩子的父母却是给孩子的人生布下了充满诱惑和蜜糖的陷阱。鼓励孩子做力所能及的事对孩子的成长很有帮助。我们每一个人在看到自己的劳动成果时都会产生一种满足感，这种满足感会唤起一个人的自信心。

前面我讲述了玛丽·恩斯特的事。像这种忙于其他事而无暇顾及孩子的父母固然不值得推崇，然而那些过分呵护孩子的父母同样是非常糟糕的。

如果说对孩子放任不管的父母浪费了孩子宝贵的生命，那么那些过分呵护孩子的父母却是给孩子的人生布下了充满诱惑和蜜糖的陷阱。我的老朋友哈塞先生就属于后一种人。他对格兰特尔的关爱看起来太过分了些。令人更加遗憾的是，他对此浑然不觉。

“塞德兹博士，我看你真的有些难为你的儿子。”一天，哈塞先生看见小塞德兹正在洗衬衫时表现出了对我的不满。

“怎么？你认为我是在难为自己的孩子吗？”我奇怪地问哈塞先生。

“当然，这么小的孩子怎么能够做好这些家务呢？何况，我一直认为你家的女佣是个很能干的人。”哈塞先生说道。

是的，我们很幸运，雇到了一位勤快而能干的女佣，但这并不是要将一切事情都交给她做的理由。

至于我儿子小塞德兹，我并没有要求他做家务，这一切都是他自愿的。我想，哈塞先生永远也不会明白这一点。

我不想在此对我的儿子大加赞扬，告诉别人他有多么懂事，多么勤快。事实上，他以前也和大多数的孩子一样将自己的脏衣服交给女佣便不管了。他后来之所以与别的孩子不一样，完全归功于我们生活之中发生的一件事。

那是一件不幸的事。

在一次意外的车祸中，我的侄女玛莎不幸受伤。她的腿被撞断了，导致终身残疾。由于她住在法国，所以我们始终没有见面，直到两年以后，我们才见到这位可怜的小姑娘。

听说玛莎要来我们家做客，小塞德兹高兴得欢呼起来。

在我们的想象之中，玛莎一定会坐着轮椅和我们见面。然而，事实并非如此。她拄着一根拐杖出现在我们的面前，脸上没有丝毫悲观的神情。

两个孩子已经有很久没有见面了，这次的相聚使他们沉浸在喜悦之中。在起初的几天里，他们相处得非常融洽，不停地向对方讲述自己的生活以及各自听来的故事。

然而，孩子毕竟是孩子，时间一长，他们之间就渐渐产生了矛盾。

在一次聚会上，玛莎由于行走不方便不慎把一只装满果汁的杯子打翻了，果汁洒在了小塞德兹的身上，小塞德兹气愤极了，因为这是一套崭新的衣服，也是他最喜欢的款式。

“你是怎么搞的？”小塞德兹不假思索地冲着玛莎大叫起来。

“噢，威廉，我不是故意的，真对不起。”玛莎立刻向小塞德兹道歉。

“对不起？这有什么用？”小塞德兹气愤地说，“这可是一件新衣服呀，现在被弄脏了，这可怎么办呀！”

“真对不起！”玛莎仍然在道歉。

“你要给我洗干净。”小塞德兹大声地说道。

这时，我向儿子使了一个眼色，示意他不要这样要求玛莎。玛莎身有残疾，怎么能让她做这种事呢?

“没关系，威廉，让我来帮你洗好吗？”这时，女佣莱依小姐走了过来，她笑着对小塞德兹说，“玛莎小姐的腿不方便，怎么能让她去洗呢？”

听莱依这样说，玛莎低下了头，不再说任何一句话。

第二天清晨，家里的人都还没有起床。当我走过盥洗间时听到里面有“哗哗”的水声。

我一推开门便看见了玛莎，原来她正在洗小塞德兹那套被果汁弄脏的衣服。

我没有打扰她，而是去小塞德兹的房间把他叫醒。当他看到玛莎那略感吃力而又毫不在乎的模样时简直被惊呆了。小塞德兹走进盥洗间，从玛莎手中抢过衣服一言不发地洗了起来。

后来，我问玛莎在家里是否也要做家务，她告诉我只要是她能做的，绝不会让别人做，因为她相信自己是个有能力的人。

后来我把玛莎的话转述给了小塞德兹，他听后感到非常惭愧，承认自己不如玛莎。从此以后，小塞德兹学会了做自己力所能及的事。

在鼓励小孩子做家务这方面，我的朋友哈塞先生一直和我持完全相反的观点。在他看来，家长是不应该让小孩子过早地做家务的。对于格兰特尔，哈塞先生从不让他做一点儿家务，儿子的一切都由他或者佣人代办。

然而，这种过分的保护会起到什么作用呢？在我看来，除了打击孩子的自信心外没有任何的好处。虽然他这样做的本意是出于对儿子的爱，但在我的眼中，这种做法愚蠢至极。

有一件事是我亲眼目睹的。

那一天，我有事去找哈塞先生，刚一进门就听到了哈塞先生惊恐万分的声音：“小心！格兰特尔。那会弄伤你的！”

原来，格兰特尔打算帮助正在整理房间的母亲，当他好心地将一只玻璃杯捧到桌子上时遭到了父亲“善意”的制止。

“噢，格兰特尔，你会把杯子摔坏的，碎玻璃准会割破你的手指。”哈塞先生一边说，一边夺过了格兰特尔的玻璃杯。

格兰特尔将玻璃杯交给父亲之后，就悻悻然地走出了房间。

“哈塞，你干嘛这么小看你的儿子？”我问道。

不断的打击制造俗物

不断地打击让孩子越做越糟。

无端的指责，不给孩子自由空间，只会制造俗物。

只关注孩子的分数，会把孩子培养成高分低能的俗物。

满足孩子的任何要求，只会使孩子成为依赖性强的俗物。

“什么？你为什么说我小看他？”哈塞先生迷惑不解地问道。

“你的做法很显然是在小看格兰特尔，你一定认为他没有能力做好那件事。”我说道。

“哦，亲爱的塞德兹博士，我看你也太多心了，我之所以制止他是为了保护他，以免他受到不必要的伤害。”哈塞先生解释道。

对此，我真的无话可说。

事实上，鼓励孩子做自己力所能及的事对孩子的成长很有帮助。因为我们每一个人在看到自己的劳动成果时都会产生一种满足感，孩子也不例外。这种满足感会唤起一个人的自信心，而这种自信心正是取得成就的潜在动力。

有些父母以爱的名义将孩子的一切一手包揽，在不知不觉中使孩子丧失了亲自动手的能力，而这种能力的丧失直接损害了孩子的自信心。

我不能想象，一个失掉自信心的孩子会有什么样的成就。

不给孩子机会尝试，他永远也不会树立起自信

一个处处受他人保护的孩子，一个永远没有机会尝试的孩子，怎么会有自信呢？没有机会尝试的孩子永远不会感受到成功的喜悦，而一个没有获得过成功感受的孩子永远也不会有自信心。

正如前面所提到的哈塞先生的那句话：这么小的孩子能做家务事吗？在类似于这样的事情上，他与我持完全相反的观点。事实上，哈塞先生一直是精心呵护着他的儿子格兰特尔的。

然而，这种过分的保护在我看来，除了打击孩子的自信心外没有任何的好处，而且还会让孩子像温室的花朵一样经不起任何风吹雨打。

据我所知，哈塞先生从不让格兰特尔做任何家务活儿，哪怕是一点点小事。这种做法在他看来，是对儿子的爱，但我认为这不仅不是爱，而且是愚蠢的做法，对孩子的成长没有多少好处。我们接着谈我上文提到的在哈塞先生家我亲眼目睹的那件事。面对哈塞先生的解释，我阐明自己的观点：

“可是你有没有想到，你的这种做法已经给了他一个暗示，让他认为自己连这点小事都做不好，从此他会认为自己是个无能的人。”我说道。

“这怎么可能呢？”哈塞先生根本不相信我的说法。

过了一会儿，我把哈塞先生叫到了门外，低声对他说：“你看看格兰特尔怎么啦？”

“格兰特尔，你这是怎么了，有人欺负你了吗？”哈塞先生问道。

“没有人欺负我。爸爸，我觉得自己真是个没用的人，连一点小事都做不了。”格兰特尔小声说道。

听了格兰特尔的话，哈塞先生愣住了，他用诧异的目光看着我，仿佛在说我怎么会预先知道这些的。

我拍了拍哈塞先生的肩膀，示意他跟格兰特尔好好谈谈。哈塞先生恐怕永远不会知道我为什么会预先知道格兰特尔的感受。其实很简单，因为我知道过度的保护其实是对孩子的一种伤害，一定会使孩子失去自信。难道不是吗？一个处处受他人保护的孩子，一个永远没有机会尝试的孩子，怎么会有自信呢？没有机会尝试的孩子永远不会感受到成功的喜悦，而一个没有获得过成功感受的孩子永远也不会有自信心。这是显而易见的事。

与其他的很多事一样，我对待孩子常常采取与哈塞先生相反的做法。

为了让儿子的身体得到良好的锻炼，也为了让他多一种娱乐活动，我在院子里专门安放了一个秋千。虽然荡秋千是大多数孩子喜爱的一项运动，但当我把它安放好之后才发现小塞德兹根本不喜欢它。不，与其说是他不喜欢，还不如说是他害怕。

当我第一次将他抱上秋千的踏板时，小塞德兹吓得哭了起来。

“不，不。”小塞德兹站在踏板上，双手紧握绳子，他的动作很狼狈，不停地哀求我把他放下来。

“别担心，这没有什么，很多孩子都很喜欢玩，不用害怕。”我一边说，一边将他稳稳扶住。

“爸爸，我不想玩这个，我会摔下去的。”小塞德兹哭着说道。

“这个很安全，不会摔下来的。你只要抓好绳子就没事了。”我说。

“不，我害怕，我要下来。”儿子坚持道。

见到他那么害怕的样子，我知道再坚持也没有用，就把他抱了下来。

“这样吧，爸爸先给你做个示范。当你看到爸爸玩得很开心的时候，你就会后悔了。”说完，我就坐到秋千上开始荡起来。

“爸爸，你真行！”见我在秋千上荡得很高很高，小塞德兹高声欢呼起来。

“那么，你也来试试好吗？”我问儿子。

“好吧，可是我不要荡得那么高。”儿子终于同意试一下。

这一次，儿子仍然很害怕，但他毕竟有了一个开始。他站在秋千的踏板上扭来扭去，样子难看极了。不仅如此，他几乎没有把秋千荡起来。

这时，女佣莱依小姐走了过来。她见到小塞兹的模样顿时大笑起来：“威廉，你是在荡秋千吗？怎么一点也不像呀。”

“不，莱依小姐，你不应该这样说，威廉做得很好。”听见莱依小姐那样说，我担心会由此而打击小塞德兹的自信心，连忙出声制止了她。

莱依小姐是个很机灵的人，她立刻明白了我的意思，连忙说道：“哦，我差点忘了，我第一次荡秋千的时候还不如威廉呢。”

“是吗？”儿子听见莱依小姐这么说，立刻来了精神，用力地在秋千上荡了几下。

“是这样的。据我所知，每个人在第一次荡秋千时都害怕得要命，爸爸也是这样的。”我趁机鼓励小塞德兹，“我第一次上秋千的踏板时，比你还要害怕，站在那里一动不动，连晃动都不敢。你比我好多了，用不了几天，你就会荡得很高很高。”

“真的?!”小塞德兹听到我和莱依小姐都这么说，恐惧感顿时消失得无影无踪。第二天我下班回家，还没进院子，就听见花园里传来爽朗的笑声。走进去一看，小塞德兹和莱依小姐正在高兴地荡秋千。

从这件事可以看出，孩子的恐惧感很大程度上来源于缺乏自信。只要树立起自信心，拥有良好的自我感觉，那可恶的恐惧心理自然会消失掉。

假如在小塞德兹第一次上秋千时表现出恐惧的时候，我没有鼓励他而是打击他，说他太笨或太胆小，那么结果是可想而知的。

拿孩子与他人作比较，只会让孩子丧失自信

"我们学习知识、锻炼身体，不是为了和别人比赛，而是为了我们自己。很多时候，其实那些所谓的竞赛是没有任何意义的。更何况每个人都有自己的长处和短处，你要想在每一个方面都超过别人那是根本不可能的。"

"塞德兹博士，你看这两个小家伙在一起时玩得多开心啊！"有一天哈塞先生在与我共进晚餐的时候说道。

"是这样的，他们是很要好的朋友。"我一边吃一边对哈塞先生说道。

"刚才，我突然有了一种想法……"哈塞先生欲言又止。

"什么想法？"我问。

"你想想看，难得他们天天在一起，又那么投缘，何不让他们来个竞赛？"哈塞先生说道。

"什么竞赛？"我问。

"比如，看谁读的书多，看谁的功课好，还可以看看谁的爱好更有意义。"哈塞先生说道。

"可是，这种竞赛有什么意义和价值呢？"我问哈塞先生。

"当然有价值了。这么做肯定能激发他们各自的好胜心，并使他们共同进步。"哈塞先生激动地说道。

哦，天哪，我不知道哈塞先生怎么会想出这么个主意，但我肯定这是一个馊主意。这种看似有道理的办法，事实上只会得到相反的结果。在孩子们之间，那种相互竞赛只会害了他们。我可以肯定地说，拿孩子与他人

作比较是极其有害的。

在我们周围，像哈塞先生这样的人远远不止他一个。他们从主观上说肯定是在想办法帮助孩子，殊不知，他们的某些自以为高明的想法往往会使孩子向相反的方向发展。

可能有人会这样认为，将自己的孩子与他人的孩子进行比较是一种极佳的激励孩子奋发向上的手段。然而我敢肯定，这种做法即使有一点积极的作用也补偿不了由此带来的消极影响。

虽然遭到了我的极力反对，但哈塞先生还是避开我偷偷地实行了他的计划。

我差不多有一个星期没有看到小塞德兹去荡秋千了，我还有点纳闷。后来发现他在做另外一件事情。有一天，我看见他像成年人那样用哑铃锻炼自己的肌肉。对他的这一做法，我感到很诧异，我不知道他为什么要这么做，更何况这项运动并不适合像他这么小的孩子。

“威廉，你这是在干什么啊？”

“我在锻炼身体。”儿子答道。

“可是荡秋千同样可以锻炼身体啊，你为什么偏偏玩这个笨重的玩意儿？”我指着儿子手中的哑铃问道。

“荡秋千他比我差远了，可是我的力气没有他大。”儿子回答道。

“你指谁啊？”我好奇地问。

“当然是格兰特尔了。”儿子停了一下说，“是哈塞先生让我们比赛的，他说谁做得好谁就是天才。”

“我的上帝！”这个愚蠢的哈塞，他果真让孩子们搞那些无聊的竞赛，居然还背着我。你以为我不会发现吗？听儿子那样说，我忍不住在心里责怪哈塞。

我知道，我儿子虽然不是那种身体极为强壮的孩子，但也不差，只是较天生强健的格兰特尔逊色些罢了。这本来不是一个问题，可现在在哈塞先生那种所谓的激励之下，小塞德兹居然也在干愚蠢的事。

“你练哑铃就是为了要超过格兰特尔吗？”我问儿子。

“当然，我可不愿意别人说我不如他。何况在其他方面我都比他强，不能在这一件事上输给了他。”儿子回答道。

“那么，这对你有什么好处呢？”我问儿子。

“……”对于我的问题，儿子也不知道该怎么说，因为他根本就无法回答。在这之前，他做这些或许只是为了超过格兰特尔，但在触及这件事情本质的时候，他也茫然不知所措。

“亲爱的儿子，你应该记住”，见儿子无法回答我的问题，我便耐心地开导他，“我们学习知识、锻炼身体，不是为了和别人比赛，而是为了我们自己。很多时候，其实那些所谓的竞赛是没有任何意义的。更何况每个人都有自己的长处和短处，你要想在每一个方面都超过别人那是根本不可能的。你想想，格兰特尔个子比你高，又强壮，他的力气比你大是很正常的事情，这并不能说明你的身体素质不如他。你何必要在这件无足轻重的事情上和别人较劲呢？再说，你这样练哑铃，一是方法不对，二是这个东西根本不适合你这个年龄的孩子用。这不但不能让你很好地锻炼身体，反而会造成伤害。我想你还是停止这种锻炼吧，等你长大一些再练。”

听我这样说，儿子立刻明白了其中的道理，放下哑铃到外面去荡秋千了。

这时，我认为有必要就此事与哈塞先生好好谈谈，便向哈塞家走去。

当我推开哈塞家的门走进去时，立刻听到了哈塞先生的训斥声。

“你真笨，我叫你们比赛是为了让你们共同进步，没想到你越来越糟糕！”哈塞先生正在大声地指责格兰特尔。

“我也不知道为什么，我已经做出了那么多的努力，但就是无法超过他。”格兰特尔委屈地说道。

“看看这些成绩，语文、数学、地理，你没有哪一样比威廉强，也不知道你每天都在干什么。以前还好一点，可现在差距更大了，这是怎么搞的？我让你们比赛，是为了让你有更大的进步，不是让你越比越差。”哈塞先生听起来很生气。

“我也觉得很奇怪啊。我在学习的时候总在想一定要超过威廉，可往往越想越学不进去。这是为什么？”格兰特尔委屈地说道。

“为什么？你还好意思问我，都是因为你太笨了！”哈塞先生忍不住发起火来。

这时，格兰特尔看见了我，马上羞愧得无地自容，哭着跑回了自己的房间。

“塞德兹博士，你来了。”哈塞先生因刚才全神贯注地教训儿子而没有发现我的到来，直到格兰特尔离开后才注意到了我，“真没想到，我让两个孩子比赛是为了让他们一起进步，结果格兰特尔却越比越差了。”

“你没想到吗？我可是早就知道会有这个结果。我今天就是为了这件事情而来的。”我对哈塞先生说道。

“什么？你早就想到了？”哈塞先生吃惊地看着我。

“那天我就劝你不要这样要求孩子，可是你没有接受。”我对哈塞先生说，“我始终认为，拿孩子与他人作比较是有害的。这个道理很简单，在这种比较中较强的一方肯定会产生骄傲的心态，这显然对孩子没有好处。而较差的一方呢？情况会更加糟糕，他会觉得自己不行。就像你儿子格兰特尔刚才说的那样，他付出了努力还是无法超过别人。这样一来，他会觉得自己太差劲、太无能，甚至认为自己是个笨蛋。这样下去的结果是什么呢？那就是孩子自信心的丧失。这件事的关键就在这里，而自信心的丧失将直接导致孩子变成一个真正的笨蛋。”

“……”听我这样说，哈塞先生的脑门上冒出一层冷汗，“可我也是好意啊，希望他们都能取得进步。”

其实，很多事情都是这样，人们怀着一颗善良美好的心却换来了糟糕透顶的结果。然而，教育孩子的方法有很多，为什么偏偏选择这种愚蠢的方式呢？如果“哈塞先生们”能够懂得让孩子学会正视自己的道理，那么孩子的教育就会变得容易很多。

当孩子感到难受时，要帮他排解不良情绪

"虽然你现在是最后一名，我想这并不能表明你的体育不行，因为这完全是年龄造成的。我敢肯定，等你长到十一二岁时一定会比那些孩子跑得快。你要是不信，到时候我来组织一个体育比赛，让年龄一样的孩子公平竞争。"

在一个孩子渐渐长大的过程中，会出现许许多多的问题。它们不仅表现在身体方面的慢慢成长，心理上也在一天天地发生着变化。

遗憾的是，父母们将全部的精力放在了孩子的身体上，而忽略了孩子成长的另一个重要的方面——心理的成长。

当一个孩子告诉他的父母"我感到难受"、"我很失望"时，粗心的父母往往会一笑了之。他们会说："小孩子嘛，能有什么失意的感受呢？""别淘气了，你没有什么可失望的。"

然而，既然成年人有失意，那么孩子自然也有。因为无论年龄大小，我们都是人；只要是人，就会有不同的感受。

我们成年人在失意的时候需要别人的帮助，难道我们的孩子就不需要吗？

小塞德兹不到7岁就完成了小学教育，这当然是值得骄傲的事。然而，他在学校的经历并非人们想象的那样尽善尽美，这其中也存在着许多不尽如人意的地方。

我在前面提到了儿子的身体，这便是我所说的不尽如人意之一。有人或许会认为我儿子的身体不好，其实并非这样。请你们想一想，当一个六岁的小孩子在念四年级或五年级时会出现什么样的情况呢？当一个只有六

岁的孩子身处一个全都是十一二岁孩子的群体之中时会是什么结果呢？当然，小塞德兹在智力上丝毫不逊色于那些大孩子，甚至比他们强多了，他们之间存在的差异很自然地在身体方面表现了出来。

在一次由学校组织的体育比赛中，小塞德兹倒数第一名。

众所周知，赛跑在小学生的体育比赛中是很重要的一项。那一次的比赛，是同年级中的比赛，也就是说一年级的孩子们就仅限于一年级，比赛在不同的班之间进行。二、三、四、五年级也是相同的比赛办法。这样一来，小塞德兹首先就在年龄上吃了亏。小塞德兹报名参加了50米短跑，结果可想而知，他当然不是别人的对手。

这样一来，小塞德兹首先在年龄上就挺吃亏的，他的竞争对手都是十一二岁的，虽然他们都念五年级，但小塞德兹只有六岁，这么一个小不点儿怎么能比得过那些大孩子呢？当时情况是可想而知的，无论他怎么拼命地加快步伐，还是被别人远远甩在了后面。

事后小塞德兹难过极了。

听到儿子得了倒数第一的消息后，我并没有问他，也尽量不去提这件事情，因为我知道他的心情，想让他随着时间的推移慢慢忘掉这件事情，但没想到他把这件事看得很重很重。

大约过了一个星期，儿子仍然闷闷不乐。见他这样，我认为有必要帮助他摆脱那种失意情绪。

“儿子，你还在为那件事难过吗？”我问他。

“我真是太笨了，竟然得了倒数第一名，太丢脸了。”儿子难过地说。

“是啊！得最后一名是不怎么光彩，可是你想到过其中的原因没有？”我问。

“是什么原因呢？”儿子问。

“因为年龄。你想想看，你的对手都是比你大的孩子，这个很正常……”

“可是我不能因为年龄小就比他们差呀。”儿子不服气地说，“虽然我比他们小，可我的功课比他们都好，只有体育一样不行，这多丢脸呀。”

“不，你这样说并不正确。智力是能通过教育和勤奋得到发展的，但年龄却是任何人也不能改变的。他们跑得比你快完全是因为他们年龄大，个子高。他们的腿都比你的长许多，如果跑得还没有你快，那不是太糟糕了吗？”我说。

“这也有道理，可是我毕竟是最后一名，同学们都在嘲笑我。”儿子还是很难过。

我非常了解儿子的性格，他是一个对自己要求极其严格而且从不服输的人。正因为如此，他固执得往往去钻牛角尖。于是我进一步对他进行开导：“虽然你现在是最后一名，我想这并不能表明你的体育不行，因为这完全是年龄造成的。我敢肯定，等你长到十一二岁时一定会比那些孩子跑得快。你要是不信，到时候我来组织一个体育比赛，让年龄一样的孩子公平竞争。到时候，你一定会赢的。”

“真的吗？”儿子问。

“当然是真的。因为那天我问过你们的体育老师。他说你的失败完全是因为那场比赛对你不公平。他还说你的体育成绩在同龄的孩子中是最好的。他还专门给我看了成绩单，年龄与你相仿的同学无论在哪一方面都比你差。”

“是吗？可是同学们为什么嘲笑我呢？”

“你没必要在意他们说什么，他们年龄本来就大，只是站在自己的角度看这件事情。你不用跟他们计较。他们以为自己很行，却没有认识到自己的无聊。以大欺小，这算什么本事？我不是跟你说过吗？我们的世界存在着大量的俗物，那些自以为是而又不明真相的人正是俗物。你干吗要去和那些俗物们计较呢？”

听我这样说，小塞德兹似乎在眨眼间得到了一个真理，顿时从失意之中走了出来。

教孩子认清自己的优势

"我之所以说你笨，是因为你不能看清事物的本质。你总是在一些愚蠢的想法中白白浪费宝贵的时间。"

由于哈塞先生的荒谬做法，格兰特尔在和小塞德兹的比赛中失去了信心。我并不想在此批评哈塞先生，只是想谈一下那个可怜的孩子是如何从自卑的状态中走出来的。

俗话说，解铃还须系铃人。这件事当然还是应该由哈塞先生来完成。

由于格兰特尔陷入可怕的悲观情绪中，他的功课一落千丈。不仅如此，本来成天乐呵呵的他变得沉默寡言起来。可以想象哈塞先生是多么的着急。虽然他已经知道这一切都是自己造成的，但也想不出什么可以补救的措施，他心急火燎地找我来了。

"塞德兹博士，现在格兰特尔的状况太糟糕了，你说我该怎么办？我虽然已经明白让格兰特尔和别的孩子比较是不明智的做法，但面对他现在的状况，我还是不知所措。"

"对于格兰特尔的状态，我当然很了解。但我想，这件事还需要你自己来解决。"我说道。

"可是我应该怎么办呢？"哈塞先生焦急地问。

"首先，你要让格兰特尔明白，他之所以在有些方面不如威廉，责任全在于他自己。"我说道。

"什么？"哈塞先生奇怪地问，"难道在这种时候我还能再一次打击他吗？"

"这不是打击，是让他看清事情的真相。"我说道。

"恐怕这不行吧，塞德兹博士。就因为我上次说他太笨，他才失去了自信心。现在我怎么能再去责怪他呢？”哈塞先生说道。

“那你觉得应该怎么做呢？”我问哈塞先生。

“我想应该想点办法鼓励他吧，我听说鼓励孩子有助于让孩子树立自信心。”哈塞先生说道。

“鼓励孩子当然是必须的，但也要看实际的情况。据格兰特尔目前的情况来看，仅仅采用鼓励的办法是没有用的。”我对哈塞先生说道。

哈塞先生看着我，就像是一个病人对着医生，渴求医生开点药尽快治好自己的病。

“我想，对于格兰特尔，你最好首先让他学会敢于正视自己，让他看清事情的真相，正如我刚才说的那样。”我对哈塞先生说道。

“我还是不明白，你说的真相是指什么？”哈塞先生似乎没有理解我的意思。

“好吧。哈塞先生。我可以告诉你，事情的真相就是你的儿子格兰特尔本身并不笨，但是他在很多方面都不如威廉的原因正是由于他自己。”

听我这样说，哈塞先生顿时愣在了那里，用一种迷惑的目光看着我。或许他根本没有想到我给他的竟然是这么一个答案。可是，我并非是故弄玄虚，因为事实就是如此，我可以向上帝发誓。见哈塞先生仍然没有理解我的意思，我便建议由我和格兰特尔谈谈。

第二天，我如约去看望格兰特尔，并带上了我的儿子小塞德兹。其实，我已经好多天没有看见特兰特尔了。自从那个倒霉的竞赛之后，格兰特尔就没有再来找过小塞德兹，而小塞德兹去找他时，他也躲在屋里不肯见面。我想这次我们父子俩一同登门拜访，他总不至于不见吧。

“格兰特尔，你好吗？”小塞德兹一见格兰特尔就高兴地问道，“你这几天是怎么啦？也不见你来找我。”

“我……”格兰特尔欲言又止，还深深叹了一口气。

“你这是怎么了？以前可从来没见你这样过，是什么事让你这样没精打采的？”

“我……我觉得自己太笨了，不好意思见你。”过了很久，格兰特尔才吞吞吐吐地开口说话。

“这怎么还和我有关系啊？我怎么一点儿也不知道？”小塞德兹丈二和尚摸不着头脑。

“这不能怪你，只是我觉得自己无论怎么努力都不如你。唉！我真是太笨了。”格兰特尔又深深地叹了一口气。

格兰特尔的话把小塞德兹弄得糊里糊涂，他一点也不明白格兰特尔在说些什么。

“哦，格兰特尔，我觉得你真是个笨蛋，简直愚不可及。”站在一旁一直不作声的我，突然对格兰特尔说道。

“你……你怎么能这样？”哈塞先生听见了我说的话，惊得呆在了那里，恐怕他做梦也没有想到我居然会说这样的话。

“格兰特尔，你知道我为什么这样说吗？”我问道。

格兰特尔摇了摇头，一副伤心欲绝的样子。

“我之所以说你笨，是因为你不能看清事物的本质。你总是在一些愚蠢的想法中白白浪费宝贵的时间。”我说道。

或许是我对他的大声指责起到了醍醐灌顶的作用，格兰特尔顿时有了精神。他一动不动地看着我，似乎在等我的解释。

“你之所以最近一直都很难受是因为通过那些比赛，你看到了自己的不足之处。你觉得自己不如威廉，是这样吗？”

格兰特尔非常沮丧地点了点头。

“你在很多方面比小塞德兹差，这一点我早就看出来了。可是你有没有想过这是为什么？”我问道。

“为什么呢？”格兰特尔满怀期望地问道。

“因为你没有威廉用功，因为你不愿意下工夫去记那些词汇，也因为你不愿意动脑筋去思考那些数学题。”我坦率真诚地指出了格兰特尔在学习中存在的问题，“当然，可能学习方法也有问题。可是这些都是能够解决的呀！”

“是的，这几天我也是这么想的。”格兰特尔说道，“可是，小塞德兹的成绩比我好得太多了，恐怕我永远也赶不上了。”

“我之所以说你愚蠢，正是因为你的这种错误想法”，见格兰特尔对此事有所认识，我便进一步开导他，“要知道，一个人想要取得好的成绩并非是一朝一夕可以做到的。当你发现不如小塞德兹的时候也做了一定的努力，但你又觉得即使自己努力了也仍然赶不上了他。这是什么原因呢？答案很简单，是因为你的努力还远远不够。你想在一两天之内超过比你强许多的对手，这可能吗？”

“是的，塞德兹先生。小塞德兹的学习成绩那么好，我想跟他一样。可是我也知道这不是几天就能做到的事情，所以我现在一点信心也没有。”格兰特尔还是那么灰心丧气。

“不，你现在已经知道原因了，我想你应该很快就会取得进步。其实时间也没有你想象的那么长，只要你自己多努力，再认真总结一下学习经验，等你找到一种适合你的学习方法时，你就会觉得这一切都变得容易了许多。”我的语气稍有缓和。

“真的吗？”格兰特尔激动地说。

“当然是真的，我怎么会骗你。你是个非常聪明的孩子，我一向这么认为，从来没觉得你笨。我想，经过一段时间的努力后，你一定会认同我的说法。到那时，你就有足够的信心成为一个优秀的人了。”

从这天起，格兰特尔好像换了一个人，不再愁眉苦脸、垂头丧气，每天都非常勤奋地学习，并时常与小塞德兹一起讨论学习当中遇到的问题。

不出我所料，没过多久，格兰特尔不仅在功课上取得了巨大的进步，而且还变成了一个充满自信的人。

“孩子，你真棒！”是鼓励孩子的最好的话

其实在很多情况下，一句“你真棒”足以解决那些看起来似乎很难解决的问题；一句“你真棒”也能让孩子充满自信，成为一个优秀的人。

我可以自豪地说，我儿子小塞德兹从他出生之日起一直是处于自信的状态之中。即便在这一过程中偶尔会出现不自信，那也是非常短暂的。有人或许会对这一说法表示怀疑，认为一个人怎么可能永远自信，一定是天方夜谭。然而，这确实是事实，我没必要撒谎。有人可能还会说，“即便我相信你的话，认为你说的都是真的，那你又是怎么做到的呢？”其实很简单：种瓜得瓜，种豆得豆，你播下什么种子就会收获什么果实。我想这应该没有人否认吧。

在小塞德兹还没出生的时候，我就发誓一定要把他培养成一个伟大的、对社会有用的人，不想让他庸庸碌碌一辈子。怎么做到这一点呢？在我看来，要想成为一个优秀的人，必须有独立的个性和人格；要想走在别人前面，在普通大众中脱颖而出，就必须有自己的独立判断，有坚持自己观点的能力。而要做到这些，必须有强大的力量作为精神上的支撑。我认为这种力量就是自信心。

我们都知道，没有自信心的人会很轻易地放弃自己的观点，也会很轻易地放弃自己的努力。这样的人，是没有思想没有个性的人。这样的人会有什么结果呢？不是在碌碌无为中虚度一生，便是随波逐流地混迹于毫无

意义的俗物里面，将宝贵的生命毫无价值地白白消耗掉。我当然不想让我心爱的儿子变成那样的人。

可以这样说，在儿子成长的过程中，我对他说得最多的一句话就是：儿子，你真棒！有人会说，你这不是在欺骗自己的孩子吗？也有人会说，你这样一定会让孩子变得狂妄自大。可是我不这样认为。在我看来，“你真棒”这句话是世界上最动听的语言，它能给人以鼓舞和力量，难道不是这样吗？

事实上，这句话不但不会使孩子产生狂妄之念，反而会使他变得谦逊与和蔼。这并不是妄下定论，我想只要有耐心并对孩子实施过良好教育的父母都会认同这一点。

当儿子第一次试图从摇篮里爬起来时，我对他说：“你真棒。”

当他第一次扶着我的手站起来时，我说：“你真棒。”

当他第一次开口说话时，哪怕他的声音还是模糊不清的，我仍然对他说：“你真棒。”

在以后的日子里，我不知道对他说过多少次“你真棒”。

当他第一次听到我说“你真棒”的时候，他只会眨一眨眼睛。

当他第二次听到我说“你真棒”的时候，他只能冲着我微微一笑。

当他第三次听到我说“你真棒”时，他已经能够叫“爸爸”了。

在以后的日子里，每当他听到我说“你真棒”时，总会高声欢呼起来，并且能够把每一件事情都做得很棒很棒。

“儿子，你在干什么呀？”当我发现小塞德兹独自一人呆在房间里，便悄悄地走了进去并轻声地问道。

“哦，爸爸，我在看一本书。”儿子将一本厚厚的书递给了我。

一看书名，我顿时惊呆了。这本书是托尔斯泰的《战争与和平》。我想这本书是很多人都读过的。看这本书本来不是一件让人觉得奇怪的事情。然而，小塞德兹读这本书的时候，他还不到五岁。

“你能看懂吗？这好像不是你这个年龄的孩子容易读懂的东西。”我对儿子说。

“是吗？可我已经看了不少了。”小塞德兹很自豪地跟我说。

“那么，你给爸爸讲讲书中的内容好吗？”我抱起他来，让他坐到我的腿上。

于是，儿子开始给我讲述他读过的内容。让我感到诧异的是，他不但把书中的内容讲得分毫不差，还不停地对书中的人物进行点评。

“噢，你真棒！我亲爱的儿子，我真没想到你居然能读懂它。”我高兴地对他说道。

这时，小塞德兹的脸上露出了兴奋的笑容，他的那种满足感让我也受到了感染。

我很了解自己的儿子，我知道当他第一次手捧《战争与和平》时并不一定意味着他天生就喜爱读书，恐怕他也和其他的孩子一样，仅仅是心血来潮而已。然而，在得到我的肯定之后，他开始真正地喜欢上了读书。在以后的日子里，儿子的大部分时间都是在书本的陪伴下度过的，这一点足以证明我说的话。

我所认识的许多父母都认为小孩子是天生的捣蛋鬼，应该想办法控制他们才行。我的观点却不是这样的。相反，我认为小孩子是非常脆弱的，他们需要的是支持而不是打击，即使他们有时候的确让人觉得很烦。我想告诉那些父母们，你们的孩子没有你们想象的那样大胆。你们常说孩子们无法无天，但你们却没有认识到这种表面上的“无法无天”正是他们脆弱的表现。你们责骂孩子，批评孩子，自认为是在帮助孩子，殊不知这样的管教方式在不知不觉中让孩子失去了自信心。

在我儿子的成长过程中，我很少用大多数父母采用的方式指责儿子，即使他犯了不可饶恕的错误。况且，我认为对于一个孩子来说，没有什么不可饶恕的错误。

其实在很多情况下，一句“你真棒”足以解决那些看起来似乎很难解决的问题；一句“你真棒”也能让孩子充满自信，成为一个优秀的人。

小塞德兹现在被很多人熟识或者听说过，他的所谓的天才式的经历受到人们的广泛关注。有人认为这样的孩子一定是非常自信的人，而这种自信肯定是天生的。然而，我可以肯定地说，这种看法不完全正确。

当然，正如在前面所说的那样，我儿子绝对是一个自信的人，然而这份自信并非与生俱来，这份自信完全来自于他所受到的教育。“儿子，你真棒”就是这种教育的一个缩影，因为这句话意味着一个父亲相信自己的儿子，这句话意味着一个父亲正在支持着自己的儿子。

孩子的自信心来自于在他最弱小的时候旁人对他的关心和支持，特别是父母给他的关心和支持。

家教延伸阅读

·父母的不合理期望会毁了孩子·

父母对待自己的孩子要有一个正确的估计，分析孩子的长处和短处，为孩子的发展确定一个合适的目标和期待。如果父母只是为了满足虚荣心，过高估计孩子的能力，对孩子期望过高，无形中会毁了孩子的一生。

为孩子设立过高的不切实际的目标。当孩子的基础还没有打好，能力还没有开发出来时，突然给他设定过高的目标，父母逼着，尤其是小学的孩子对他自己能力几乎是一无所知。他不知道自己的能力有多大，也不知道什么叫准备。

跟别家孩子攀比，是父母的虚荣心在作祟。家长在看护孩子的过程中，千万不要把自己孩子和别的孩子比较。每个孩子都有自己的优点，比较的结果只会打击孩子，给孩子带来难以承受的压力。每一个人都是独一无二的！无论拿孩子缺点和别的孩子的优点比，还是拿孩子的优点和别的孩子的缺点比，都是错误的。前者让孩子自卑，后者使孩子自负，不能让他公正地确认自己的价值。

没准备就匆忙上阵。作为人生的向导，在孩子参与任何活动之前，家长都要告诉他要做什么样的准备工作，生理、心理、物品的准备，这些都是要告诉他的。

失败的阴影，或负面情绪。如果孩子无法走出失败的阴影，或者意念中有上限，那么他就无法突破。一个小时记住30个单词对一个孩子来说很简单，可是如果他的意念里认为不可能，那他就真的记不住。

破坏性批评。一个孩子迟到了，父母说："这么多人都在等你！通过这件事，说明你是个不负责任的人。"我们都知道，父母是孩子生命中最重要的人，而仅仅因为一次迟到，孩子所有的努力被否定了！

消极情绪。孩子被批评了，在班级里或在家里受伤害了，如果这种消极情绪连续21天，就会形成稳定的情绪状态。父母要引发孩子的良性情绪，乐观、向上、快乐、幸福、宁静。

身体不健康。身体不健康会导致孩子在与其他孩子互动中，产生技不如人的感觉，也会严重挫伤孩子的自信心，从而可能使孩子找到做不好事情的客观原因。

过分保护孩子。过分保护孩子，不让孩子动手实践。自信心的最初建立是因为人感觉他可以做成一点好的事情。如果你不给孩子实践的机会，他拿什么建立自信心呢！

自我价值严重缺乏。孩子在 0 ~ 3 岁时缺乏关爱，他在人前始终无法建立价值感。这时父母需要通过关爱、确认一些行为重新确立自我价值。一个人自我价值如果缺乏到极端就会导致他犯罪。当一个人认为自己是有重要价值的，他不可能学坏，因为他会感觉有太多事情要做，他怎么可能去伤害别人呢。

强迫孩子做他不喜欢的事。如果孩子感觉被奴役被支配，是没有积极性的。

当众出孩子的丑。当着外人比如孩子的同学或亲友、邻居等贬低孩子，会让他感到无地自容，产生自惭形秽的念头。这会使孩子觉得自己什么都不行，没人赏识他。

和孩子说话时音量很高，使用强烈的命令式口吻，还经常配合一些挖苦讽刺的汉语词组，“你真蠢”“你混蛋”“没见过你这么傻的”“怎么生了你这么个东西”等等，都会大大伤害孩子。

……

以上这些父母的不合理的期望或者行为看似问题不大，实则不注意很可能会毁掉孩子的前程，把一个有着天赋的孩子变为俗物。这些父母都要慎重对待。

CHAPTER 10

鼓励造就天才，打击制造俗物

多给孩子一次机会，就多了一份成功的可能。

在孩子遇到困难时，如果我们每一次都劝他们放弃，

那么他们还会有什么进步呢？

他们还能成为一个有所成就的人吗？

如果说得不到鼓励的孩子如同久旱的秧苗，

那么那些得不到鼓励，还经常受打击的孩子只会变成渴死的枯草。

有效的鼓励能够造就天才

在我看来，鼓励孩子的真正意义在于父母对孩子的宽容，而这种宽容的直接表现就是多给孩子一次机会。多给孩子一次机会，就多了一份成功的可能。在孩子遇到困难时，如果我们每一次都劝他们放弃，那么他们还会有什么进步呢？他们还能成为一个有所成就的人吗？

我常常与我的老朋友哈塞先生讨论孩子的教育问题，这在前面我已多次讲述过。正如你们读到过的一样，我们俩在孩子的教育问题上存在着诸多分歧。尽管如此，但这并不妨碍我们的交往以及我们的讨论。

当我把我教育孩子的秘诀，就是对孩子说“你真棒”的方法说给他听时，哈塞先生哈哈大笑起来，并对我的这一方法予以否决。

“不，塞德兹博士，我知道你很会教育孩子，也知道你的儿子很优秀。但你把所有这些都归结为这么一句话，未免太玄虚了吧。”哈塞先生说道。

“你认为这是故弄玄虚吗？”我有些生气了，因为他拿我的话开玩笑。

“我不是这个意思。”见我不高兴，哈塞先生急忙说道，“我不是说你有心把这件事说得那么玄，而是这让人听起来的确有些费解。”

“难道你不相信我的说法吗？”我问哈塞先生。

“不是不相信，是你把教育孩子说得太简单了。”哈塞先生说道，“我觉得教育孩子是一件很复杂的事情，也是多方面的事情。我想你对此应该深有体会吧。仅凭一句‘你真棒’我想是不会解决这些问题的。”

“不好意思，你好像没有明白我的意思，也没有真正理解那句话的含义。”我对哈塞先生说道。

“难道里面还有什么高深莫测的道理吗？我倒是想听一听。”哈塞先

有效的鼓励造就天才

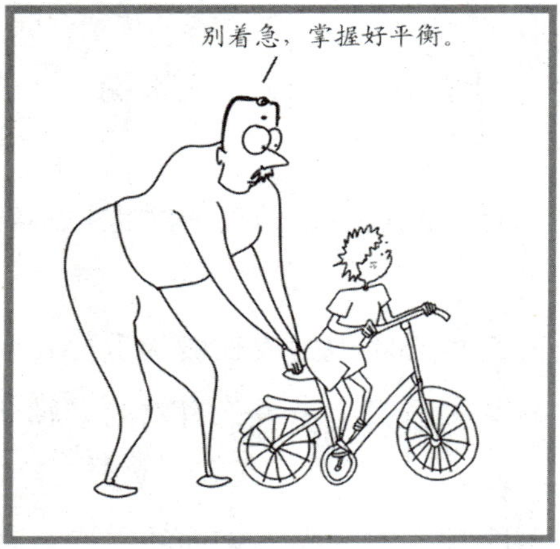

适时的指导和鼓励，帮孩子掌握要领。

抓住时机引导孩子，启发孩子的思考。

父母的鼓励是提高孩子积极性的关键。

不要事事都包办，让孩子自己动手。

生说道。这时，我感到他并不相信我所说的话。

“要知道，我对孩子说‘你真棒’这句话是想让他树立自信，是为了鼓励他。”我向哈塞先生解释我的观点。

“我当然明白你的意思是给孩子以鼓励，但我认为仅仅是鼓励对孩子的教育来说还远远不够。”哈塞先生说道。

“不够？”我惊讶地看着哈塞先生，“你认为对于一个人来说，有了足够的自信心还不够吗？”

“这个……”虽然哈塞先生不完全同意我的观点，但他一时也找不到反驳的理由。

“我可以非常肯定地告诉你，孩子的自信心对他的成长极为重要，而鼓励正是让他建立自信心的最好办法。从某种意义上来说，有效的鼓励能够造就天才。”

当小塞德兹取得一些引人注目的成就之后，有许多人来向我咨询教育孩子的方法。对于每个人，我总会提到我对儿子常说的那句话。然而，他们之中的大多数人都和哈塞先生一样，对我的说法表示怀疑，甚至还有人认为我是在故意隐瞒某些有关教育的“秘诀”。我可以发誓，我并没有半点隐瞒，更何况我也没必要这么做。

尽管如此，我还是想在此进一步阐述我的教育理念。在我看来，鼓励孩子的真正意义在于父母对孩子的宽容，而这种宽容的直接表现就是多给孩子一次机会。

在我们周围，有很多人都在抱怨自己没有成功的机会。你看，连成年人都需要机会，更何况是孩子们呢。

如前所述，小塞德兹在一年之内完成了小学教育，本来应该在第二年7岁时上中学，但由于年龄太小被拒绝了。这样一来，本来还兴致盎然的小塞德兹就显得有些扫兴。那一年暑假，他无所事事。幸好，他表兄米斯哥特来了，他才度过了一个快乐的假期。

米斯哥特比小塞德兹大三岁，是个聪明又能干的好孩子。他热情似火，深受周围人的喜爱。他不但学习成绩优异，身体也非常棒，并且爱好相当广泛。据说，他还是学校棒球队的主力队员。

不知是什么原因，这位可爱的棒小伙突然喜欢上了单车。据说他还想参加单车比赛。我想，像他在他的其他那些爱好上所做的那样，他一定会成为一名优秀的自行车赛车手的。

不是吗？他是骑着自行车走了老远的路才来到我家的。我想仅凭这一点，就可以看出他对自行车运动有多热爱。

小塞德兹虽然已经有两年没有见到他的这位表兄了，但他常常从我们以及别的亲戚那儿听到表兄的“业绩”。表兄早已是小塞德兹心中的偶像。

小孩子都有崇拜英雄人物的心态，比如棒球明星、登山能手等等，这些都是他们崇拜的对象。虽然我儿子也有突出的表现，然而他毕竟是个只有七岁的孩子，他也和千千万万的孩子一样，总会找一两个人来充当自己的偶像。

表兄到来的那一天，小塞德兹兴奋极了。一见面，他就冲上去拥抱米斯哥特，并对他的那辆自行车产生了浓厚的兴趣。他不停地问表兄米斯哥特有关自行车和单车比赛的事情，并极力要求表兄教他骑自行车。

“骑单车，关键是平衡问题。”米斯哥特像一个体育教练那样开始对小塞德兹进行指导，“单车运动主要是为了培养人身体的协调能力，所以你一定要放松，尽量使动作自然……”

在进行了一番“理论”指导后，米斯哥特把自行车交给了小塞德兹。

可是，事实并没有小塞德兹想象的那么简单，无论米斯哥特怎么帮助他，他还是不能使这个只有两个轮子的车子行驶起来。为此，他摔倒了许多次。

“噢，天哪！小塞德兹，你看看你都摔成什么样子了。”这时，小塞德兹的母亲沉不住气了，“我看还是不要再学了吧，这会把你摔伤的。”

“不，妈妈，我一定能够学会的。”小塞德兹对母亲说。

“这没有什么，姨妈。我刚开始学单车时，也摔跤，跌倒是很正常的事。”米斯哥特劝告小塞德兹的母亲不必担心。

“塞德兹，我看你还是劝劝孩子们吧，这样下去肯定会受伤的。儿子学了那么久仍然没有掌握要领，说不定他在这方面没有天赋，何必对他这么苦苦要求呢？”儿子的母亲转过头来对我说道。

“什么？你说他没有天赋，我可不这么认为。”我说。

“可是他已经练了很多次了。”他母亲很担心地说。

“他是练了很多次了，但我觉得只要他自己还想练，就应该鼓励他，多给他一次机会。说不定这次就练好了呢。”我对妻子说道。

“爸爸，我一定能学会的。”儿子走过来像是在给我表决心。

“爸爸当然相信你了。我一直都认为你很棒，你一定能学会的。”我拍了拍儿子的肩膀以示鼓励。

果然不出我所料，没过多久，小塞德兹就对那辆别人看起来很难对付的车子驾轻就熟了。

这件事说明了什么呢？它再一次告诉我们：多给孩子一次机会，就多了一份成功的可能。在孩子遇到困难时，如果我们每一次都劝他放弃，那么他还会有什么进步呢？他还能成为一个有所成就的人吗？如果那样的话，别说天才，就连成为一个合格的普通人也不可能。

鼓励并不等于只说一两句动听的话

据我所知，很多做父母的并不知道什么是鼓励，甚至有些人还歪曲了鼓励的真正含义。他们以为鼓励就是只说一两句好听的话，随随便便地表扬一下孩子。

我想，人们都听说过“鼓励”这个词，也有人对鼓励能够培养孩子的自信心这种事有所了解。但据我所知，很多做父母的并不知道什么是鼓励，甚至有些人还歪曲了鼓励的真正含义。他们以为鼓励就是只说一两句好听的话，随随便便地表扬一下孩子。

这种认识是非常错误的，如果鼓励孩子真是这么简单的话，我就没必要在这里喋喋不休、长篇大论了。

曾经有一位母亲在我这里听说了鼓励的方法后立刻对她的女儿实施了一番这样的教育。然而让人感到遗憾的是，她并没有掌握这一方法的要领，就像很多人的做法一样，她理解的鼓励就是对孩子说一些不切实际的漂亮话，对孩子大加赞扬。

这位母亲叫科丝·米尔娜，她有个9岁的非常漂亮的女儿。

通常情况下，漂亮的女孩子总会有一点狂妄。由于她们的美貌，这样的女孩儿往往会受到很多人的喜爱。科丝夫人的女儿爱弥儿也是这样。

这个年仅9岁的小女孩虽然还只是在读小学三年级，但她已经成为很多人关注的对象。由于非常美丽，再加上她那甜美的笑容，无论是老师还是同学都非常喜欢她。这么一来，她的那种天生的优越感就表现得一览无余。

然而同大多数漂亮女孩一样，她的智力发展和学习成绩却显得不尽如人意。

科丝夫人曾对我说，她那宝贝女儿的学习成绩永远停留在倒数二三名，这也是她来向我请教的原因。

“那么，你平时是怎样教育孩子的呢？”了解情况之后，我问科丝夫人。

“塞德兹博士，你也知道，我并不是一个对教育有经验的母亲。我能够做的只能是着急。”科丝夫人道。

“是吗？可是对于孩子的教育问题，光着急是没有用的。你应该尽快找到解决问题的办法。”我对科丝夫人说道。

“是啊。我也知道这一点。我也一直在思考应该怎么教育孩子，也给女儿讲了很多道理，但是这些通通都没有用。”科丝夫人说，“她的学习成绩仍旧那么差，我真不知道该怎么办了。”

“你能给我讲讲你女儿的具体情况以及你是怎么教育她的吗？或许听完后，我能帮上你一点忙。”我说道。

“我这个女儿太骄傲了。当然不是因为学习成绩，都是因为她有一个漂亮的脸蛋儿。你说这不是很让人生气吗？这么小的孩子就对外表那么在意。为了让她打消这种念头，我常常责骂她，说她如果一直这么下去，只能当一只没用的花瓶。”科丝夫人气愤地说道。

“哦，科丝夫人，你对一个小女孩说这样的话是很不明智的，这么说只会更刺激她。”我说道。

“难道你认为我说的不对吗？难道一个只有外表没有学识的人不是只能当个花瓶吗？”科丝夫人说道。

“是的，我们都知道，事实就是如此。但是这种教育孩子的方法是不正确的，这样不但不能帮助她有所进步，反而会使她更加糟糕。”我说道。

“为什么？”科丝夫人迷惑不解地问。

“因为责骂只会让孩子产生逆反心理。你说她只注重外表而没有内涵，她听后一定会很难受。她不但不会去努力学习以弥补自己的不足，反而会向相反的方面发展。”我尽力向科丝夫人讲明道理，“你女儿的学习不好有可能正是她自己的心病，她以外表来作炫耀不外乎是为了在众人面前掩饰自己的弱点。说不定她正在为自己成绩的糟糕而难过呢！”

“那我应该怎么办呢？”科丝夫人焦急地问。

“你应该想办法让她正视自己的弱点，然后在学习上尽可能地鼓励她，使她建立起能够取得优异成绩的信心。”我说道。

“哦，天呐，难道她那么狂妄自大的人会没有信心吗？”科丝夫人用一种不信任的目光看着我。

“当然，你认为狂妄的人就是有自信的人吗？在我看来，她的狂妄正是为了掩盖自己内心的软弱。”我说道。

科丝夫人沉默了许久，好像明白了我说的意思。

第二天，她便开始对孩子进行鼓励了。然而，她并没有采用正确的方法。直到她第二次来找我，我才知道她和女儿之间发生了什么事情。

科丝夫人离开，回家后立刻找到了她的女儿。

“爱弥儿，我刚才和塞德兹博士谈了一下，他是一位很有名的，也很有经验的心理学专家。他说我对你的教育方法不对，我也意识到了这一点。我向你道歉，我不该责骂你。我保证以后再也不那样了。”科丝夫人对女儿说道。

爱弥儿一句话也没有说，但显然她是被母亲的话所感动，几乎流下了眼泪。

“你的学习成绩不好，这也不能完全怪你，这是妈妈的教育方法不对。”科丝夫人再次向女儿道歉。

“那么，那位塞德兹博士是怎样说的呢？”或许这个可爱的小姑娘最担心的就是自己的学习成绩，听母亲那样说，她立刻关心地询问起来。

“他说你之所以只注重外表是因为你自己认为学习不行，那是一种不自信的表现。”科丝夫人说道，“他说你是在用外表的骄傲掩饰内心的自卑。”

爱弥儿一下愣住了，她的眼睛中充满了愤怒。

可是，科丝夫人并没有注意到这一点，仍然絮絮叨叨地说："这都怪我，没有及早发现这一点，以致你越来越自卑。"

"谁说我自卑了？"爱弥儿突然愤怒地大叫起来。

"……？"科丝夫人无语，一点也没有明白女儿为什么会这样。

她想，恐怕是女儿正为自己的缺点而难过呢。这时应该安慰一下、鼓励一下她了吧。

"亲爱的孩子，妈妈最疼爱你了。你是个很不错的孩子。即便你学习成绩很糟，即便你没有信心，我也不会责怪你的。"科丝夫人说道。

"你怎么知道我没有信心？我告诉你，我非常有自信。那个可恨的塞德兹，是什么狗屁专家，给你出的什么馊主意，真可恶。"爱弥儿暴跳如雷地大喊大叫。

"不，亲爱的。我没有任何指责你的意思。我再也不说你没有信心了，你是有信心的……你的学习……不好，也没关系。再说了，你是多么漂亮啊。"这时，科丝夫人已经不知道应该再怎样向女儿解释，渐渐地语无伦次起来。

我想，那个漂亮的小姑娘——爱弥儿会永远恨我。这又有什么办法呢？

科丝夫人把鼓励理解成了向女儿道歉，把鼓励理解成了对女儿的示爱。她以为说一两句漂亮话就能解决问题。殊不知，正是由于她的错误理解，把女儿的内心引向了更糟糕的境地。

事实上，很多父母都在无时无刻地赞扬着自己的孩子，但他们中的大多数并不知道赞扬什么，怎样赞扬。如果是这样的话，我所提倡的那种鼓励方式还会起丝毫的作用吗？鼓励孩子并不是件容易的事，它并不等于只说一两句动听的话。

父母无意的伤害对孩子的伤害更大

“怎么会呢？你本来有很好的基础，只不过现在生疏了，我想再练一会儿你就会恢复以往的水平。你以前不是唱得挺棒的吗？”我耐心开导儿子，“何况这种比赛只是为了让你们有一个快乐的节日，何必那么计较输赢呢？”

正如我上面所述，科丝夫人本来是想让女儿建立自信，改掉由于外貌产生的狂妄，从而在学习上能有所进步。然而她的做法却在不经意间走向了她也不愿看到的反面。

科丝夫人是这样，难道其他父母就不是这样吗？事实上并没有我们想象得那么好。其实，没有一位父母是想有意伤害孩子，但不幸的是，这样的伤害俯拾皆是。所以，基于这些考虑，我在对儿子的养育过程中对此尤为注意。

有一次，我接到了儿子就读的那所学校的通知。通知上说为了让孩子们有一个快乐的儿童节，学校决定组织一次少儿歌唱比赛，并希望得到家长的支持。

由于那一段时间我忙于一个研究课题，当时并没有重视此事。奇怪的是，小塞德兹也没有像往常那样提醒我。于是，这件事被成天忙于工作的我给忘记了。

歌唱比赛的前一天，格兰特尔兴冲冲地跑到了我家。

“威廉，你准备好了吗？”格兰特尔一进门就问小塞德兹。

“什么？准备什么？”小塞德兹问道。

“歌唱比赛啊。难道你忘了？”格兰特尔简直不相信小塞德兹居然会把这件非常重要的事情忘掉。

“哦，你说的原来是这个啊。我不想参加。”小塞德兹回答道。

“为什么啊？你不是唱得挺好吗？何况学校规定，每个人都要参加。”格兰特尔有点不高兴地说。

“我觉得那种比赛没有一点儿意思。至于学校，我只要请个病假就可以了。”小塞德兹说的时候满不在乎。

“你怎么能说没意思呢，同学们都很踊跃呢。”格兰特尔说道，“大家都在认真地准备这场比赛，为什么你却不想参加？”

“因为我现在碰到了一个难题。”小塞德兹说道。

“什么难题？”格兰特尔说。

“我对生理学上的一个现象总是搞不明白，但书上又没有满意的讲解，我正在想办法弄懂它。”小塞德兹说道，似乎除了这件事外，对其他的一切都漠不关心。

“噢，天哪！你就为了这个呀！”格兰特尔不能理解小塞德兹的想法，“你的难题留到以后解决不行吗？歌唱比赛可是机会难得呀。”

听完两个孩子的对话，我突然想起了那件事。

虽然诸如歌唱比赛这种事只是孩子的课外活动，但我认为它仍对孩子的全面发展极为必要。于是，我走到了两个孩子身边。

“儿子，我想格兰特尔的说法是正确的。生理学的问题固然重要，但你完全可以把它向后挪一挪。现在的首要任务是为参加歌唱比赛做准备。”我对小塞德兹说道。

“是吗？我还以为你也觉得这件事情无所谓呢。”小塞德兹对我说。

“为什么你会这样说呢？”我问小塞德兹。

“你接到学校的通知，并没有重视它，这不是说明你根本没有把这件事情放在心上吗？”儿子对我说道。

“哦，原来这样。爸爸这段时间有点忙，就把这件事情给忘了，但并不是不重视它。相反，我认为这是一件非常有意义的事情。”我说道。

“可是，明天就要比赛了。我一点准备都没有，怕是已经来不及了吧。”儿子说道。

“是啊，这的确是件令人头疼的事情。”我为自己的疏忽有点懊悔，“不过也没关系，我们现在开始准备，没准还能赶得上。”

说完，我就开始帮儿子找资料，选曲目，并用钢琴为他伴奏。

由于儿子在这之前没有做丝毫准备，又因为他现在着迷于生理学，而且好长时间没有练习钢琴和歌唱，所以这时他显得有些吃力。

“爸爸，我想我是不行了。干脆别练了，好吗？”这时，小塞德兹开始退缩了。

“不，为什么不练下去？爸爸都没有失望，你为什么失望呢？”我劝儿子坚持下去。

“可是如果明天唱不好，那多丢人呀！”儿子沮丧地说道。

“怎么会呢？你本来有很好的基础，只不过现在生疏了，我想再练一会儿你就会恢复以往的水平。你以前不是唱得挺棒的吗？”我耐心地开导儿子，“何况这种比赛只是为了让你们有一个快乐的节日，何必那么计较输赢呢？”

“可是如果拿不到名次，别人会笑话我的，说我根本不行。”儿子说道。

“你唱歌唱得好，这是每一个了解你的人都认可的事，他们不会仅凭一次的失败就下结论的。”我极力使儿子不要陷入不健康的心态之中，“难道你忘了我给你说的那句话吗？不以成败论英雄才是真正的英雄。”

听我这样说，小塞德兹打消了放弃的念头，开始专心致志地练习起来。

第二天，学校到处洋溢着节日的气氛。孩子们穿着整洁的校服，等着歌唱比赛的开始。

没过多久，比赛开始了。孩子们或是独唱或是合唱，学校的剧场上空飘起了一阵阵悠扬动听的旋律。

由于小塞德兹事先没有重视这次比赛，也就没有邀请别人与他一起合唱，所以，他只能进行独唱了。

当报幕员报出小塞德兹的名字时，他有些紧张了。他看着坐在一旁的我，一言不发地盯着我，显得非常为难。他的目光似乎是在请求我的帮助。

这时，我悄悄地对儿子说："不用紧张，你是最棒的，去尽情地表现自己吧！"

事实上，小塞德兹在那次歌唱比赛中获得了二等奖。虽然没有得到第一，但对于知道其中原因的小塞德兹和我来说，已经是很满足了。

培养孩子独立生活的能力

帮助孩子，替他做自己能做的事情，不仅会打击他的积极性，还会伤害他的自信心。更重要的是这种做法会严重损害他的独立人格。不论什么事情如果都替孩子做的话，他就会失去很多成长中必须的实践机会。

在这之前我说过，我绝不代办任何儿子可以自己做到的事情。不仅在他小时候是这样，在他整个成长过程中我都是如此。

帮助孩子，替他做自己能做的事情，不仅会打击他的积极性，还会伤害他的自信心。更重要的是这种做法会严重损害他的独立人格。无论什么事情如果都替孩子做的话，他就会失去很多成长中必须的实践机会，这个道理是显而易见的。一个得不到机会实践，得不到机会锻炼的孩子，会很容易产生对他人的依赖感，他会在任何时候都想得到别人的帮助。

当然，话又说回来，一个处处有人帮助的孩子是幸福的。然而一旦这种帮助没有了，该怎么办？这时，孩子便会不知所措，并直接影响孩子自身能力的发展。我敢肯定，这样的孩子长大后绝对没有独立的人格，更不可能有出色的成就。所以，我始终把培养小塞德兹的独立人格放在很重要的位置。而这种培养，和其他方面一样，也是依靠鼓励来完成的。

"妈妈，请你帮我把帽子拿来好吗？"

"莱依小姐，请你帮我收拾一下房间好吗？"

"爸爸，请你帮我把钓鱼竿收起来好吗？"

每当听到儿子说这种话，我都会毫不客气地拒绝他。不仅是我自己，我也要求儿子的母亲以及莱依小姐都不要随便帮助他。

“塞德兹博士，你未免也太残酷了吧。看看你儿子，他是一个多么可爱的孩子啊，你怎么忍心拒绝他的请求呢？”哈塞先生在得知我在这件事情上采取的态度后，有点责备地跟我说。

“不，哈塞先生。我之所以这么做，完全是为他好。”我说道。

“什么？！你说这是为他好？他还那么小，你竟然不愿意帮他一下，还说是为他好，真是不可理解。”哈塞先生气愤地说道。

“我并不是不帮他。在他真正遇到困难的时候，我是最关心他的。我说的不帮他，是指他不需要帮助的时候。”我向哈塞先生解释道。

“不过，我认为帮助别人总是一件让人感到欣慰的事情。就算你说的有道理，在孩子不需要帮助的时候不帮他，但你为什么说不帮他是为他好呢？”哈塞先生不解地问道。

“因为太多的帮助会使他产生依赖心理，从而失去独立的人格。”我回答道。

“嗯，这也有些道理。”哈塞先生说道，“那么，你认为只要不帮助孩子就一定能培养他的独立人格吗？”

“不，这还远远不够。”我说道。

“那么，你是怎么做的呢？”哈塞先生问道。

“鼓励他。我用鼓励的方式培养他的独立人格。”我回答道。

哈塞先生迷惑不解地看着我，似乎仍然没有明白我的意思，又似乎在问我究竟是怎样做的。

这时，格兰特尔急冲冲地跑了过来。

“爸爸，我的一本书不见了，你能帮我找找吗？”

“什么书？你还记得放哪儿了吗？”哈塞先生问道。

“是一本有关欧洲历史的书。我忘记把它放在什么地方了，但我现在非常需要它。”格兰特尔说道。

“哦，这可糟透了。那你找过了吗？”哈塞先生问。

“还没有呢，我想请你帮我找找。”格兰特尔说道。

“哎，这孩子，总这么没记性。好吧，我回去帮你找找看。”说着，哈塞先生站了起来，准备跟已经走开的格兰特尔回去找书。

“哈塞先生”，我立刻制止了他，“你不用这样吧，只是不见了一本书。格兰特尔自己会找到的，不用你帮忙。”

“是的……是这样的……”哈塞先生吞吞吐吐地说，“可是格兰特尔太粗心，我想我还是回去帮他找找吧，一会儿就回来。”

说着，哈塞先生急急忙忙地走了出去。我看着哈塞先生的背影，深深地叹了一口气。

没过多久，哈塞先生又回到我这里，重新坐在了刚才他坐过的那张椅子上。

“怎么样，那本书找到了吗？”我问道。

“找到了，就放在他床边的桌子上，只不过被几本其他的书遮住了，格兰特尔没有看见。真是个粗心的孩子！”哈塞先生说道。

“所以说，我刚才劝你不要去帮他完全是正确的。你抱怨他太粗心，可你的这种做法只会使他更加粗心。更糟糕的是，他已经有了依赖别人的习惯。不是吗？连找一本书这种小事都来向你求助，那么他还能独立地做其他的事吗？”我对哈塞先生说道。

这么简单的道理，哈塞先生当然明白，只不过他不忍心拒绝孩子罢了。我看他不说话，知道他不愿再提这事，便把话题转向了别的方面。

我们开始谈论一个非常有趣的话题。正当我们谈得饶有兴致的时候，一阵“呯呯砰砰”的声音打断了我们。

闻声望去，我们看见小塞德兹正在用小铁锤敲打着什么。我一眼就看出小塞德兹的动作很吃力。

我好奇地向儿子走去。当我到了跟前，看见原来小塞德兹正在敲打他那辆自行车的踏板。

“儿子，你在干什么？为什么要用铁锤敲打它？”我问。

“爸爸，我正在修理自行车，它的脚踏板被摔歪了。”儿子回答道。

“噢，小塞德兹，这可不是你这个年龄的小孩子应该做的事，你完全可以叫你父亲去请一位修理工来。”这时，哈塞先生也走了过来。

“不，我想这不算太严重，我能够修好它。”小塞德兹对哈塞先生说道。

“儿子，你真行，居然能自己修理东西了。”我对儿子说道，“不过，你的方法并不正确，让我来教你。”

于是，我便开始指导他，告诉他那样硬敲是不行的，应该先用螺丝刀将那只踏板卸下来，然后再校正它。

我详细地向儿子讲述了这些方法后便离开了，又回来和哈塞先生继续刚才的谈话。

不久，小塞德兹向我们走来。

“爸爸，试了半天还是不行，我看我是修不好了，你能帮帮我吗？”儿子对我说道。

“是啊。你早该帮助他了，怎么能让一个孩子做本该大人做的事情？”哈塞先生还在埋怨我不帮小塞德兹。

“儿子，我刚才已经教了你修理办法，只不过你还不得要领。就像你刚才说的，其实这不是件难事，我想你一定能修好它。”我对儿子说。

“你觉得我一定能修好吗？”儿子问我。

“当然了，你是个聪明孩子，一定能做到你想做的事情。”我非常肯定地对儿子表示信任。

“那好吧，我再试试看。”

说完，小塞德兹又去“工作”了。

“塞德兹博士，我真是太佩服你了。我也不想再多说什么了。但是就这件事情而言，你的确太难为孩子了。虽然你是想培养孩子独立办事的能力，但这次未免有些太过分了。我觉得凡事都有个限度，你应该亲自去帮助他，而不是指点一下就算完事。”哈塞先生又开始埋怨我了。

“我已经帮助他了。”我说道。

“什么？你认为已经帮助了他？我怎么没有看出来？”哈塞先生奇怪

而又生气地说道。

“哈塞先生，我已经教会了他解决问题的方法，难道还有比这更好的帮助吗？”我问道。

“……”哈塞先生哑口无言。

不出我所料，没过多久，小塞德兹又一次来到了我们的面前。不同的是，这一次他是骑着自行车过来的。小塞德兹已经修好了它。

“爸爸，谢谢你的帮助。”说完，他便骑着这辆自己亲手修好的车去找格兰特尔了。

从这件事情我们可以看出，小孩子的潜力是很大的。做父母的如果能鼓励他们，就一定能把他们的这些潜力充分地挖掘出来。不仅如此，更重要的是能培养孩子不事事依赖别人的习惯，从而使他具备独立生活和独立工作的能力。这样经过长期的鼓励，就足以培养孩子的独立人格。

鼓励能帮孩子恢复信心

“对于一个本来就缺乏信心的孩子，如何让他恢复自信是一件非常重要的事情。否则，后果将是很可怕的。而鼓励，正是帮助孩子恢复自信的最好办法。”

我常常对周围的人说，鼓励可以是一个拥抱，也可以是一个微笑。但令人遗憾的是，就这么一个看似很简单的事情，却被很多为人父母者所忽视。

有人曾经说过，孩子需要鼓励就像植物需要浇水一样。我也可以这样说，得不到鼓励的孩子如同久旱的秧苗。

小塞德兹有一个同学叫卡雷拉斯，他是一个勤奋的孩子，但学习成绩始终不如人意。为此，他的父亲亨利斯先生非常着急。

当小塞德兹小学毕业时，他优异的学习成绩引起了卡雷拉斯父亲的注意。这位好心的父亲立刻找到了我，向我请教有关孩子教育的问题。

“尊敬的塞德兹先生，您的儿子威廉虽然和我儿子是同学，但他们之间的差别真让人吃惊。”亨利斯先生很难为情地说道，“现在小塞德兹已经毕业了，可卡雷拉斯仍然在读三年级，而且他的学习成绩很糟糕。我真羡慕你有这样一个优秀的儿子。”

“亨利斯先生，请别这么说”，我对他说道，“每个孩子其实都是一样的，威廉也一样，并没有什么过人之处。”

“不，您真是谦虚。威廉的成绩足以证明他比别人要优秀、出众得多。我来找您就是想跟您探讨一下教育孩子的方法，希望能得到您的指教。”亨利斯先生坦率地说道。

“亨利斯先生，您千万别这么客气。只要我能做到的，我都会尽力而为。”看到亨利斯先生如此坦诚，我决定帮助他，“您先跟我说一下您孩子的情况吧。”

亨利斯先生是一位外交官，经常在国外居住。因此，他根本没法照顾孩子，更谈不上对孩子的教育了。他的妻子，卡雷拉斯的母亲，是一位职场女士。她热衷于自己的工作，把工作看成自己生命的一部分，所以也很少呆在家里。可以这样说，他们的儿子卡雷拉斯的童年几乎是在孤独中度过的，陪伴他的只有那只心爱的小猎犬——恩迪。

虽然家中还有一位老管家和两个女佣，但他们根本无法和卡雷拉斯交流，尽管他们都很爱他。这样一来，卡雷拉斯的早期教育几乎是一片空白。虽然他的母亲也给他找来了家庭教师，但仍然于事无补。

说实话，无论是多么优秀、多么尽职的家庭教师都无法代替父母的言传身教。对这一点，我深有体会。事实上，小塞德兹也有家庭教师，但他从家庭教师那儿得到的远远不够。

卡雷拉斯的父母以为给孩子请了家庭教师便能够代替自己对孩子的教育。所以他们根本没有把孩子的生活放在心上。他们以为只要给孩子吃好穿好就可以了，教育的事情留给家庭教师就行了。然而事实并不像他们想象的那样尽善尽美。等到卡雷拉斯上学后，他们才发现了一个无法弥补的事实：孩子的学习成绩如此之差，完全超乎了他们的想象。更令人感到痛心的是，孩子其实一直都非常努力。

怎么会这样？这么一个用功的孩子，为什么他的成绩会那么差呢？

很显然，卡雷拉斯的教育出了问题。如果说责任在学校，那为什么别的孩子学习没这么差呢？除了那些贪玩的孩子，很多孩子都挺好的，都挺正常的啊。

难道是孩子的智力有问题吗？但是他们带着孩子访问了心理学专家并去医院做了检查，一切显示都挺正常的，所以这个担心也被否决了。他们的结论是孩子一切正常。那么又是什么原因造成了卡雷拉斯目前的状况呢？

在了解了卡雷拉斯的情况之后，我要求亨利斯先生带我去见见这个孩子。

当我第一次见到卡雷拉斯时，便发现一件令人感到奇怪的事。这个可怜的孩子坐在房门外的一个小凳子上，正在和他的小伙伴猎犬恩迪谈话。他是那么的专注，以至于没有发现我的到来。一般情况下，如果是别的孩子，在家中来客人时一定会有某种反应，或是热情地打招呼，或是偷偷地离开。然而，卡雷拉斯却没有丝毫的反应，只顾与他的小伙伴“交谈”。

当亨利斯先生正想告诉卡雷拉斯我的到来之时，我制止了他，示意他不要打搅孩子。

我悄悄走到卡雷拉斯背后，想听听他在说什么。

“亲爱的恩迪，你觉得孤独吗？”

“我太孤独了，没有人愿意和我说话。”

“我除了学习，没什么别的事情可干。”

“我的学习成绩很不好，我也很难过。但是我拼命努力，还是那么糟糕。可是又有什么办法呢？”

“有一天，我解答出了一道很难的数学题，想让妈妈高兴一下，可是她根本就没有搭理我。”

“他们总是埋怨我，怪我成绩不好。”

“恩迪，你说我是不是太笨了。”

“……”

卡雷拉斯就这样，一个人没完没了地说了很久，他的神情显得非常忧伤。

“亨利斯先生，我看你的孩子的自信心一定是受到了很大的伤害。”我说道。

“自信心？不会吧，又没有发生什么严重的事，怎么会伤害他的自信心呢？”亨利斯先生不解地问道。

“我敢肯定，如果不是自信心受到了伤害，他不会独自一人对着一只小狗说那样的话。”我说道。

“我不明白。”亨利斯先生迷惑地看着我。

“由于你和妻子平时都很忙，没有使孩子得到良好的学前教育，让他一上学就跟不上学习进度。这很容易使他对自己产生怀疑，认为自己没有别的孩子聪明。这就使他丧失了信心。虽然他拼命地学习，但由于信心不足，即使花了力气也没有良好的效果，这就更让他没有自信。显然，他现在已经坠入了一种心理上的恶性循环。这是非常可怕的，如果任其发展下去，只会使他越来越糟。”我向亨利斯先生解释道。

听我这样说，亨利斯先生愣了。许久都一动不动，似乎在思考着什么。

“我想你们平时很少鼓励孩子吧。根据我的经验，这一切都是由于缺乏鼓励和认同造成的。在孩子刚刚上学跟不上学习进度时，如果你们能适当、及时地给他以鼓励，我想情况肯定不会是现在这个样子。”我说道。

“是吗？我还从来没想过这些问题。”亨利斯先生说道。

“对于一个本来就缺乏信心的孩子，如何让他恢复自信是一件非常重要的事情。否则，后果将是很可怕的。而鼓励，正是帮助孩子恢复自信的最好办法。请牢记，缺乏自信的孩子就像久旱的秧苗，而鼓励正是使他恢复生命力的甘露。您儿子之所以学习成绩不好，就是因为缺乏自信。解决了这个问题，我想他一定能在学习上取得很大的进步。”我对亨利斯先生说道。

后来，我详细地向亨利斯先生介绍了我的教育理念以及方法，也详细地向他讲述了我教育儿子的一些事例。

没过多久，卡雷拉斯的学习成绩果然取得了可喜的进步。

这件事足以证明，鼓励对孩子来说是何等重要。在此，我奉劝那些不懂得如何教育孩子的父母们，不要吝惜自己的爱和宽容，用你们的真诚和耐心去鼓励你们的孩子吧！

孩子心理受到打击将很难有所作为

“有些孩子天生就有一股野气，如果不给他们点小小的打击，他们或许会翻了天。你难道没有听说过‘小魔王’这个词？据我了解，这是那些调皮捣蛋的孩子的代名词。”

如果说得不到鼓励的孩子如同久旱的秧苗，那么那些不但得不到鼓励还经常受打击的孩子只会变成渴死的枯草。对此，我坚信不疑。

“没那么严重吧？”哈塞先生听到我的这一观点后表示怀疑。

“当然很严重了。实际上，可能比你想象的情况还要更糟。”我说道。

“孩子需要鼓励，我承认这一点。”哈塞先生不以为然地说，“但是，打击孩子有时候并不是一件坏事，或许还能让他意识到问题的严重性，从而对他有所帮助。”

“你为什么这样说？能详细说说吗？”我问道。

“有些孩子天生就有一股野气，如果不给他们点小小的打击，他们或许会翻了天。你难道没有听说过‘小魔王’这个词？据我了解，这是那些调皮捣蛋的孩子的代名词。”

“是的，我同意你的说法。有些孩子的确过于顽皮，但是他们需要的是合理的管教而不是打击。”我说道。

“是呀，我想说的正是这个意思。我指的那种对孩子的‘打击’也是一种管教方式。”哈塞先生辩解道。

“如果那样的话，我宁愿放纵孩子对他放任自流也不会选择打击——

如何培养孩子独立的个性

发散思维能让孩子多角度看问题，培养孩子独立的个性。

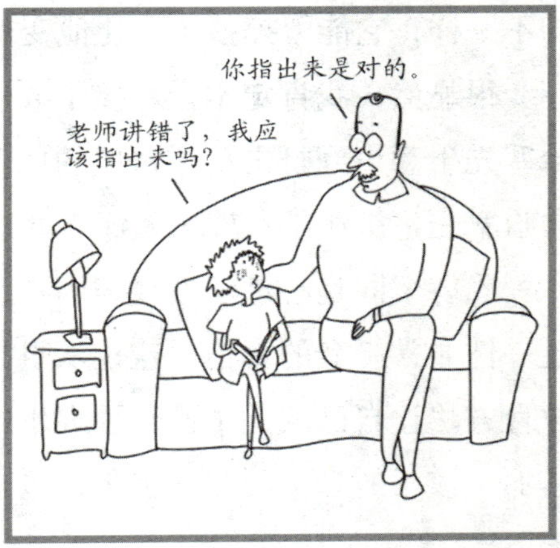

教孩子坚持真理，有自己独立的见解。

多种方式激发孩子的灵感，让他们养成独特的做事方式。

仔细观察有助于培养孩子独立思考。

这个你所谓的管教方式。”我肯定地对哈塞先生说道。

“这又是为什么？还宁愿放纵孩子？”

“是的，因为这种打击只能使孩子变成一个懦夫，变成一个无能的人。当然，放纵孩子也是一个不明智的做法，但起码能让孩子自由自在。打击却不一样，它能毁掉孩子，让他变得唯唯诺诺、缩手缩脚。”我说道。

很显然，我肯定不会对孩子放任不管的，之所以那样说，只是为了让哈塞先生意识到打击孩子造成的危害性有多严重。为了证明我的观点，我向哈塞先生讲述了一件令人痛心的事情。

我有个同是心理学教授的同事罗塞尔先生，他有三个孩子，他曾经做过一件非常愚蠢的事情。这位从事心理学研究的专家，居然采取了荒唐的教育方法让自己的儿子遭受了人生中最大的不幸。我说的这个不幸，指的是那个孩子的自信心完全丧失，以至于原本很有才华的一个孩子终生一事无成。

吉姆是罗塞尔先生的长子，从他出生的那一刻起，他就表现出了超乎寻常的才华。我这样说并不是无稽之谈，对此我可以发誓我并没有丝毫的夸张。因为这个孩子我几乎是看着他长大的，对他非常了解。

吉姆三岁时已经会阅读和书写了，这一点和我儿子小塞德兹几乎一模一样。如果他能够得到正确的指导和合理的教育，我敢肯定他的成就绝不会亚于小塞德兹。

然而，这个孩子的不幸正是由他的才华引起的。或许有人会问，这么有才华的人会不幸吗？当然，在此之前我也不会相信。可是事实终究是事实，谁也不能否认。

吉姆不但有才华，而且是一个开朗的孩子。他性格外向，成天蹦蹦跳跳，喜欢把自己的快乐与他人分享。这本来是一件好事，但是他的这种快乐性格却引起了别人的不满，甚至是自己的父亲。

吉姆的父亲罗塞尔先生性格内向，行事比较孤僻，不喜欢与人打交道，也不愿意在别人面前表现自己。他认为一个人应该谦虚、谨慎、稳重，不要那么自以为是。当然，他这么要求自己无可厚非，而且也是一件好事，可以塑造他的美德。但他犯了一个不可饶恕的错误，他要求孩子也像他一样。

由于吉姆的性格和他完全不一样，这使他很生气。再加上吉姆成天都在“炫耀”他的才华，这使他更感到气愤。

“吉姆，你又在嚷嚷什么？”有一天，吉姆正在欢快地说话时，罗塞尔先生问道。

“爸爸，我又读完了一本书。”吉姆高兴地对父亲说。

“我还以为是什么大不了的事情呢，原来只是看完了一本书。”罗塞尔先生不以为然地说道。

“哦，爸爸，这本书可不太好懂，我费了好大的劲才读完它。不过，这本书太有趣了。我想这是我看过的最有意思的一本书。”吉姆兴奋地对父亲说道。

“读完一本书是很平常的事，何况任何一本书都是有趣的，你用不着那么高兴。”罗塞尔先生说道。

“可是，这本书的确太令我愉快了。还有，我居然能把这么难懂的书读完，真是感到兴奋。”吉姆说道，似乎正在等待着父亲对他的肯定。

或许是由于吉姆的性格与他不同，或许是他认为受到了儿子的干扰，罗塞尔先生突然发怒：“你吵吵嚷嚷的干什么？你以为只有你才有这个本事吗？我看你就是个骄傲自大、自以为是的孩子。你是在等待着我的表扬吗？告诉你，我永远不会表扬你。”

“爸爸，我到底做错了什么，让你这样说？”受到责骂的吉姆委屈地说道。

“你没做错什么，但我警告你，以后不要成天叽叽喳喳的，烦死了。你不要以为自己是个天才，我告诉你，你什么都不是。”罗塞尔先生继续训斥道。

“难道我觉得自己好，这有错吗？”吉姆伤心地问道。

“当然不对了。我最讨厌像你这样自以为是的人了。这种人糟透了，充其量只是个井底之蛙，全然不知道外面的天有多大。以后再也不要让我听见你赞扬自己的话，要知道你这是在自欺欺人，你都不知道你自己有多笨。”罗塞尔先生大声地说道。

说完，罗塞尔先生“砰”地关上了房门。

站在门外的吉姆伤心地哭了起来，他不明白父亲为什么会这样。他本来想和父亲分享自己的快乐，还想向父亲请教一些自己还不明白的问题。可是现在，他突然发现父亲并不喜欢他这样。

突然之间，他的那种良好的心态消失得无影无踪。一种非常不好的感觉涌上了心头，他的快乐和自信被另外一种东西所取代：我是个很糟糕的孩子。

从那以后，我再也没有看到过吉姆脸上的笑容，他完全变成了另外一个人。这个原本极有才华的孩子最终一事无成。

听完我的讲述，哈塞先生默默无语地沉思了良久，显然他对此事颇有感触。

“是啊，一个心理受到打击的孩子必然会变成一个毫无作为的人。”哈塞先生感叹道，“这样的事真是令人痛心至极。”

家教延伸阅读

·如何表扬才有效·

著名生物学家达尔文小时候，曾说要把各种颜色的染料浇到报春花上，让报春花开出五颜六色的花来。他的姐姐听了，觉得这简直是在胡说八道，在父亲面前告他的状，可他的父亲听后说：“不，我们不能说你弟弟是在瞎吹牛。他有这样的想法，说明他很有想象力，日后他很可能会借助自己的想象力干出一番大事业来！”

表扬、赞美孩子会给孩子以极大的鼓舞，鼓励孩子积极努力。但表扬要注意有个度，别让表扬伤了孩子。

别给孩子太多甜言蜜语。表扬对孩子来说很重要，但也不能太滥，只有当他真的有了突破，能够战胜自己，这时的表扬才有价值。如果孩子不需要经过太大的努力就能完成一项任务，父母就对孩子表现出欣喜若狂、赞不绝口的态度，必然会助长孩子的自满情绪，长久下去，也无法让他体会到表扬带来的欢愉之情。表扬和奖励是一种操作简单但又不好把握尺度的教育方法。

不要吝惜表扬。父母们请不要吝惜您的表扬，该出口的要出口，要知道不管是良好的行为习惯还是惊天动地的成绩，都是与一件一件的平凡小事分不开的，只要孩子做了好事，父母就应当慷慨地给予表扬。

孩子需要具体的表扬。父母应特别强调孩子令人满意的具体行为，表扬得越具体，孩子对哪些是好行为就越清楚。小孩子的思维特点是形象思维占优势，对事物的认识和理解很具体，因此父母要善用建设性的赞美，少用评价式赞美。父母要真正发现孩子的美，具体描述他在主题、构图、色彩、创新等方面的长处，这种客观的赞美让孩子明白自己到底好在哪里，自己在哪一方面还要发扬光大，孩子得到的不仅是赞美和激励，还提高了认知水平，得到了具体的指导。因此，描述事实远胜于空洞的赞美。

不良行为切忌奖励。当孩子出现不良行为的时候，迁就和妥协就是对这种不良行为的奖励，孩子的不良行为受到了奖励，他怎么会不再次犯错误呢？

在日常生活中，孩子总会产生各种各样的需求，如何能满足自己的需求是他的小脑袋瓜始终在琢磨的事情。首先他也懂得“和为贵”；尽量采取让父母欢喜的方式满足自己的愿望；而当父母否定他的愿望时，他就有可能“退而求其次”，即使父母不高兴甚至是生气的，只要能达到目的就行。这时，如果父母一味心软，暂时迁就孩子，孩子就抓住了父母的“软肋”，再次使用同样的“伎俩”。

别把批评误为表扬。在某些场合中它还会有批评和惩戒功能，孩子读出其中的真实信息后反而有挫败感。如果表扬中夹杂着负面和消极的信息，就是对孩子的否定甚至讽刺，这是家庭教育中应该避免的现象。

无论选择什么样的方式来表扬孩子，都要记住一个原则，接受赞美的人是孩子，前提是要满足孩子的需求，尊重孩子的想法。

CHAPTER 11

快乐的孩子

“你千万不要对别人的评价太过认真，

“不管别人怎么称呼你，你应该正确认识自己。”

对于小塞德兹，我从小就很关注他的精神健康，

坚持用科学方法教育他，使他成为一个快乐的孩子。

只有那些用于面对挑战并以接受挑战为荣的人，

才能称得上是真正的天才。

给孩子留出一些个人空间

"既然是这样，你又何必要刻意地以独处不见他人来作为与众不同的标志呢？你应该永远记住，与众不同并不意味着与众人格格不入，也并不意味着孤僻。"

现在，虽然我的儿子小塞德兹被人们称为天才。但在我的眼中，他永远是一个普通的人。他并非是众人所想象的那种无所不能的超人，而是一个和普通人没有多大区别的人，他同样有血有肉，有感情。

既然被称为天才，小塞德兹当然也会有许多与众不同之处。他博览群书，对哲学这样一些一般人认为晦涩难懂的书籍颇感兴趣。他专心致志地学习必修功课而同时也发展自己的业余爱好。虽然在他的孩提时代一直有像格兰特尔这样的好朋友陪伴，但他的大部分时间都是在独处中度过的。事实上，他独处的时间要比一般的孩子多得多，可是他并不在意。当他与别人在一起时也会和其他人一样感到高兴和愉快，但在他独处之时却并不像其他人那样感到寂寞和孤独，他仍然能够在愉快之中度过独处的时光。

用他的话来说，独自一人会更加自由自在，思考一些自己想做的事情，这是一件非常令人愉快的事。

或许由于被别人称为"天才"的原因，小塞德兹越来越迷恋这种独处的生活了。然而，在我看来，尽管历史上那些有所成就的伟人们都有这个习惯，但我仍然希望我的儿子能成为一个有很多朋友围绕在左右的快乐之人。一个孩子在独处中会得到许多非同一般的快乐，但这种独处的快乐如果超过了它的界限，那就是另外一回事了。小塞德兹就曾经差一点超过了那个界限。

有很长一段时间我都没有见到小塞德兹去外面玩，而是整天把自己关在房间之中，甚至格兰特尔找他，他也闭门不见。他的这种做法很奇怪，跟以前相比很异常，因此立刻引起了我的注意。

"儿子，刚才格兰特尔来找你，你为什么不见他呢？你们之间发生了什么矛盾吗？"有一天在小塞德兹又一次让格兰特尔吃了个闭门羹后，我走进了他的房间。

"没有，我们之间什么事也没有发生。"小塞德兹对我说道。

"那么为什么他来找过你几次，你都不肯见他？"我问道。

"因为我想一个人呆着，我有许多事要做。"小塞德兹回答道。

"这是为什么？"我疑惑不解地问。

"因为我是一个天才，不能随便与人交往，我要保持住自己的个性。"小塞德兹理直气壮地说道。

"可是我不明白，格兰特尔来找你玩，并没有妨碍你什么呀！你们以前不是一直在一起玩吗？不是一直都玩得挺好吗？"我问道。

"那是因为以前我不明白其中的道理，现在我明白了，所以不想再做蠢事。"小塞德兹回答道。

"什么？你指的是什么道理？"我问道。

这时，小塞德兹拿起了一本书，并指着书中的几句话对我说："你看看，达·芬奇都说：'一个人有一个同伴便少了一半自己，有两个同伴就完全失去了自己。'"

原来，小塞德兹给我看的是《达·芬奇绘画论》。这本书我曾经看过，这位文艺复兴时期的大师的确有许多过人的见解，但对于小塞德兹提到的他的这一类看法我始终不敢苟同。然而，没想到现在小塞德兹却将其奉为信条。

"原来是这样啊。但是你应该知道，虽然达·芬奇是令人敬仰的大师，但这并不意味着他所说的话就一定完全正确。"我向儿子解释道。

"可是，他是天才呀。如果他都会错，那么可见其他人更会是什么样了。”小塞德兹辩解道。

“对，你说得很正确，达·芬奇的确是天才。但我还听说过另外一句名言。”我说道。

“什么名言？”小塞德兹好奇地问。

“中国古代有一位伟人曾说过：‘三人行，必有我师’；并且，在中国还流行着这样的说法：‘三个臭皮匠，顶个诸葛亮’。你知道这是什么意思吗？”我对儿子说道。

“不明白，你能告诉我吗？”小塞德兹摇了摇头。

“‘三人行，必有我师’的意思是如果你和几个人在一起，其中一定会有人知道的比较多，能够对你有所帮助或者成为你在某一方面的老师。”我对儿子解释道，“诸葛亮是中国古代有名的军事家，是一个聪明绝顶的人。‘三个臭皮匠，顶个诸葛亮’，是说多与人接触就能得到更多智慧上的启发。”

“这也很有道理”，小塞德兹不解地问，“那么难道是达·芬奇的观点错了吗？”

“不，他的话也并不是完全错误的，只是你理解错了他的话。”我说道。

“为什么？怎么会呢？”儿子问道。

“他的本意是想说人应该坚守自己的理想而不受别人的干扰，并不是要求你不交朋友，和别人隔绝。”我说道，“你想想看，如果达·芬奇从来不与人打交道，从来不和人说话，那么他连语言也不能学会，怎么可能成为大师呢？”

“爸爸，你说得很有道理，我也承认这一点。”塞德兹似乎心中仍然充满疑惑，“可是，天才就应该与众不同呀！”

“看来你还没有明白这个道理”，我耐心地向儿子解释，“首先，天才也是人，天才并不是怪物或者其他的什么。只要是人，就会有人的优点和缺点。你千万不要对别人的评价太过认真，不管别人怎么称呼你也不要受其影响，你应该正确地认识自己。要记住，你是个与别人没有多大区别的人，只不过你的某些才能比别人强些罢了。其次，与众不同的表现有很多种，比如，你现在掌握了那么多的知识，也取得了其他孩子所不能取得的成绩，你有坚强的毅力和毫不动摇的自信心，你多才多艺，这些都体现了你的与众不同。既然是这样，你又何必要刻意地以独处不见他人来作为与众不同的标志呢？你应该永远记住，与众不同并不意味着与众人格格不入，也并不意味着孤僻。”

“哦，原来是这样啊！”小塞德兹茅塞顿开，“我真是太蠢了，连这个道理都不明白，还天才呢！”说完，小塞德兹立刻站了起来并向门外跑去。

“儿子，你这是去哪儿？”我问道。

“我现在就去找格兰特尔。”小塞德兹一边跑一边回头对我说道。

鼓励孩子去面对人生的挑战

"在人的一生当中，我们会面临许多挑战，只有那些敢于面对挑战并以接受挑战为荣的人，才称得上是真正的天才。"

和其他的孩子相比，小塞德兹有着几个与众不同的地方。首先，他的学习和工作热情极高，总是想把每一件事都做到最好。他有非常强烈的渴望，特别是对自己的未来充满希望。其次，他非常有主见，他的思维以及行动都很少受别人的意见左右。事实上，他比其他的孩子更具活力、更有成就感、更有坚韧不拔的毅力。

可能会有人发出感叹：这是一个多么完美的天才啊。这样的人一定天生就是这样的，指望后天的教育是无法做到的。然而，事实真的是这样的吗？在这里，我可以肯定地说，小塞德兹的所有这一切优点都得益于教育，因为他最初也并没有这么完美。其实，虽然他有各种各样令人羡慕的才能和非常多令人表扬的优点，但是在进入哈佛大学之前仍然存在着一些明显的弱点。比如，他并没有人们想象的那样坚强。

如前所述，小塞德兹 8 岁就上了中学，而且无论哪门学科都非常优秀。值得一提的是，由于他在数学上的成绩尤为突出，学校批准他可以免学，同时让他帮助老师为其他同学批改数学作业。按照一般人的想法和做法，他应该在数学方面满足于现状了吧。然而，实际并非如此，而且问题恰恰是出在了他最擅长的数学上。

依照小塞德兹的个性，他永远也不会满足于现状。由于完全掌握了中学课程，他便开始自学大学课程。长期养成的自己研习的习惯使他在学习时从未遇到过任何困难，即便是偶然遇到问题了，也会在稍加思考之后得到解决。

可是，这次的情况与以前完全不同，因为他正在自学的是非常艰深的高等数学。在高等数学中，有些题的难度即使是成年人也无法想象的。正因为如此，当他在学习中遇到困难的时候，被人们尊称为“塞德兹博士”的我也无能为力，不知道该从何下手去帮助他。

1907年6月，此时正是非常炎热的夏天，年仅8岁的小塞德兹把自己关在房间中专心地研习高等数学。他不见任何人，除了吃饭以外，几乎没有踏出过房门一步。当然，这一次他不是像我刚才叙述的那样在表现那种“天才”式的与众不同，而是在真正地以天才的气度在学习。

我挺为他高兴的，因为他总能在求知的过程中找到快乐。然而这一次，事情并没有我想象得那么好。我没有看见他像往常那样从房间中走出来时欢欣鼓舞的模样，相反，他看上去非常难过和失望。

“儿子，你最近这一阵为什么总是无精打采的，怎么啦？”在吃晚餐的时候我问小塞德兹。

“其实也没有什么，就是心情不太好。”小塞德兹回答道。

“没有这么简单吧？”我非常了解自己的儿子，如果不是遇到无法解决的困难，他肯定不会这么消沉，“你一定是在学习上遇到了自己无法克服的问题，是吗？”

“是的，我不仅遇到了一个解决不了的难题，而且我的感觉很糟糕。”小塞德兹说道。

“儿子，别难过。遇到难题是很正常的，你以前不是也经常遇到吗，没什么大不了的。”我尽量安慰他，“过不了多久我想你一定就能解决它了。”

“可是这一次不一样，我面对那个难题一点办法也没有，或许是我的才能已经到了极限了吧。”儿子很沮丧地跟我说。

“你为什么说你的才能到了极限？你怎么会这样想？”我吃惊地问。

“以前学中学的课程时，我觉得很轻松，但是现在学高等数学就觉得有些力不从心。我想这一定是我自身的能力不够用了。”小塞德兹说着，几乎都要流出眼泪了，“我真是自不量力，不知天高地厚，为什么要学大学的课程？唉……”

“那么，你打算怎么办呢？”我问道。

“我不想自学大学课程了，想放弃，等以后长大些了再学，或许那样会好一些。”儿子说道。

“小塞德兹，这可不像你啊！难道你认输了吗？”我问道。

“是的，我想我本来也不是什么天才，否则就不会觉得那些课程有那么难。”小塞德兹说道，“我也不想再帮老师批改同学们的作业了，我觉得我不够格。”

听他这样说，我才意识到他的确是遇到了困难，而这个困难远非那些数学问题可以相比。这个困难来自于他的内心，意味着他是否有足够的信心去面对一个新的挑战。看来，我有必要和他好好谈谈。

第二天，我来到了小塞德兹的房间。

“儿子，我昨天晚上想了很久，认为你现在的状态确实像你所说的糟透了。我能和你好好谈谈吗？”我对他说道。

“好啊，我现在真的很难受，不知道该怎么办。”小塞德兹垂头丧气地说道。

“你觉得帕格尼尼是一个天才吗？”当时，我并没有直接地讨论他自己，而是首先谈他感兴趣的事。

“当然了，他是世界公认的音乐大师。”小塞德兹的回答非常肯定。对于酷爱音乐的他来说，像帕格尼尼这样的音乐家当然是备受敬仰和尊敬的人。

“那么我想你一定知道他最擅长的是什么。”我说道。

“这个嘛，我太了解了。他最擅长的是小提琴，不仅演奏水平是大师级的，而且作曲也是大师级的。”一谈到音乐，小塞德兹马上兴奋起来。

“帕格尼尼在小提琴上的成就尽人皆知，可是他还精通另一种乐器，恐怕就鲜为人知了。”我说道。

“那是什么？”小塞德兹充满好奇地问道。

“这个东西也每天陪伴着你哦。”我笑着对儿子说。

“真的？难道是吉他？”小塞德兹虽然一直在学习演奏吉他，但他由于没有严格地学习音乐史，所以对这件事并不了解。

“你说得对，就是吉他。据我所知，帕格尼尼在一次偶然的机会中发现了吉他的魅力，便很快地迷上了它。1801年，他决定开始学习吉他，那时他已经是非常有名的音乐家了。对于一个已经成名的小提琴家来说，又重新开始学习另一种完全陌生的乐器，你想一想，这意味着什么呢？这意味着他将面临一次艰难的挑战。如果他成功了，当然会赢得人们的赞扬。但如果失败了呢？他将会遭到别人的耻笑。然而，帕格尼尼并没有顾忌这些。他花了四年的时间隐居在托斯卡那的乡村，潜心研究吉他。当他的朋友问他这样做有什么意义时，他的回答是他喜欢从挑战中获得快乐。事实上，当他再一次出现在众人面前时，已经是一个非常优秀的吉他演奏家了。不仅如此，他还谱写了大量的吉他乐曲。”我耐心地向儿子讲述关于帕格尼尼的故事，希望他从中能有所启发。

“爸爸，我明白了。你是在告诉我，我也应该像帕格尼尼那样敢于面对新的挑战。对吗？”小塞德兹这时已经明白了我的意思，又重新振奋起来。

“对呀，我想说的就是这个。”我继续开导儿子，“在人的一生当中，我们会面临许多挑战，只有那些敢于面对挑战并以接受挑战为荣的人，才称得上是真正的天才。”

事实上，以后的很多年，无论读中学还是读大学，小塞德兹都能勇于面对挑战，并从中获得人生的快乐。

让孩子真实地表达自己的内心

“别人怎么做、怎么想对你来说并不重要，因为他们与你无关。至于你应该怎么做，要看你自己的内心需要什么，自己想成为一个什么样的人。只要你不伤害到别人，完全可以率性而为，不必拘泥于这些小节。只有这样，你才能成为快乐的人。”

哈赛先生和他的儿子格兰特尔与大多数人一样，都很羡慕小塞德兹 11 岁就能上哈佛。在他刚入校的时候，很多人都来拜访我们，他们迫不及待地想知道儿子这么小就能进入哈佛是不是有什么秘诀。他们感叹道“我多么希望我的孩子也能像小塞德兹一样，进入一所名校啊。”

在我看来，大学只是求知的场所之一，却不是唯一的。父母对孩子的教育也起着非常重要的作用。多数学校和父母总是用各种条条框框限制孩子的言论和行为，殊不知，这样其实也限制了孩子的思维能力，使他们丧失了辨别能力和独立思考的能力。

很多人极有礼貌，极守规矩，是所谓的遵守社会规范的人。但这些人有时候表现得太过火，让人在他的礼貌下喘不过气来。而这种所谓的礼貌正是由所谓的正统教育所致。

在一次闲谈中，哈塞先生语重心长地跟我说：“塞德兹博士，我想给你提一个小小的建议。你的儿子小塞德兹有时显得过于粗野了。虽然他只有 11 岁，但他已经上大学了，应该有大学生的样儿，应该懂礼貌，讲究言谈举止。”

“您认为小塞德兹不懂礼貌吗？”我问哈塞先生。

“请原谅，我不是这个意思。我只是觉得……请不要怪我，我不是在说孩子的坏话。如果我伤害了你的感情，请原谅，这也不是我的本意。”哈塞先生非常有礼貌地向我解释，虽然他说了很多，但我仍然没有明白他的意思。

“哦，哈塞先生”，我对他说，“你想说什么就直接说吧，怎么吞吞吐吐的，我不会介意的。”

“请原谅，塞德兹博士。”哈塞先生说。

“哈塞，你别再称我‘博士’了，都是多年的老朋友了，别这么客气。”

“好的。是这样的，请原谅。”哈塞先生真是太有礼貌了。

我知道如果再这样纠缠下去，他将不会说出任何话，于是我默不作声地看着他。过了一会儿，哈塞先生终于开口说话了：“小塞德兹是个好孩子，但他待人接物太随便了，这对他的将来很不好。”

“这个我明白，但对人随便并不意味着不尊重别人。”我向哈塞先生解释，“虽然他不善于向别人说那些动听的词汇，但他从来不伤害别人。”

“可是礼节还是应该有的吧。”哈塞先生说道。

“礼节当然应该有，但也应该分时间和场合。如果一个孩子总对人彬彬有礼，那不也挺无趣的吗？”

“不，我不赞同你的看法。彬彬有礼会得到别人的尊重。”哈塞先生说道。

“我同意你的观点，但什么事都应有个度。如果过头了，起到的作用就相反了。”我向哈塞先生解释道，“如果一个孩子在任何时候都彬彬有礼，要么他是一个毫无个性的人，要么他很虚伪。”

“你不应该这么说，小塞德兹进入大学应该接受的是这样的教育，你不应该只注重才华而忽视其他。”哈塞先生说。

或许大家都认为哈塞先生是正确的，但我认为快乐对一个人才是至关重要的，如果牺牲快乐而换取所谓的社会规范和所谓的成就，我认为是极其愚蠢的。

有一次，小塞德兹不高兴地回到了家。在我的耐心询问之下，他对我说出了原因：他在学校受到了老师的指责。事情原来是这样的：

当教授向他们讲述一个心理学现象时，小塞德兹在没有得到允许的情况下发了言，并对教授的观点提出了质疑。

教授非常生气，立刻停下了讲课并对小塞德兹的行为当场予以否定。他说小塞德兹不应该打断他的话，还说小塞德兹没有礼貌，并说他提出的质疑没有任何根据。

然而，这位教授的恼羞成怒并没有使自己的威信有所提升，反而招来了其他同学的起哄。他们都认为小塞德兹有理。

众所周知，学生总是很调皮的，哪怕是正在接受高等教育的大学生。虽然这些大孩子之中并不是所有人都赞同小塞德兹的观点，但他们觉得小塞德兹的做法并非是故意哗众取宠。

在我看来，对于大学生来说，他们的这些行为都是很正常的。因为他们已经不再是什么都不懂而只会听大人话的小孩子了，他们大多数人已经是成年人了，思想日渐成熟，已经开始形成各自独立的人格。他们热情，他们自信，他们想向任何一个权威挑战。只要一有人点起一粒火花，他们就会群起响应燃起一片火海。所以，当年仅 11 岁的小塞德兹向教授发起“挑战”时，他们的反应也是非常自然的。

然而，对于那位教授来说，学生们的这一举动意味着是对他权威的冒犯。我却认为他们的举动其实应该受到鼓励，当然对于这位教授的愤怒我也是可以理解的。

事实上，我也是一个老师，我在教学的过程中也经常遇见这样的事。可是，我永远不会采用我这位同行的做法，因为他的做法很愚蠢。如果有学生打断我的讲课并对我提出疑问时，我选择的方法是：索性暂停一会儿讲课和他们一起讨论讨论，有时甚至是争论。无论他是否有礼貌或守规矩，我都不会乱发脾气。我从不认为老师就一定要比学生聪明，而是以平等的身份与他们交谈。如果探讨的问题大家都觉得有趣，那么这种讨论还会延续到下课之后，甚至根本不在教室里，而是在校园的草坪上。我不想说这种做法有多么正确，但至少有一点是令人愉快的：我既不会失去威信，学生们也会学到更多的东西，而且他们的一些想法有时候也会让我受益。

然而，很遗憾，小塞德兹的教授采取了与我截然相反的做法。结果一件本来很正常的小事被他闹得很大，他甚至指责小塞德兹不守纪律，指责他没有礼貌，说他不配做一个大学生，甚至还说他没有教养，并表示要到校长那儿去告他。

小塞德兹毕竟是一个只有11岁的孩子，对于教授的指责，他感到既害怕又惭愧，同时又感到委屈和愤怒。他就是带着这样一种复杂的心情回到了家。

“爸爸，向老师提问是我不对吗？”讲完这件事之后，小塞德兹问我。

“能向老师提问当然是好事，能发现老师的错误更为难得。”我对他说道，“不过，在这之前你应该先征求教授的同意。”

“可是，我当时并没有想那么多，只想立刻找出正确的答案。”小塞德兹说道。

“你很直率，这是你的优点，我本来就喜欢直率的人。这一点你应该是很清楚的。”我说道。

“可是，教授为什么那样指责我？难道我真的是个没有教养的人吗？”小塞德兹问道。

“教授之所以那样做，完全是他自己的原因。或许他不喜欢学生当众向他提出不同的见解，或许他的性格和你不一样。这是他的事，与别人无关。”我对小塞德兹说道，“至于他说你没有教养，这纯粹是胡说八道。相反，他那样容不得你的质疑，只能表明他自己没有良好的教养。”

“我在学校中见到很多人，他们总是谨小慎微、彬彬有礼，看似极有礼貌。然而，他们真是他们所表现出来的那么有教养吗？”小塞德兹问道，“我也应该像他们那样吗？”

“别人怎么做、怎么想对你来说并不重要，因为他们与你无关。至于你应该怎么做，要看你自己的内心需要什么，自己想成为一个什么样的人。再说，一个人是否有教养，不能全凭外在的表现来证明。我认为你是一个很有教养的人，你应该有这个自信。只要你不伤害到别人，完全可以率性而为，不必拘泥于这些小节。只有这样，你才能成为快乐的人。”

原本伤心的小塞德兹，现在脸上终于露出了快乐的笑容。

在我看来，儿子之所以会惹怒这位教授，错并不在儿子，他并没有存心对教授不敬，在他这样做的时候，只是出于他自己的本心和个性，倒是那个教授太过于敏感了。

人际交往中，必要的礼节当然应该有，可这也要看场合和时间。如果一个孩子总是对人彬彬有礼，那简直是太无趣了。特别是当一个孩子如果在任何时候都过分地彬彬有礼，那只有两种可能：要么表明他是个没有个性的人，要么说明他很虚伪。我可不想让我的儿子成为这样的人。

关注孩子的精神健康

对于孩子的身体健康，我们都倾注了很多的精力。然而精神、心灵的健康问题却往往被忽视了，实际上它跟身体健康同样重要，甚至更重要。

众所周知，孩子在成长发育的过程中，经常会受到各种疾病的困扰，每当这时候，所有父母都很着急，都会带着孩子尽快到医院，生怕孩子有任何闪失。可见，对于孩子的身体健康，我们都倾注了很多的精力。然而精神、心灵的健康问题却往往被忽视了，实际上它跟身体健康同样重要，甚至更重要。

曾经有一位母亲带着自己的孩子来找我帮忙，希望我能帮助孩子摆脱困境。这个孩子叫克莱伯格，12 岁，是一个长得很秀气的小男孩。这个年龄段的小孩本来应该是活泼可爱的，然而他却面黄肌瘦，两眼无神。他患了抑郁症。

“塞德兹博士，请您一定要帮帮我。这孩子整天无精打采，吃不下饭也睡不着觉，还时常从噩梦中惊醒，说些稀奇古怪的话，有时候看着他挺可怜的。难道他是中邪了吗？”这位母亲用几乎是哀求的语气跟我说话，以使我能明显感到她的痛苦。

她还告诉我，克莱伯格成天胡思乱想，认为自己被魔鬼附身了，并相信魔鬼会把他在某一天带入地狱，所以他每天都生活在担心和恐惧中。

按照常理，12 岁的孩子应该上中学了，但是克莱伯格几乎从来没有受到过正规的教育。虽然他念完了小学，但是由于精神状况不佳以及学习成绩很糟糕，他不得不退学了。因此可以这样说，他的小学算是白上了。

他母亲还给我讲述了他的一些生活经历。通过这些，我已经可以基本判断，他并不是天生就有缺陷，而是小时候听了很多糟糕的故事。那时，虽然他只有三岁，但已经满脑子是幽灵、魔鬼、妖怪之类的词汇以及与它们相关的一些故事。可以这么说，当小塞德兹已经掌握了大量的词汇并能够自由书写的时候，克莱伯格还是一个什么都不懂的孩子。更糟糕的是，他的脑子里都是些不但没用而且非常有害的东西。我们可以想象，他所面对的是一个什么样的未来。儿时接受的那些恐怖和迷信已经像病毒一样植入了克莱伯格的头脑中，造成了他现在的精神异常。

对于小塞德兹，我从小就很关注他的精神健康，坚持用科学合理的方法教育他，使他成为一个快乐的孩子。因此，小塞德兹从小就乐观、开朗、活泼，具有很强的分辨是非的能力。他曾经多次以科学的态度和社会上流传的奇谈怪论争论，而且这种争辩往往以小塞德兹的胜利而告终。

“这个世界上是存在鬼魂的。”在一次聚会上，格兰特尔神秘兮兮地跟周围的小伙伴们说道。

“真的吗？”

“你见过吗？”

“鬼魂是什么样的？”

好奇心促使孩子们都不由自主地询问起格兰特尔来。好奇心是人的天性，但从某种程度上讲我想也是人最大的弱点。

在孩子们非要弄个水落石出的时候，小塞德兹却在一旁哈哈大笑。

“威廉，你笑什么啊？”格兰特尔生气地问道。

“我笑你们真是愚蠢，简直愚不可及。”小塞德兹说。

“什么？你说我们愚蠢，没看到我们在讨论一个非常严肃的话题吗？都说你是天才，怎么连一点求知欲都没有。”孩子们对小塞德兹的嘲笑极为不满。

“你们是有求知欲，但你们没有选择正确的知识来了解。”小塞德兹说道，“你们学过生理学、物理学吗？你们会语言和写作吗？”

“可是，我们现在谈的不是功课，是鬼魂的事情。”孩子们认真地说道。

“鬼魂啊，我倒是见过不少，只不过不像你们说的那么乍乍乎乎的。”小塞德兹说道。

“真的吗？”

“你真的见过鬼魂？”

“鬼魂到底是什么样的？”

听小塞德兹这么说，他们就又像问格兰特尔那样问了他同样的问题。

“当然见过啊，你们不就是吗？”小塞德兹说道。

“什么？！”

“你们就是一群糊涂鬼。”说完，小塞德兹笑着离开了他们。

家教延伸阅读

·让孩子快乐成长·

父母是使孩子快乐的最重要的角色。如果孩子快乐，他的人格发展就会比较健全，进而潜能就能得到充分发挥。要让孩子快乐，有一个基本的公式：“快乐”是由温馨的环境、良好的人际关系及个人健全的身心三者作用而成。要想让孩子快乐，就需要这三方面的协调。

不要对孩子控制过严。作为家长，当然不能对孩子不加管教，但是控制过严又可能压制儿童天真烂漫的童心，对孩子的心理健康产生消极作用。不妨让孩子在不同的年龄阶段拥有不同的选择权。只有从小能享受选择权的孩子，才能感到真正意义上的快乐和自在。

鼓励孩子多交朋友。不善交际的孩子大多性格抑郁，因为时时可能遭受孤独的煎熬，享受不到友情的温暖。不妨鼓励孩子多交朋友，特别是同龄朋友。本身性格内向、抑郁的孩子更适宜多交一些开朗乐观的朋友。

教会孩子与人融洽相处。和他人融洽相处者的内心世界较为光明美好。父母不妨带孩子接触不同年龄、性别、性格、职业和社会地位的人，让他们学会和不同类型的人融洽相处。当然，孩子首先得学会跟父母和兄弟姐妹融洽相处，跟亲戚朋友融洽相处。此外，家长自己应与他人相处融洽，做到热情真诚待人，不势利卑下，不在背后随意议论别人，给孩子树立一个好榜样。

物质生活要避免奢华。物质生活的奢华会使得孩子产生一种贪得无厌心理，而对物质的追求往往又难以获得自我满足，这就是为何贪婪者大多并不快乐的根本原因。相反，那些过着简单生活的孩子，往往只要得到一件玩具，就会玩得十分高兴。

让孩子爱好广泛。一个孩子如果仅有一种爱好，就很难保持长久的快乐感觉。试想：只爱看电视的孩子一旦晚上没有合适的节目时，心头必然会郁郁寡欢。相反，如果孩子看不成电视时爱读书、看报或做游戏，同样可乐在其中。

引导孩子学会摆脱困境。即便是天性乐观的人也不可能事事称心如意，也不可能“永远快乐”。父母最好在孩子很小时就着意培养他们应付困境、逆境的能力。要是孩子一时还无法摆脱困境，还可以教育孩子学会忍耐，或在逆境降临之时寻求另外的精神寄托，如参加运动、游戏、聊天等等。

拥有适度的自信。拥有自信与快乐性格的形成息息相关。对一个因智力或能力有限而充满自卑的孩子，家长务必发现其长处发扬光大，并审时度势地多作表扬和鼓励。来自家长和亲友的正面肯定无疑有助于孩子克服自卑、树立自信。

创建快乐的家庭气氛。家庭的气氛，家庭成员之间的关系，在很大程度上会影响孩子性格的形成。研究表明，孩子在牙牙学语之前就能感觉到周围的情绪和氛围，尽管当时他还不能用语言来表达。可以想见，一个充满了敌意甚至暴力的家庭，绝对培养不出开朗乐观的孩子。

爱孩子，适当地管教孩子，引导孩子积极健康发展，对于孩子快乐成长很有价值。

“全球家庭教育经典”系列

最有影响力、畅销时间最长的教育名著

1.《卡尔·威特的教育全书》

书号：ISBN 978-7-80103-824-1

作者：【德】卡尔·威特

定价：35.00 元

简介：该书中老卡尔讲述了自己用独特的教育方法把笨小孩培养成天才的故事，用事实告诉我们：早期教育决定孩子的一生。该书开创了世界家庭教育读物的先河，是哈佛大学、剑桥大学、牛津大学等世界名校联合推荐的权威教育读本。

2.《蒙台梭利育儿全书》

书号：ISBN 978-7-80103-821-0

作者：【意】玛丽亚·蒙台梭利

定价：45.00 元

简介：蒙台梭利是 20 世纪享誉世界的最伟大的教育家之一。她根据儿童的成长特点，提出了一系列有关儿童早教的原则和方法。该书是父母和幼师必备的教育指南，被译成 20 多种文字，全球畅销 100 余年。

“全球家庭教育经典”系列

最有影响力、畅销时间最长的教育名著

3.《斯宾塞的快乐教育全书》

书号：ISBN 978-7-80103-822-7

作者：【英】赫伯特·斯宾塞

定价：35.00 元

简介：该书是一本指导家长对孩子进行快乐教育的手册。19 世纪英国著名教育家赫伯特·斯宾塞通过讲述教育小斯宾塞的经过，来告诉父母如何让孩子快乐地成长、快乐地成才。该书风靡一个世纪，感动亿万父母。

4.《斯托夫人的自然教育全书》

书号：ISBN 978-7-80103-823-4

作者：【美】斯托夫人

定价：35.00 元

简介：该书是改变全球亿万孩子命运的家教宝典。美国著名教育家斯托夫人详细记述了女儿的成长经历，阐明了“自然教育”的理念和方法，她的“伟大始于家庭，成长始于自然”的家教理念早已经深入人心。

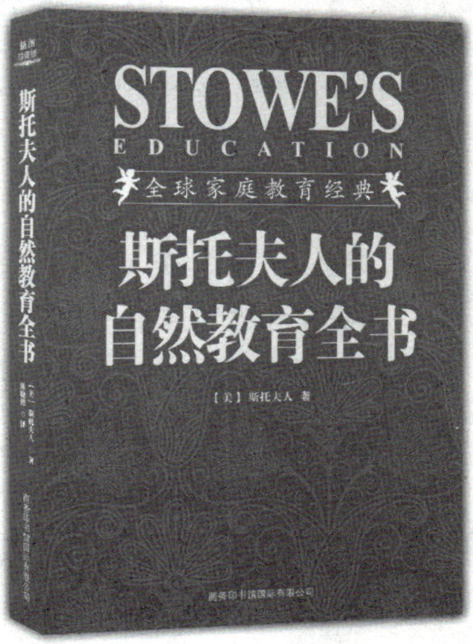